会計国際化と資本市場統合

ドイツにおける証券取引開示規制と
商法会計法との連繫

佐 藤 誠 二 著

東京 森山書店 発行

まえがき

　近年，金融・証券投資のボーダレス化，グローバル化が進展したことによって，かつまたIOSCO（証券監督者国際機構）とIASC（国際会計基準委員会）との合意に基づくIAS（国際会計基準）の資本市場における国際標準化の動きを背景にして，世界各国の会計制度がアングロサクソン流の投資家を指向した会計制度の方向に急速にシフトされ，再編されてきているのは周知のところである。

　とくに，IOSCOが要請したIASCによる主要なIAS（コア・スタンダード）の改訂作業が1998年に完了し，2000年5月にはIOSCOがIASを国際資本市場における会計標準として正式に承認するに至って，IASに対する各国の会計基準の国際的対応，いわゆる「会計国際化」が加速度的に進行しつつある。また，2001年からおこなわれたIASCの組織構造改革に伴い，今後，IASCの基準設定活動に参画するうえで条件づけられた独立の会計基準設定機関の設置という要請に対しても，欧州やわが国において「会計国際化」への対応が図られてきている。

　しかし，そうした「会計国際化」の動向はあるにしても，各国の会計制度とその役割りが現実に，資本市場指向ないし投資家指向のそれに向かって一様に収斂（convergence）していると捉えられるのだろうか。およそ会計制度が社会制度として存在してきたのは，投資家の意思決定に資する情報開示という側面だけでなく，それが利益算定機構をつうじて税や配当を中心とする経済諸現象の成立に対して社会的合意を与える不可欠の社会的施設として機能してきたことにおおきく起因している。それゆえに，会計制度はそれが存立している各国の社会的合意形成のあり方に応じて，それぞれ特有の「型」を有してきたといえるだろう。したがって，今日，世界的規模で進行している「会計国際化」

の動向を検討する場合，それぞれの「型」を有する各国の会計制度が，資本市場を指向した会計改革にどのように取り組み，自国の社会的合意施設としての会計制度をどう組みなおそうとしているのか，ことがらの実相をただしく見極めることこそ重要であると思われる。

　本書はかかる問題意識をもって，1990年代以降，「会計国際化」に対して一層の進展をみせているドイツを素材に，社会的合意の施設としての会計制度がドイツにおいてどう改編され，どう補強されていくのかを明らかにしようとしたものである。よく知られるように，1970年代以降の欧州における「会計国際化」の歴史には絶えず，資本市場を統合し欧州経済の活性化を図るという前提がある。ドイツにおいても1990年代初頭までEC資本市場統合の実現を目指し，加盟各国の会社法調和化の一環として，会計と開示にかかわるEC指令を国内法に転換させてきた。しかし，ECがEUに移行した1990年代にはいって，EUが欧州の通貨統合と並行させながら資本市場統合の前進を果たすうえで，EUとドイツの会計改革には一定の戦略転換がみられた。それは，EUがより深化し競争力ある資本市場の統合を実現するための共通のインフラ基盤として，EU各国が「国際的に認められた会計原則」の形成に一層，努力し，その際に，「国際的に認められた会計原則」としてIASを想定し，IASCとの協調路線をとりながら国際標準として指示されたIASの設定活動に対してEUとそしてドイツの影響力を行使しようとするものである。

　本書は，そうしたEU資本市場統合を前提に進行した1990年代以降のドイツにおける「会計国際化」の動向を取上げ，それに社会制度的機能の観点から検討を加えている。その場合，本書では絶えず，つぎの点に注意を向けている。それはEU資本市場統合の枠組みのなかで，国際資本市場に対応する「国際的に認められた会計原則」の形成に関わっておこなわれた会計改革を通じて，ドイツが取引所法（BörsG）を中心とする証券取引開示規制と商法会計法（Handelsbilanzrecht）とをどのように調整し，社会的施設としての会計制度機能を維持しようとしたのか，また，そこで生じている問題はなにかという点である。本書で検討するように，1990年代のドイツにおける「会計国際化」は，証

券取引開示規制と商法会計法とを相互交渉させながら展開されてきた。取引所法と取引所上場認可命令（BörsZulG）の改正と有価証券取引法（WpHG）および新規市場規則（RWNM）の新設を通じて証券取引開示規制が強化されるとともに，他方において，その証券取引開示規制と調整すべく商法会計法も数度にわたって改革されてきている。しかし，そうした会計制度の転換過程のなかで商法会計法の体系は資本市場の上場会社に対する規制緩和によって分岐化し，また，一世紀を越える歴史をもつ基準性原則を介した税務会計との緊密な関係に揺らぎが生じて，会計実務に対する法的不安定性を招来せしめている。

本書においては，そうしたドイツにおける証券取引開示規制と商法会計法との調整過程を中心に考察がなされている。従来，わが国ではドイツの会計制度を比較研究の対象としながらも，商法会計あるいはそれと税法会計との関係のみに着目し，他方での重要な考察対象であるドイツの証券取引開示規制については必ずしも，目が向けられてこなかったのではなかろうか。しかし，わが国と同様，証券・金融システムの改革（ビッグバン）構想のなかで会計改革が進行しているドイツにあって，証券取引開示規制ならびにそれと商法会計との関係を問うことは今日，必要不可欠な課題となっている。また，その考察は証券取引法会計（企業会計原則）と商法会計の調整が，現在の重要課題のひとつとされているわが国との制度比較の視点を提供するという点でも意義を持つものといえるだろう。

ところで，ドイツの「会計国際化」の方向は，現時点においても極めて流動的である。ドイツでは1998年の資本調達容易化法（KapAEG）の成立時点において，2005年を目安に商法会計法の改革が計画されていた。そして，この期限はEUの新たな会計戦略構想を受けてさらに延期することが予定されている。ドイツでは2005年までに連結会計の領域に限定した商法改革が計画されていたが，その期限を延長して，個別会計の領域とさらに，商法会計と税法会計との関係まで含んだ商法会計法の抜本的改革が示唆されている。したがって，本書の考察もそれらの改革に対する分析を経て一定の結論を得るものといえるだろう。しかし，1990年代とこの数年におけるドイツの会計改革はその将来を待つ

ことを許さないほどに，ダイナミックに転回しおおきな問題を投げかけている。ドイツで継続している「会計国際化」の流れを現時点で切りとって，そこでの問題をできる限りただしく見定め，将来のドイツの会計制度改革の分析につなげることも大切な作業であろう。本書はそのためのささやかな試みである。もとより，改正された多くの法規の詳細までフォローしきれていないなど，課題も多いことは自覚するところである。今後，本書を基盤に，読者諸兄姉のご批判とご教示を得て，それらを含めて残された課題に取り組みたいと考えている。

　なお，本書の公刊に際して，平成13年度科学研究費補助金（研究成果公開促進費）の交付を受けた。ここに記して謝意を表する次第である。

　　2001年8月

　　　　　　　　　　　　　　　　　　　　　　　　　　著　　　者

目　次

序章　ドイツの会計国際化と EU 資本市場統合 ……………… 1

　は　じ　め　に ………………………………………………… 1
　1　1980年代の EU における会計調和化とドイツの対応 ……… 3
　　1-1　1992年市場統合と会計規制の調和化 ……………………… 3
　　1-2　資本市場開示規制の国際的調和化 ………………………… 5
　2　1990年代の EU における会計戦略の転換とドイツの会計改革 …… 7
　　2-1　EU における会計戦略の転換構想 ………………………… 7
　　2-2　1998年のドイツ会計改革 ………………………………… 9
　3　EU における資本市場統合と会計戦略のアクションプラン …… 10
　　3-1　EU における資本市場統合のアクションプラン ………… 10
　　3-2　EU における会計戦略のアクションプラン ……………… 12
　4　ドイツにおける会計国際化の方向 …………………………… 15
　　4-1　「EU 指令の現代化」に対するドイツ会計基準委員会の提案 …… 15
　　4-2　ドイツの会計国際化の方向性 ……………………………… 17

第 I 部　証券取引開示規制の国際化展開

第1章　会計開示規制の前提としての証券市場状況 ……… 23
　　　　～会計国際化の基礎的環境要因の把握～

　1　ドイツ企業の会計国際化に対する要請 ……………………… 23

2　ドイツの取引所上場株式会社 …………………………………… 28
　　3　取引所の売上高と企業参入状況 ………………………………… 32
　　4　証券市場セグメントと株式上場状況 …………………………… 40
　むすびに代えて ………………………………………………………… 44

第2章　ドイツ証券市場セグメントと上場認可条件 ……… 49
　　～新規市場開示規制の国際指向化への考察も加えて～

　は　じ　め　に ………………………………………………………… 49
　1　公式市場（Amtlicher Handel）とその許可条件 ……………… 50
　2　規制市場（Geregelter Markt）とその許可条件 ……………… 53
　3　自由市場（Freiverkehr）とその取引条件 ……………………… 54
　4　新規市場（Neuer Markt）の開設と上場認可条件 …………… 55
　　4-1　新規市場の開設 ………………………………………………… 55
　　4-2　新規市場における上場認可条件 ……………………………… 56
　5　新規市場における会計開示規制 ………………………………… 58
　　5-1　新規市場における発行開示規制 ……………………………… 58
　　5-2　新規市場における継続開示規制 ……………………………… 62
　むすびに代えて ………………………………………………………… 68

第3章　ドイツの取引所法改革と会計開示規制 …………… 71
　　～商法会計法の国際的対応との連繋～

　は　じ　め　に ………………………………………………………… 71
　1　ドイツの取引所における発行開示規制 ………………………… 73
　2　ドイツの取引所における継続開示規制 ………………………… 77
　3　取引所開示規制と国際会計基準 ………………………………… 83
　4　ドイツ取引所開示規制と商法改正問題 ………………………… 86

第Ⅱ部　商法会計法の国際化展開

第4章　商法会計法の基本構造 ……………………95
　　　　　〜証券取引開示規制の実質的法基盤〜

　は　じ　め　に……………………………………………………95
　1　「商人の法」としての商法典と会計………………………96
　　1-1　商人属性と帳簿記入義務……………………………96
　　1-2　商人の年度決算書作成義務…………………………98
　2　商法典第三篇「商業帳簿」の構成………………………104
　　2-1　第一章「すべての商人に関する規定」の構成………105
　　2-2　第二章「資本会社に関する補完規定」の構成………108
　　2-3　第三章「登記済協同組合に関する補完規定」の構成…114
　　2-4　第四章「一定業種の企業に関する補完規定」の構成…114
　むすびに代えて……………………………………………………118

第5章　商法会計法と基準性原則 ……………………121
　　　　　〜会計国際化と税法会計との関係〜

　は　じ　め　に……………………………………………………121
　1　基準性原則の人的適用領域………………………………122
　2　基準性原則の具体的適用領域……………………………124
　　2-1　実質的基準性の適用…………………………………124
　　2-2　形式的基準性の適用…………………………………127
　3　会計国際化と基準性原則…………………………………130

第6章 1998年の会計改革と商法改正 ……………………… 137
～資本市場指向型の二つの会計改革～

はじめに …………………………………………………………… 137
1 「資本調達容易化法」と商法改正 ………………………………… 138
　1-1 「資本調達容易化法」の成立経過 ……………………………… 138
　1-2 「資本調達容易化法」における主要な商法改正点 …………… 138
　1-3 「資本調達容易化法」を適用するうえでの諸問題 …………… 141
　1-4 「資本調達容易化法」の課題 …………………………………… 144
2 「企業領域統制・透明化法」と商法改正 ………………………… 145
　2-1 「企業領域統制・透明化法」の成立経過 ……………………… 145
　2-2 「企業領域統制・透明化法」における主要な改正点 ………… 145
　2-3 「企業領域統制・透明化法」を適用するうえでの諸問題 …… 148
　2-4 「企業領域統制・透明化法」の課題 …………………………… 151
むすびに代えて …………………………………………………… 151

第7章 2005年会計改革へ向けてのシナリオ ……………… 157
～ドイツ会計基準委員会の設置とその進路～

はじめに …………………………………………………………… 157
1 ドイツ会計基準委員会の機構と役割 …………………………… 160
2 会計フレームワーク策定シナリオ ……………………………… 163
3 ドイツ会計基準委員会の課題 …………………………………… 168
4 ドイツ会計の最近の改革動向 …………………………………… 170

終章 ドイツにおける会計国際化の方向と問題 ……………… 179
～「EU指令の現代化」に対するドイツの対応～

1 証券取引開示規制と商法会計法との調整 ……………………… 179
2 ドイツ会計制度のパラダイム転換 ……………………………… 182

3　EU 指令の現代化構想とドイツ会計の将来 …………………………*184*
略　語　一　覧……………………………………………………………………*189*
参　考　文　献……………………………………………………………………*193*
索　　　　引………………………………………………………………………*205*
あ　と　が　き……………………………………………………………………*209*

序章　ドイツの会計国際化と EU 資本市場統合

は じ め に

　欧州連合（EU）とその主要国ドイツにおいて，現在,「国際的に認められた会計原則（international anerkennte Grundsätze）」の形成問題が活発に議論されている。もちろん，同じ問題は国際会計基準（IAS）の設定とその形成主体である国際会計基準委員会（IASC）の組織変更[1]に関連して，EU だけでなくアメリカを中心とするその他のアングロサクソン諸国やわが国，またアジアの国々においても同様に，世界的に議論の対象になっている。

　しかし，EU とドイツにおけるこの問題への取り組みは，EU がアメリカやアジアに対抗して経済を活性化するうえで不可欠とされる競争能力と透明性のある資本市場統合を形成するために，そのインフラ基盤として国際的に容認されうる会計原則（会計基準）と会計制度をどう形成するのかという政策課題と深く関わっている意味で EU 固有の性格を有している。また，同時にその問題は，利益（配当可能利益）測定とそれに結びついた課税所得の測定に会計目的の重点をおく大陸法型の会計法制を採用する EU 諸国，とくにドイツにおいて，資本市場における国際標準（grobal standards）として指示される IAS のアメリカナイゼーションに歯止めをかけ，EU とドイツの影響力を IAS の設定にどう与えうるのかという会計戦略の意味でも，固有の性格を持っているといえよう。

　本書は，EU における資本市場統合実現という枠組みのなかで,「国際的に

認められた会計原則」の形成問題に関わって1990年代以降に進行したドイツにおける会計制度改革を取上げ，その内容と問題性について検討するものである。1980年代以降，今日に至るまでのドイツでは，商法会計規制と取引所法開示規制の改正が相互に交錯しながらおこなわれてきた。従来，ドイツにあっては，資本市場における会計と開示の規制に対しては，商法会計法（商法における会計規制）が実質上の法基盤を形成していて，資本市場の規制を直接担う取引所法はむしろ，商法会計法に依拠して，上場企業に対する形式的開示内容を定めるにすぎなかった。そのため，資本市場における会計と開示の規制は，慎重性原則を中心として保守主義的性格を強く持つ商法会計法の影響を強く被っていた。そこには企業資本の間接金融依存とユニバーサルバンクの企業統治（コーポレート・ガバナンス）のなかでドイツの資本市場が国際的連繋を十分持たず，市場における開示について，さほど重視されてこなかったという背景が考えられよう。しかし，1990年代に入って，EUにおける資本市場統合が一層重視されるに及んで，また，Daimler Benz, Hoechst, Bayer, BASFといったドイツのグローバル・プレイヤーが国際資本市場での上場を目指したことを契機に，ドイツの商法会計法を中心とする会計と開示の規制も，市場の効率性と透明性を求める資本市場指向型への転換が要請されることになる。ドイツは1998年に「資本調達容易化法（KapAEG）」[2]，「企業領域統制・透明化法（KonTraG）」[3]を成立させて会計改革をおこない，それを通じて連結会計に限定にて資本市場の要請に応ずることになった。なお，ドイツにおいては「資本調達容易化法」によって，2004年末を区切りに商法会計法制の抜本的改革が予定されている。そして，この将来の商法（会計法）改革に際して，少なからず方向性を与えているのが，EUの欧州委員会が公表した，1999年5月の「金融サービス：金融市場の転換：アクションプラン」[4]と2000年6月の「EUの会計戦略：将来計画」[5]の公式意見書（Mitteilung）だと思われる。この二つの欧州委員会の公式意見書は，EUにおける資本市場統合の実現を目指すなかで，会計制度の共通のインフラ基盤としてEU諸国が「国際的に認められた会計原則」の形成に一層，努力し，その場合，既存のEU会計諸指令の「現代

化」を通じて，EUの「国際的に認められた会計原則」と目下，国際標準として支持されるIASとの同質化を図ろうとするものである。

そこでこの序章では，本書全体の考察の枠組みを前もって概観するという意味からも，1980年代から1990年代にかけておこなわれたドイツの会計改革の経過をフォローしておこう。またそのうえで，資本市場統合の基本目標に制約された2005年を目指すドイツの会計改革の動向を窺うために，欧州委員会の二つの公式意見書の内容を概略しておきたい。

1 1980年代のEUにおける会計調和化とドイツの対応

1-1 1992年市場統合と会計規制の調和化

「会計の国際的調和化（internationale Harmonisierung der Rechnungslegung）」問題が，欧米やわが国において議論されるようになってから久しい。現在ではこの問題は国際標準として支持されるIASへの適用問題として世界各国で活発に論議されている。しかし，ここでいう「調和化」とは何かというと，その概念については多様な見解があり，統一した定義は従来，存在していない。ただ，諸々の定義づけのなかで共通しているのは，「会計調和化がプロセスとして動態的意味で解釈されている」点であるという。この動態的意味での調和化が均衡の状況をより高める動きを特徴づけており，調和化プロセスでは，諸々の国内会計システムの間に存在する相違を削減し，それによってもたらされる各国会計規定の均衡を通じて，決算書ないし会計情報の国際的な比較可能性が高められることが想定されるのである。[6]

この意味での「会計の国際的調和化」は，1980年代のEU（当時のEC）における会計調和化の過程のなかでみられた。このEUにおける会計調和化の前提は欧州域内の市場統合にあった。欧州の市場統合を実現するうえで不可欠であるとされた会社法調和化の一環として会計規制の国際的調和化が進められてきた。周知のように，EUは1992年末の市場統合を目指し，欧州の経済活動を安定的かつ持続的に拡大するためボーダレスな域内市場を形成しようとした。そ

こで経済の主要な担い手である域内諸国における会社（資本会社）に対して円滑な活動を保証し，会社の設立・営業に対する自由を認め，株主その他の利害関係者の権利を保護するために会社法を調整することが必要とされた。域内諸国に属する会社（資本会社）に対して，そのボーダレスの活動を支援するため加盟各国ができるだけ会社法規制を調整しようとし，この会社法の調和化のためにEU理事会は，「指令」～直接的法効力はないが，国内法に転換された規定が加盟国に直接的効力を発揮する～という法的手段を利用し，この会社法諸指令のうち会計に関連するのが，つぎに示す諸指令であった。

（ⅰ）1968年3月9日付「開示指令（Publizitätsrichtlinie)」(EU第1号指令）
（ⅱ）1978年7月25日付「会計指令（Bilanzrichtlinie)」(EU第4号指令）
（ⅲ）1983年6月13日付「連結決算書指令（Konzernabschlußrichtlinie)」(EU第7号指令）
（ⅳ）1984年4月10日付「監査人指令（Prüfungsrichtlinie)」(EU第8号指令）
（ⅴ）1986年12月8日付「銀行会計指令（Bankbilanzrichtlinie)」
（ⅵ）1991年12月19日付「保険会計指令（Versicherungsbilanzrichtlinie)」
（ⅶ）1990年11月8日付「有限責任会社および無限責任社員・合資会社指令（GmbH & Co. KG-Richtlinie)」
（ⅷ）1990年11月8日付「中規模会社指令（Mitelstandsrichtlinie)」

こうしたEU指令の加盟国国内法への転換は，標準化（Standardisierung）の意味での過剰調和化を回避し，加盟各国の会計規定を相互に調整することをもって年度決算書の比較可能性（Vergleichbarkeit）を高め，そのことを通じて年度決算書の等価性（Gleichwertigkeit）というより高い目標を実現しようとした。これらEU会計諸指令のうち主要なものの転換は1978年の「会計指令」の公布以降，10数年の歳月を要して1990年代のはじめに一応完了した。ただし，その結末は，指令に含まれた多くの選択権と加盟国が与えられた多くの転換（立法）選択権を行使したことによって，いわば政治的妥協（politische

Kompromiß），不完全な調和（unvollendete Sinfonie）であったという批判も多い。(7)

　ドイツの場合は，「会計指令」，「連結決算書指令」，「監査人指令」の三つの基礎指令（die Basisrichtlinien）を1985年に一括して国内法に転換し「会計指令法（Bilanzrichtlinien-Gesetz）」を成立させ，この会計指令法を通じて商法改革を実施した。その商法改正は1897商法以来ほぼ一世紀を経た大改革であり，新商法は世紀法（100年法）などと呼ばれるものである。その後，1990年11月30日付「銀行会計指令法（Bankbilanzrichtlinie-Gesetz）」，1994年6月24日付「保険会計指令法（Versicheungsbilanzrichtlinie-Gesetz）」，また，最近では1999年3月8日付「資本会社および無限責任社員・指令法（KapCoRiLiG）」の成立によって，「銀行会計指令」，「保険会計指令」，「有限責任会社および無限責任社員・合資会社指令」の各EU指令を国内法に転換させ，それを通じて1985年商法の部分改正を経て現在に至っている。(8)

1-2　資本市場開示規制の国際的調和化

　ところで，会計の国際的調和化という問題を取り上げるとき，その内容のほとんどが資本市場における企業の会計開示の問題と交錯する。この会計開示規制の調和化の施設としてEUでは，前節にあげた会計関連の各EU指令とともに，資本市場関連のEU指令の国内法化が進められ，加盟国の資本市場法と結びつく企業開示義務の調和化が図られてきた点にも注目しておく必要がある。資本市場関係のEU指令を挙げればつぎのようになろう。

　（ⅰ）1979年3月5日付「取引所上場認可指令（Börsenzulassungsrichtlinie）」
　（ⅱ）1980年3月17日付「取引所目論見書指令（Börsenprospektrichitlinie）」
　（ⅲ）1982年2月15日付「中間報告書指令（Zwischenberichtsrichtlinie）」
　（ⅳ）1987年6月22日付「1980年取引所目論見書指令の改正指令」
　（ⅴ）1989年4月17日付「販売目論見書指令（Verkaufsprospektrichtlinie）」
　（ⅵ）1990年4月23日付「1980年取引所目論見書指令の改正指令」

これらEU指令の転換過程のなかで，とくに，上場資本会社に対して資本市場における開示義務が強化され，法典化された。ドイツについては，1987年の取引所法（Börsengesetz；BörsG）と取引所上場認可命令（Börsenzulassungsverordnung；BörsZulV）の法改革によって，従来も存在していた取引所上場認可の際の「目論見書（Prospekt）」の作成義務，年次開示義務のほかに，「中間報告書（Zwischenbericht）」の作成義務，「適時情報開示（Ad-hoc-Publizität）」が導入されることになった。

　ドイツの場合，開示義務は伝統的に会社法的性格をより有してきた。そのため，開示規制は上場・非上場の区分ではなく，むしろ企業の法形態，業種，規模を指向していた。現行の商法典が第325条から第328条に規定する年度決算書と状況報告書に関する開示義務は，企業の法形態と企業規模に応じて区分されている。ドイツにおける商法上の開示規定は，会社の有限責任が認められる資本会社に適用され，取引所上場会社の観点からは，僅かの区分がなされるにすぎなかったといえる。例えば，商法典第267条第3項2文による取引所上場企業に対する規模依存的な簡便措置，商法典第285条11号による追加的な附属説明書における記載事項，また，商法典第293条第5項による取引所上場の親企業ないし子企業を伴う小コンツェルンに対する連結決算書および連結状況報告書の作成義務がそれである。[9]

　しかし，ドイツにおいては，上述の資本市場関連のEU指令の転換過程のなかで，取引所上場企業に対して，資本市場法における開示義務が法典化されるに至った。取引所上場認可のための目論見書の作成義務（取引所法第36条第3項および第4項，取引所上場認可命令第13条～第47条）ならびに年次開示義務（取引所法第44条第1項3号，および第2項，取引所上場認可命令第65条）に加えて，1987年取引所法改革において，中間報告書開示（取引所法第44b条，取引所上場認可命令第53条～第62条）ならびに適時情報開示（取引所法第44a条）が新たに導入された。適時情報開示規制は，1994年の第二次金融市場促進法（das Zweite Finanzmarktförderungsgesetz）を通じた取引所法の改正の際に，取引所

法から新規に創設された有価証券取引法（WpHG）第15条へと同一の形式で組み込まれることになった。とくに，有価証券取引法の創設によって，企業買収と取得の場合の広範なアングロアメリカ流の開示規定へ接近し，また取引所上場会社の場合の株式持分構造の重要な変動に依存した報告・開示義務（有価証券取引法第21条～30条）も生み出されることになった。ただし，こうしたドイツの資本市場における開示規制の改革は，取引所上場企業の継続的および臨時の開示義務がアングロアメリカ流の開示規制との本質的相違を削減したとはいえ，なお，そこでは情報の量と質において大きな格差がみられるとされている。(10)

2　1990年代のEUにおける会計戦略の転換とドイツの会計改革

2-1　EUにおける会計戦略の転換構想

　さて，ECから移行したEUにおいては，既存のEU（EC）指令が加盟国の会社法に転換された後も，一層の会計調和化が必要であるという基本的合意が存在していた。そうした合意が存在した背景としてつぎの三つがあげられるだろう。(11)

　一つは，EU加盟国の各基準設定機関によってEU指令が棚上げされるのではないかという不安である。多数のEU諸国においては，国内会計基準を開発し，EU指令には含まれない諸規定を解釈する会計基準の設定機関が存在するが，こうしたEU各国の設定機関が自国の伝統と具体的状況に照らした会計基準を開発することによって，EU内部での会計の不均質性が増大するするのではないかという危険性が考慮された。

　二つめとして，EU指令に基づき作成される決算書がアメリカの証券取引委員会（SEC）の要求を満たすものでなく，そのためアメリカ資本市場への上場を目指す欧州企業はアメリカの一般に認められた会計原則（US-GAAP）に依拠した決算書を別途に作成せざるを得ず，そのことが民営化計画を実行し企業の資金需要が増大しているEU加盟国にとって企業の負担を強いて国際的競争

力を弱めているという背景である。

　そして、三つめは、IASCにおけるIASの設定作業が国際的に重要性を増してきたことに関わっている。IASCによって、多くの会計問題について企業実務に適用される国際標準が開発されているが、IASCのみに会計基準の国際的調和化を委ねることがないようにEU委員会の一層の活動が要請された点である。

　とくに、二つめの背景は、EUにとって会計調和化の新しい戦略を策定する必要を強く促した。欧州委員会は、国際資本市場での上場を目指す欧州企業（グローバル・プレイヤー）の緊急課題に対処するため、1995年11月14日付で「会計領域における調和化：国際的調和化の観点からの新しい戦略」[12]（以下、「会計戦略：構想」と略称）という公式意見書を公表した。すでにEUでは、1990年に欧州委員会の主導のもとに、「ECにおける会計規定調和化の将来に関する会議」が開催され、そこにおいて、EU指令における選択権を削減し、近い将来において新しい法規定を容認せずに国際的枠組みのなかで調和化努力を考慮することが決議されていたが、その後、会計諮問フォーラム（AAF）の設置やIASCの諮問グループへの参加などがあったものの、会計調和化に対する進んだ展開がみられなかったことも「会計戦略：構想」の提起を促した一因でもあった。[13]

　ここで、「会計戦略：構想」において提示された構想は、EUがEU指令の新規の開発を断念して、今後はIASCと協調しながらIASを支持してその設定活動に主導権を獲得し、欧州の影響力のなかで「国際的に認められた会計原則」を形成しようとするものであった。これによって、EU指令を手段に、域内諸国の会計の比較可能性と等価性を実現しもって資本市場の効率性を高めようとしたEUの従来の会計戦略は、IASCとの協調路線へと明示的に転換された。EUは、アメリカとその他の国際資本市場への上場をもくろむ企業に対して、EUの介入し得ないUS-GAAPが唯一の可能な基準ではないことを確認し、「国際的に認められた会計原則」としてIASを想定し、その形成に積極的に関わることによって今後もEU会計の枠組みを維持しようとしたのであ

る。[14]

2-2　1998年のドイツ会計改革

　ドイツの場合，こうした欧州委員会の協調路線の「会計戦略：構想」に対して，SECの影響力の及ぶ強さをみて厳しい批判が存在した。IASCをSECの「トロイの木馬」（das Trojanische Pferd）[15]とみたてる批判がその典型である。しかし，国内市場のみでは企業の資本需要を充たせないドイツにとって，グローバル・プレーヤーが国際資本市場を利用することは不可欠であり，EUの「会計戦略：構想」に沿った会計改革を余儀なくされた。1998年の「資本調達容易化法（KapAEG）」および「企業領域統制・透明化法（KonTraG）」の成立とそれに基づく商法改正は，ドイツ企業の国際資本市場における競争力強化の施策として採ったドイツ会計の国際化戦略といえる。

　この二つの法改革の重点は，会計の規制緩和を通じて資本市場における投資家の情報要請に応じることにあったが，その際，立法者がとくに重視したのが上場資本会社に対する規制である。「資本調達容易化法」は，商法典第292a条を新設させ，国内外の資本市場に上場するコンツェルン親企業に対して，連結決算書に限定してドイツ商法に基づく決算書の作成を免責し，IASもしくはUS-GAAPに準拠することを可能にした。また，「企業領域統制・透明化法」を通じて新設された商法典第三篇第五章は，（ⅰ）連結会計原則の開発，（ⅱ）会計規定の立法化に際する連邦法務省への助言，（ⅲ）国際的標準設定委員会におけるドイツの代表を任務とするところの，商法典第342条に基づく私的会計委員会（Privates Rechnungslegungsgremium）と商法典第342a条に基づく会計審議会（Rechnungslegungsbeirat）という会計基準設定機関の択一的設置を可能とした。ドイツではこのうち商法典第342a条に即応し，連邦法務省の承認を得て，1998年3月にドイツ版FASBともいわれる「ドイツ会計基準委員会（DRSC）」が創設された。とくに，プライベートセクターとしてのこのDRSCの創設はIASの設定活動にドイツが今後，その影響力を行使するための前提でもあった。こうしたドイツの会計改革の特徴は，上場資本会社に対象

を絞り，情報提供課題を担う連結決算書に限定させて国際化に対応した点にあった。(16)

ただし，ドイツでは「資本調達容易化法」の立法理由書が示すように，2004年末を目安に連結会計基準に関する抜本的商法改革が予定されている。しかも，法体系の秩序と法的安定性の維持を求めるドイツの場合，この改革は上場企業の連結会計の領域にとどまるとは限らないだろうといわれている。非上場企業に対する会計規制，個別決算書の会計規制まで踏み込んで，会計の法体系をどのように構築するのかが今後，議論の対象になってくるものと思われる。(17)

3　EUにおける資本市場統合と会計戦略のアクションプラン

3-1　EUにおける資本市場統合のアクションプラン

さて，欧州における会計調和化の歴史には絶えず，欧州統一市場を実現し経済の活性化を図るという前提がある。この点は，1992年末の域内市場統合の実現後，1993年マーストリヒト条約によってECから移行したEUにおいてもかわりはない。EUは，1990年代以降も継続して市場統合政策を発展させてきた。とくに，1999年1月の統一通貨・ユーロ導入に際して金融・資本市場統合の深化がEU経済の将来の発展にとっての重要な牽引力とされた。1997年6月のアムステルダムにおける欧州理事会は，同年4月に欧州委員会が提示した，ユーロ導入と並行した欧州統合市場の実現に向けての一層の前進を意図したアクションプランを決議したが，その延長線上で1999年11月には，欧州委員会が2005年の欧州統合市場の実現のための戦略に関する公式意見書を発表した。この公式意見書は，統合市場達成のための重点課題として，(ⅰ)市民の生活の質の向上，(ⅱ)EUの貨幣・資本市場の効率性の強化，(ⅲ)経済に対する枠組条件の改善，(ⅳ)転換期にある世界における統合市場の成果の利用という四つの目標を明示し，貨幣・資本市場の効率性を強化するうえで金融サービスに対する機能的な統合市場の実現が戦略におけるひとつの重点であることを提起して

おり，1999年12月のヘルシンキにおける欧州理事会はこの委員会提案を決議するに至っている。[18]

そうした経緯のなかで注目されるのが，欧州委員会の提示した，1998年10月28日付の「金融サービス：行動大綱の策定」（以下，「金融市場：大綱」と略称）[19]と1999年5月11日付の「金融サービス：金融市場の転換：アクションプラン」（以下，「金融市場：行動計画」と略称）の二つの公式意見書であろう。

まず，「金融市場：大綱」については，そこにおいて，資本市場の効率化に必要な会計改革についてつぎのように記している。

「1999年から，多くの企業はユーロ建ての年度決算書を，それが同一の会計規定に基づき作成されるとしても，提示することになる。ユーロの導入によって，欧州における会計規定の一層の調和化が必要であるのか否かという問題が生ずるだろう。国境を越えた資本調達の促進が年度決算書のより多くの透明性と比較可能性の改善を通じて求められる。委員会は，EU会計規定の予定する多様な選択権が今後も必要であり適切であるか否かを吟味するだろう。さらに，委員会は上場企業が強く調和化された枠組み〜例えば，IASのような〜と一致して自身の年度決算書を作成することが要請されるのかどうか熟考しなければならない。また，EU域内の投資家と資本市場の情報に対して，法定決算書監査人の役割に対する共通の理解が展開されなければならない。」[20]

欧州委員会は，アメリカにおけるニューヨーク証券取引所もしくはNASDAQに上場する欧州企業の数が，1990年の約50社から1998年にはほぼ250社に増加し，取引所資本化額は総額で3,000億ドルに達してことを例示し，そうした状況のなかで，統一通貨・ユーロ導入後も欧州の企業が異なる決算書を同一の会計原則を適用して作成するようにEU指令がIASに適合することが益々，必要となってきていると指摘したのである。

この「金融市場：大綱」を受けた1998年12月のウィーン欧州理事会の決議を踏まえて1999年5月に公表されたのが，欧州委員会の公式意見書「金融市場：行動計画」である。欧州委員会はそこで，「金融市場：大綱」が掲げた会計改革の内容をより突っ込んでつぎのように述べている。

「比較可能で，透明かつ信頼性ある年度決算書は，効率的および統合された資本市場にとって不可欠である。比較可能性の欠如は，決算書の信頼性が確保されないために，国境を越えた投資をさえぎるものである。金融サービス政策グループ（FESP）の議論のなかで，EU全域で資本調達をおこなう企業に対して統一した会計義務に基づき作成される決算書を利用しうるような緊急の解決がなされなければならないことが明らかにされた。資本調達はEU領域に限定されるとは限らない。場合によって，われわれの企業は国際資本市場で資金調達することもある。EU市場内部での比較可能性の改善に対する解決は，国際的に認められた行為基準の動向を反映させることである。現在は，企業に対し国際会計基準（IAS）が国際資本市場で資本を調達することを可能にする統一会計規定の指針として最も適しているだろう。同様に，国際的決算書監査原則（国際監査基準）も開示される決算書に信頼を持たせるために履行されなければならない最低条件を明らかに有している。」[21]

「金融市場：行動計画」では，こうした見解にたって，「金融市場：大綱」を前進させ，金融・資本市場の統合にとっての優先課題として，EU会計戦略の公式意見，公正価値評価の導入，EU指令の現代化，会計監査制度の強化という具体的な計画段階（次頁の図表序-1を参照）を示すに至ったのである。

3-2 EUにおける会計戦略のアクションプラン

すでに述べたように，欧州委員会は1995年の「会計戦略：構想」において，国際的に活動する欧州企業の国際資本市場への参入を容易にするため，連結決算書に対してIASの適用を認めたうえで，IASCと証券取引者国際機構（IOSCO）を支持して，取引所上場に対して必要な「国際的に認められた会計原則」の作成に努力することを表明していた。しかし，この間，改定作業を終えたIASに対して2000年5月17日付でIOSCOがそれを承認し，また，IASCが2001年から発効する組織変更を通じて資本市場におけるより上質の会計基準の適用に努力する目標を明確に掲げたことを背景に，欧州委員会はリスボンにおける欧州理事会の決議を踏まえた公式意見書「EUの会計戦略：将来計画」

序章　ドイツの会計国際化とEU資本市場統合　13

図表序-1　「金融市場：行動計画」における戦略目標
（株式会社に対する統一決算書）

措　　置	目　　標	担い手	期　限
「公正価値」に基づく会計を可能にする会社法第4号指令および第7号指令の修正 （優先段階2）	欧州の株式会社には，国際的会計原則に一致して，一定の金融資産を「公正価値」をもって表示する可能性が与えられるべきである。	委員会 加盟国 議　会	1999年秋に指令案，2001年に承認
会計領域におけるEU戦略の実現のための委員会の公式意見 （優先段階1）	EUの会計指令およびもしくは国際的に認められた会計原則との結合に基づくEU株式会社の決算書の比較可能性の改善に関する戦略草案。当該戦略は，EUにおける株式会社によって適用されうる，国際的関連基準を審査するための機構を予定しなければならない。	委員会	1999年末
会社法第4号指令および第7号指令の会計規定の現代化 （優先段階2）	国際会計基準の動向を考慮するために，第4号指令および第7号指令が統合市場の要請に適応する。	委員会 加盟国 議　会	2000年末に提案，2002年に承認
EUにおける決算書監査に関する委員会の勧告 （優先段階2）	品質保証および監査原則の領域における目標措置の勧告によるEUにおける法定決算書監査の品質改善。	委員会	1999年末

出所）　Mitteilung der Kommission, *KOM*（1999）*232*, Finanzdienstleistungen: Umsetzung des Finanzmarktrahmens: Aktionplan, 1999, S. 23.

（以下，「会計戦略：将来計画」と略称）を2000年6月13日付で欧州議会と欧州裁判所に提出したのである。

　この「会計戦略：将来計画」は，上述の「金融市場：行動計画」が掲げた2005年を達成目標とする統一資本市場構想とその為の戦略措置に基づいて表明された。それは，欧州における資本市場とりわけ有価証券市場の統合のためには，そのインフラ整備として共通の会計基準に基づく年度決算書の比較可能性

を獲得することが不可欠であり，その場合の共通の会計基準としてIASを想定すること，また，IASの適用に関してはEU域内の取引所上場企業（約6,700社）だけでなく，非上場企業さらに非上場の金融機関・保険企業についても選択可能にすることを計画するというものである。[22]

　「会計戦略：将来計画」の内容は概略，以下のようである。すなわち，欧州委員会はまず第一段階として，2000年末までに，IASに基づく連結決算書を上場のEU企業に適用するための立法提案を閣僚理事会と欧州議会に提出する。そして，第二段階として，2001年末までに有限責任の会社の会計に対して今後も基礎でありうるような「EU指令の現代化」に関する提案をおこなうとしている。この場合，欧州委員会が提示する立法提案は遅くとも2005年までの発効が予定され，提案承認後の最高3年間は，EUにおける企業と会計専門家にとっての移行期間となる。立法提案は，企業の比較可能で透明性ある決算書に対する明確な規制を導入するもので，その厳格な解釈と適用を保証しなければならず，そのことによって投資家とその他の利害関係者が目的適合的で信頼にたる情報を利用し，企業業績の意義ある比較を可能にし，資金利用の意思決定に資することになるとされている。欧州の投資家は自身の資金をどの企業に投資するか決定するために上質の会計情報を必要とし，そして，欧州の企業もまた国際資本市場において資本を調達しようとする別の企業と同一の条件を適用されなければならない。したがって，EUにおいて適用されるべき基準に対する法的安定性を保証するうえで，欧州委員会の立法提案は適用されるべき基準と調和するための技術レベルと政策レベルの二重構造を持つた承認方法も確立しなければならない。そうした方法の法的地位と意思決定手続きの詳細は目下論議されているという。また，欧州委員会の見解によると，企業の決算書の透明性を保証するためには，上質の会計基準だけでは十分でないことも指摘される。厳格に首尾一貫して基準が適用されてはじめて決算書の信頼性も確保されるのであり，したがって，EU全域において会計基準が統一的，適切に適用されるためには高品質の法定監査，欧州有価証券監督局の強力な協力が前提となっているという。なお，立法提案は委員会の計画した措置である現行の「取

引所目論見書指令（BP-RL）」を補完して実現するものであり，欧州の有価証券発行者にとっての「欧州パス（Europäischer Paß）」を導入するものとされる。したがって，EU におけるすべての有価証券市場への参入は一連の比較可能な市場情報に基づく共通の規制システムを通じておこなわれることになろうとされている。[23]

4　ドイツにおける会計国際化の方向

4-1　「EU 指令の現代化」に対するドイツ会計基準委員会の提案

　目下，ドイツは，欧州委員会の「金融市場：行動計画」と「会計戦略：将来計画」に掲げられた計画段階に沿った形で会計法改革を議論しているようである。その担い手がDRSCにおいて会計基準の立法化を担う会計基準設定審議会（DSR）である。DSR は，2000年9月21日付で欧州委員会の「会計戦略：将来計画」に対するDSRの意見表明を連邦法務大臣 Cristoph Ernst 宛に提示した。[24] また，それとともに「EU 指令の現代化」に対応して，2000年7月24日付の「EU 第7号指令の改革に対する提案」[25] ならびに2000年12月7日付の「EU 第4号指令の改革に対する提案」[26] を公表した。後者のEU指令の改革に対する二つの提案は，「会計戦略：将来計画」の前，2000年2月24日付で欧州委員会が加盟国にすでに示していた「一定の法形態の会社の年度決算書および連結決算書において許容される評価額に関する，欧州経済共同体78/660および83/349指令の修正のための欧州議会および欧州理事会の指令に対する提案」（以下，「EU 第4号および第7号指令の修正指令提案」と略称）[27] に応えたものである。

　この「EU 第4号および第7号指令の修正指令提案」の趣旨は，概略するとつぎのところにあろう。すなわち，1995年に欧州委員会が公表した「会計戦略：構想」は，1998年初頭以来，七つの加盟国が公開会社に対して連結決算書をそれが EU 会計指令に一致する限り，国内の会計規定でなく IAS に基づき作成しうるように自国の法規定を改めたことによって，支持されたことが判明

する。しかし，ここで提案されるような指令の修正がおこなわれなければ，IAS に基礎をおくと同時に EU 指令をも充足しようとする会社は，評価～とくに一定の金融資産と金融負債の公正価値（fair value）による評価～が障害となるだろう。したがって，一般的にみて，この修正提案の目的は，事業活動の展開とそれに対応した国際会計の傾向に適応して国際的に活動する欧州企業の会計が資本市場の要請に応え得るように「EU 指令の現代化」を図ることにある。ただし，提案は一定範囲の企業（EU の上場企業）の会計に向けられたものであって，中小規模の企業（KMU）や直接的に EU 指令に支配されない銀行その他の金融機関，保険企業に適用されるものではない。[28]

　DSR は，こうした欧州委員会の提案をほぼ全面的に受け入れ，上述の「会計戦略：将来計画」に対する意見と EU 指令の改革に対する提案を表明したのである。「EU 第 7 号指令の改革に対する提案」においては，その冒頭で DSR の基本方針についてつぎのように記されている。「EU 指令が会計にとっての枠規定を形成し，それと同時に，指令それ自体は厳密な要請を含むことなく会計基準における規制の詳細な設定に対する余地を許容することを通じて，（EU 指令と IAS との）望まれる一致が可能となるという欧州委員会の提案に賛成する。そのことによって，一方で，EU における会計は国際的動向に対応し，企業が EU 指令のために他のグローバル・プレーヤーとの競争で制約されることもなく，自身の決算書を国際的に認められた原則に準拠して作成することが可能となる。また他方で，EU 指令は EU における中小会社にとっての枠規定であり続けられる。」[29] また，「EU 指令の改革に際して，欧州の IAS（europäischer IAS）を導くような欧州の特殊な進路は回避されるべきである。それに代わって，IAS と US-GAAP を国際的に均衡するという現在の責務が取上げられ，不足が補われなれるべきである。――中略――国内と地域の資本市場はますます消滅し，それに代わってグローバルな資本市場が現れている。このことは，会計に対して世界規模での共通の挑戦を求めている。それに応じて，欧州における会計の調和化の目標はグローバルな会計の調和化の目標の背後に退くべきである。」[30]

4-2　ドイツの会計国際化の方向性

　ただし，DSR の意見表明と「EU 第 4 指令の改革に対する提案」はつぎのように主張している点にも注目しなければならないだろう。すなわち，欧州の IAS 化を回避し，IAS との同質化を進める「EU 指令の現代化」を図る場合に，それを連結決算書だけでなく個別決算書にも基本的に等しい計上および評価の諸原則を適用させるにしても，そうした原則は実務では従来，遂行されてきていない。その理由は，個別決算書が同時に利益課税の基礎になるという原則（基準性原則；Maßgeblichkeitsprinzip）が EU の幾つかの加盟国に存在しているためであり，今後，この基準性原則が独立した税規制に代替されるための移行期間が必要であり，この移行期間後に初めて「国際的に認められた会計原則」の完全な適用が可能となるのだとする。また，「会計戦略：将来計画」が要求している，2005年以降の組織化された資本市場で活動する企業に対する連結決算書に IAS を適用する義務に関して，DSR は「資本調達容易化法」の免責条項（2004年末で失効の予定）により US-GAAP を連結決算書に適用している企業にとっての影響は大きく，US-GAAP 決算書の免責期限を例えば，2010年まで延期し，その間に IAS と US-GAAP とをできるだけ接近させ対立の解消に努力すべきだと。[31]

　さて，すでに述べたように，1998年の会計改革以後のドイツでは，上場資本会社の連結決算書に限定してその情報提供課題を国際的に適応させている反面，多くの非上場の企業に関しては従来通りの利益測定課題を重視するという，差別化した二元的な商法会計法制が採用されている。また，依然として，基準性原則を介した商法会計と税法会計の基本的関係は崩されていない。たしかにドイツの場合，欧州委員会の「EU 指令の現代化」とその国内法への転換を方針として受容してはいる。しかし，現在の法状況からして，うえのような DSR の示した改革の方向がたやすく現実のものとなりうるかどうかは不確定であろう。DSR の見解からは，EU の金融・資本市場統合という制約のなかで急速に資本市場指向型[32] にシフトすることの要請されるドイツの会計制度

にとって，その将来の改革における前途の多難さが読み取れるように思われる。「資本調達容易化法」によって2005年には商法会計法の抜本的改正が予定されているが，ことがらが計画どおりに進行するのかどうか，それを見定めるためにはまだ，一定の時間を要することになろう。

(1) IASC, *Recommendation on Shaping IASC for the Future*, 1999. つぎも参照。平松一夫稿「『IASC の将来像』とわが国の会計基準設定機関」『企業会計』第51巻第7号，1999年。
(2) 正式名称は，「資本市場におけるドイツ・コンツェルンの競争能力改善および社員消費貸借の受容の容易化のための法律」。Vgl., Deutscher Bundestag, *BT-Drucksache 13/9909 vom 12. 02. 1998*, Beschlußempfehlung und Bericht des Rechtausschusses zu dem Gesetzentwurf des Bundesregierung-Drucksache 13/7141—Entwurf eines Gesetzes zur Verbesserung der Wettbewerbsfähigkeit deutscher Konzerne an internationalen Kapitalmärkten und zur Erleichterung der Aufnahme von Gesellschafterdalehen (Kapitalaufnahmeerleichterungsgesetz—KapAEG), 1998.
(3) 正式名称は，「企業領域における統制および透明化に関する法律」。Vgl., Deutscher Bundestag, *BT-Drucksache 13/10038 vom 04. 03. 1998*, Beschlußempfehlung und Bericht des Rechtausschusses zu dem Gesetzentwurf des Bundesregierung-Drucksache 13/9712—Entwurf eines Gesetzes zur Kontrolle und Transparenz im Unternehmensbereich (KonTraG), 1998.
(4) EU-Kommission, Mitteilung der Kommission, Finanzdienstleistungen : Umsetzung des Finanzmarktrahmens : Aktionplan, *KOM (1999) 232*, 1999.
(5) EU-Kommission, Mitteilung der Kommission an den Rat und das europäische Parlament, Rechnungslegungsstrategie der EU : Künftiges Vorgehen, *KOM (2000) 359*, 2000.
(6) Bernhard Pellens, *Internationale Rechnungslegung*, 3. Aufl., 1999, S. 362. なお，会計における「国際的調和化」の概念に関しては，以下が詳しい。徳賀芳弘著『国際会計論　相違と調和』中央経済社，2000年，第5章。
(7) Karlheinz Küting, Europäisches Bilanzrecht und Internationalisierung der Rechnungslegung, in : *BB*, 1993, S. 31.
(8) Vgl., Karlheinz Küting, Claus-Peter Weber (hrsg.), *Handbuch der Rechnungslegung, Kommentar zur Bilanzierung und Prüfung*, Band I a, 1995, Entwicklung des europäischen Bilanzrecht (1. Kapital Artikel 1), S. 3-30 und S. 31-60.
(9) Bernhard Pellens, *Internationale Rechnungslegung*, a. a. O., S. 494-496. なお，資本市場関連の EU 指令の転換と会計関連 EU 指令の転換とが有機的に関連している点

については，本書第3章で論じている。また，そのベースになったものとしてつぎも参照。拙稿「ドイツの証券取引開示規制と商法改正」『経済研究』（静岡大学）4巻3号，2000年。

(10) *Ebenda*, S. 354-355 und 496.
(11) *Ebenda*, S. 384-385.
(12) EU-Kommission, Mitteilung der Kommission, Harmonisierung auf dem Gebiet der Rechnungslegung: Eine neue Strategie im Hinblick auf die internationale Harmonisierung, *COM95（508）*, 1995. なお，この公式意見書の内容について詳しく論じたものとして，つぎを参照。川口八洲男著『会計指令法の競争戦略』森山書店，2000年，第5章。
(13) *Ebenda*, Par. 2. 6-2. 9.
(14) *Ebenda*, Par. 1. 3 und 6.
(15) Vgl., Heinz Kreekamper, IASC-Das Trojanische Pferd der SEC?, in : Wolfgang Ballwieser (hrsg.), *US-Amerikanische Rechnungslegung, Grundlagen und Vergleiche mit dem deutschen Recht*, 3. Aufl., 1997, S. 351-367.
(16) このドイツにおける1998年会計改革について考察したものとしてつぎを参照。佐藤博明編著『ドイツ会計の新展開』森山書店，1999年，および拙稿（稲見亨との共著）「国際資本市場へのドイツ商法会計の対応（2）」『會計』第154巻5号，1998年。
(17) この点についてはつぎを参照。拙稿「ドイツの1998年会計改革とその後の展開」『産業経理』第60巻3号，2000年。
(18) この経緯については，EUのホームページ（http://europa. eu. int/comm/index de. htm）から入手の資料を参照。
(19) EU-Kommission, Mitteilung der Kommission, Finanzdienst-leistungen: Abstecken eines Aktionsrahmens, *KOM（1998）625*, 1998.
(20) *Ebenda*, S. 11-12.
(21) EU-Kommission, Mitteilung der Kommission, Finanzdienstleistungen: Umsetzung des Finanzmarktrahmens: Aktionplan, *a. a. O.*, S. 6.
(22) EU-Kommission, Mitteilung der Kommission an den Rat und das europäisches Parlament, Rechnungslegungsstrategie der EU: Künftiges Vorgehen, *a. a. O.*, S. 7.
(23) *Ebenda*, S. 2 (Zusammenfassen der Bericht). また，EUのホームページ（http://europa.eu.int/comm/internal_market/company/account/news/strategy.htm）から入手した資料も参照。
(24) Deutsches Rechnungslegungs Standards Committee: Deutscher Standardisierungsrat, *Mitteilung der Kommission an den Rat und das EP über eine neue Rechnungslegungsstrategie der EU : Künftiges Vorgehen*, Stand 21. September 2000.

(25) Deutsches Rechnungslegungs Standards Committee: Deutscher Standardisierungsrat, *Vorschläge zur Reform der 7. EG-Richtlinie*, Stand 24. Juli, 2000.
(26) Deutsches Rechnungslegungs Standards Committee: Deutscher Standardisierungsrat, *Vorschläge zur Reform der 4. EG-RL*, Stand 7. Dezember 2000.
(27) EU-Kommission, Vorschläge für eine Richtlinie des europäischen Parlament und Rates zur Änderung der Richtlinie 78/660/EWG und 83/349EWG im Hinblick auf die im Jahresabschluß bzw. im konsolidierten Abschluß von Gesellschaften bestimmter Rechtsformen zulässigen Wertansätze, *KOM（2000）80*, 2000.
(28) *Ebenda*, S. 4-5.
(29)(30) Deutsches Rechnungslegungs Standards Committee, Deutscher Standardisierungsrat, *Vorschläge zur Reform der 7. EG-Richtlinie*, a. a. O., S. 2-3 (Zusammenfassung Grundsätzliche Empfehlungen). なお，括弧内は筆者が付加。
(31) Deutsches Rechnungslegungs Standards Committee, Deutscher Standardisierungsrat, *Mitteilung der Kommission an den Rat und das EP über eine neue Rechnungslegungsstrategie der EU : Künftiges Vorgehen*, a. a. O., S. 2./ *Vorschläge zur Reform der 4. EG-RL*, a. a. O., S. 3-4.
(32) なお，「EU第4号指令の改革に対する提案」では，「資本市場指向的（kapitalmarktorientiert）」という概念を広く定義して，組織化された市場においてなんらかの種類の有価証券が認可されるすべての企業とその子会社について資本市場指向的とみなすのだとしている。

第Ⅰ部　証券取引開示規制の国際化展開

第1章　会計開示規制の前提としての証券市場状況
～会計国際化の基礎的環境要因の把握～

1　ドイツ企業の会計国際化に対する要請

　ドイツでは，資本市場と企業活動のボーダレス化を背景に会計の国際化が進行してきている。とくに，1990年代はじめに，Daimler-Benz株式会社等がアメリカのニューヨーク証券取引所に上場したの契機に，国際的な資本市場でドイツ企業の資本調達を促進する可能性に関して活発な論議が始まったが，その目的を達成するうえで，会計領域においても，会計の国際化を進展させ，国際的に適用可能な会計規制を早急にうみ出すことがドイツでは要請されてきた。

　EUにおける会計の国際化という観点では，1980年代を通じて，1992年のEU（当時はEC）市場統合のインフラ整備，会社法調和化の一環として，年度決算書と連結決算書（コンツェルン決算書）等に関わるEU指令を通じて加盟国間の決算書の比較可能性（Vergleichbarkeit）と等価性（Gleichwertigkeit）の目標が設定され，EU指令の各国国内法における転換が1990年代はじめに実現した。ただし，このEUにおける会社法調和化の作業は加盟各国が転換選択権を行使して，いわば妥協の産物となったとする評価が多い。EU会計諸指令の国内法転換の過程のなかでは，標準化（Standardisierung）という意味での統一は意識的に排除され，等価性の定義も欠いていたために，結果としてEU各国の決算書の直接的な比較可能性は導出されえなかったといわれている。[1]

　ドイツの場合も同様である。ドイツにおけるEU指令の商法（HGB）への転換も，依然として債権者保護と資本維持を会計目的の中心とした，また，基準

性原則を通じた税法会計との緊密な関係を有する会計制度の内容を基本的に変えるものではなかった。(2)

しかも，1990年代に入って，ドイツ商法に基づく連結決算書をEU外部の取引所上場に際して利用しようとするドイツ企業にとっては，一層の問題も提起された。資本需要の拡大しているドイツ企業は，ドイツ商法に準拠して作成される連結決算書が国際的に承認されず，「国際会計基準（IAS）」や「アメリカの一般に認められた会計原則（US-GAAP）」に準拠した連結決算書の作成が別に強いられたために多くの負担が課せられた。国際資本市場の影響は，この間，そうした要請をもはや無視しえない程に大きくしてきたという。(3)

かくて，今日，決算書の等価性問題はEU域内にとどまらない。とくに，ドイツとアメリカとの連結決算書の間の等価性が，アメリカの有価証券および取引所監督機関（証券取引委員会；SEC）の側にとっては，厳しく否定される。ドイツのコンツェルン親企業は，アメリカの証券取引所において上場認可を求める場合，US-GAAPに準拠した連結決算書の作成を強いられている。例えば，Daimler-Benz株式会社は1993年のニューヨーク証券取引所への上場に際して，ドイツ商法に準拠した連結決算書（HGB連結決算書）とは別に，US-GAAPに基づく連結決算書（US-GAAP連結決算書）をドイツ企業としてはじめて提示した。しかし，HGB連結決算書が615百万ドイツマルクの年度余剰を示したのに対し，US-GAAP連結決算書は1,839百万ドイツマルクの年度欠損を表示し，その大きな隔たりのためにセンセーションを起こし，市場等で厳しく批判にさらされたのはよく知られるところである。また，1995年に，Deutsche Telekom株式会社もニューヨーク証券取引所における上場認可の際し，単一の連結決算書を作成することを試みた。しかし，Deutsche Telekom株式会社に対して，HGB連結決算書とUS-GAAP連結決算書との調整計算表が要請されることになり，その試みは失敗した。

こうしたHGB連結決算書とUS-GAAP連結決算書の二重の作成は，ドイツ企業にとって多大な費用負担をもたらしているにもかかわらず，ドイツでは1994年以降，ドイツ商法とIASの双方を適用したいわゆる二元的連結決算書

第1章　会計開示規制の前提としての証券市場状況　25

の作成（Aufstellung eines dualen Konzernabschlusses）が選択されるようになる。B. Pellens によれば，IAS を適用した連結決算書（IAS 連結決算書）を作成するドイツ企業数が増加したのは，将来，その連結決算書に対するアメリカの証券取引所の承認を中期的に生み出す目的があったためで，そうした戦略をもって1993年に IAS 連結決算書をはじめて作成した企業が Puma 株式会社だったという。[4] それに続いて，Bayer, Hoechst, Schering, Heidelberger Zement の各株式会社は，1994年の事業年度において，ドイツ商法における貸借対照表作成選択権がそれを許容する限りで IAS を適用した。Hoechst 株式会社と Schering 株式会社は，ドイツの商法規定と一致しない IAS を明示的に排除したが，二元的連結決算書の作成は，こうした条件づきの HGB 連結決算書の作成から別種の HGB 連結決算書の作成への変換を意味している。さらに進んで，IAS を適用したのが，Heidelberger Zement 株式会社である。Heidelberger Zement 株式会社はあらゆる追加と限定を伴わずに全面的に IAS を適用した。また，1995年には，Deutsche Bank 株式会社が HGB 連結決算書と一緒に，IAS 連結決算書を作成するにも至っている。こうした状況のなかで，Börsen Zeitung は1995年に実施したアンケート調査に基づいて，HGB 連結決算書の作成義務が免除され国際的な会計基準に基づく連結決算書が作成されることを前提にすると，21の調査対象大企業の多数が IAS に対して積極的な評価を下したことを報じている。[5]

　こうしたドイツ企業の会計実践の動向とその要請の圧迫に応えて，ドイツの立法者は1998年4月に「ドイツ・コンツェルンの資本市場に対する競争能力改善および社員消費貸借の受容の容易化のための法律」（資本調達容易化法；KapAEG）を施行させた。この資本調達容易化法の主たる法改正は商法典第292a 条の導入にあった。[6] 商法典第292a 条に基づけば，上場ドイツ親企業は，HGB 連結決算書と HGB 連結状況報告書の作成および開示の義務について，一定の条件を満たしたうえで，「国際的に認められた会計原則」に準拠した連結決算書と連結状況報告書を作成し開示するときには，免責が与えられることになる。アメリカの会計システムと IASC の会計システムの利用はその限り

で法律上，承認されたが，この免責条項の適用は上場会社のいわゆる大規模会社にのみ限定されるわけではない。ドイツにおいてはその高いコンツェルン化から，親企業のみでなくその子企業の場合もまた，調整商事貸借対照表（Handelsbilanz II）の作成との関連で，IASないしUS-GAAPを適用する必要がある。さらにまた，1997年に創設された，フランクフルトの新しい市場セグメント「新規市場（Neuermarkt）」において株式を上場する企業の場合も，そのすべての企業について，取引所が条件づける開示義務を履行する際に，自身の決算書をドイツ商法ではなく，IASないしUS-GAAPに基づき作成しなければならない。[7] こうした動向は，ドイツ企業のIASないしUS-GAAPの適用を増加させることになる。B. Pellensによってみれば，1998年時点でIASもしくはUS-GAAPを適用し連結決算書を作成しているか，もしくは作成することを予定するドイツ企業はDAX100企業で45社，新規市場の上場会社で39社あるという（図表1-1参照）。また，最新のIASCの資料に基づくと，2000年5月時点でIAS適用のドイツの会社数は161社に及んでいるという。[8]

さて，本章は，かかるドイツにおける会計国際化の前提をなす資本市場という基礎的環境要因について一定の整理をおこなうことを目的とする。従来，ドイツの会計については，その制度の中心をなす商法会計法制に焦点づけて考察され，証券取引に関する会計開示規制には注意が払われてこなかったのではなかろうか。企業資本の間接金融依存，債権者保護あるいはユニバーサルバンクによる企業統治を前提として，また，ドイツ資本市場の未発達さを念頭にして，会計国際化の基礎的環境要因である資本市場の動向とその開示規制に対して，必ずしも十分な考察がなされてこなかったように思われる。そこで本章は，ドイツの会計開示規制を考察するうえで必要な，基礎的環境要因であるドイツの資本市場のうち，とくに証券市場の動向とそこにおけるドイツ企業の資金調達活動に関して一定の整理をおこない，第2章以降の分析の前提をまず確認しておきたい。

図表1-1　ドイツ企業の国際的会計基準の適用状況

IAS	US-GAAP
DAX-100-企業	
・Aachener und Münchner Beteiligungs (1998) ・Adidas ・Allianz ・Bayer ・BMW (1998) ・Commerzbank (1998) ・DePfa-Bank (1999) ・Deutsche Bank ・Deutsche Lufthanza (1998), ・Dresdner Bank (1998) ・Dyckerhoff ・Ergo Versicherungsgruppe (1999) ・Gerresheimer Glas (1998) ・Heidelberger Zement ・Henkel ・Hochtief (1999) ・Hoechst ・Hypo Vereinbank (1998) ・Lahmeyer (1998/1999) ・MAN (1998) ・Merck ・Münchener Rückversicherungsgesellschaft (1999) ・Preussag (1998/1999) ・Puma ・RWE (1998/1999) ・Schering ・Tarkett Sommer ・Viag (1999)	・Agiv (1999/2000) ・BASF (1998) ・Continental (1999) ・Daimler Benz ・DBV Winterthur Holding (1999) ・Deutsche Telekom ・Fresenius Medical Care ・Hannover Rückversicherung (1998) ・Hoechst ・Jungheinrich ・Metallgesellschaft (1998) ・SAP (1998) ・Siemens (1999/2000) ・Schwarz Pharma ・SGL Carbon ・Tyssen/Krupp (1998/1999) ・Veba
新規市場における企業	
・BB Biotech ・BB Medtech ・CE Computer Equipment ・CE Consumer Electronic ・Cenit Systemhaus ・Drillisch ・Hunzinger Information ・Infomatec Integr. Inf. Sys. ・Kinowelt Medien ・Lintec Computer ・Mensch und Maschine Software ・Mobilcom ・Refugium Holding ・Saltus Technology ・SER Systeme ・Sero Entsorgung ・SoftM Software und Beratung ・Technotrans ・Tiptel ・Transtec	・Aixtron ・Augusta Beteiligungs ・Bertrandt ・Beta Systems Software ・1 & 1 ・Edel Music ・Elsa ・Euromicron ・Heyde ・Intershop Communications ・Mühlbauer Holding ・Pfeiffer Vacuum Technology ・Plenum ・PSI ・Sachsenring Automobiltechnik ・Singulus Technologies ・TDS Informationstechnologie ・Teldafax ・Teles

出所）　Bernhard Pellens, *Internationale Rechnungslegung*, 3. Aufl., 1999, S. 9. （　）内の数字は、適用予定年度を示す。1998年12月時点。

2　ドイツの取引所上場株式会社

　しばしば，会計とは「企業の言語（language of business）」であるといわれる。言語は一国の社会的，経済的，文化的環境要因の表現でもあり，会計という企業言語も一国のそうした国民経済の環境要因に影響されることは避けられない。ドイツにおける企業構成は会計が国際化を指向するうえで考慮しなければならないひとつの環境要因を形づくっている。

　このドイツにおける企業構成の内容を売上税統計によって把握してみると，1986年の企業総数1,929,860社のうち，そのほとんどが人的会社で，個人企業のみで75.21％を占めている。資本会社の数は292,579社と少なく，そのうち有限責任会社が203,564社（69.6％）と圧倒的多数で，株式合資会社等も加えた株式会社数は実数で1,524社，企業総数からみると僅か0.08％と極めて少数になっている。この1986年の企業構成はこの10年間においても大きな変化はなくそのまま妥当する。1996年現在の株式会社数は2,445社，企業総数に占める割合は0.08％であり，1986年当時と同じで0.1％に満たない。個人会社，有限責任会社等の構成比率にしても同様で，この10年間におけるドイツの企業構成の内容についてはほとんど変動はないといえよう（図表1-2参照）。[9]

　ところで，こうした株式会社数の少なさは先進諸外国との比較において，ドイツのひとつの特徴となっている。例えば，1990年の欧州域内における他国の株式会社数は，イギリス11,100社，フランス152,594社，スペイン531,534社となっており，それらと比較してもドイツの場合の2,682社は絶対数においてかなり下回っている。[10]しかも，株式会社を取引所上場会社にしぼってみるなら，さらにその数は限定されることになろう。

　そこで，各主要国（取引所）における国内の上場株式会社数の1986以降の推移を示したのが図表1-3である。この統計数値によると，ドイツの場合，1986年以降，上場株式会社は実数の上で，増加傾向にある。しかし，株式会社総数に占めるその割合はむしろ減少しており，1998年時点では株式会社総数のうちの上場会社は13.6％にすぎない。この数値は連邦統計に基づく株式会社

第1章 会計開示規制の前提としての証券市場状況 29

図表1-2 ドイツの企業構成

	1984	1986	1988	1990	1992	1994	1996
個人企業	1,407,595 75.76%	1,451,539 75.12%	1,507,308 74.55%	1,545,262 73.45%	1,926,988 73.22%	2,018,431 72.42%	1,971,181 71.34%
合名会社	142,627 7.68%	152,738 7.91%	164,625 8.14%	173,294 8.24%	210,167 7.99%	230,547 8.27%	236,911 8.57%
合資会社	89,983 4.84%	87,488 4.53%	86,883 4.30%	85,219 4.05%	87,317 3.32%	88,581 3.18%	91,521 3.31%
株式会社	1,544 0.08%	1,524 0.08%	1,597 0.08%	1,717 0.08%	2,167 0.08%	2,253 0.08%	2,445 0.09%
有限責任会社	184,509 9.93%	203,567 10.55%	227,612 11.26%	263,341 12.52%	359,358 13.65%	400,723 14.38%	413,344 14.96%
その他	31,632 1.71%	33,004 1.71%	33,799 1.67%	35,141 1.67%	45,815 1.75%	46,539 1.66%	47,523 1.72%
総　計	1,857,890 100%	1,929,860 100%	2,021,824 100%	2,103,974 100%	2,631,812 100%	2,787,074 100%	2,762,925 100%

注) 売上高32,500DM（1994年のみ25,000DM）を上回る企業のみを対象。株式会社は，株式合資会社，その他民法上の組合も含む。
出所) Deutsches Aktieninstitut, *DAI-Factbook 1999*, Statistiken, Analysen und Graphiken zu Aktionären, Aktiengesellschaften und Börsen, S. 01-4. Quelle : Umsatzsteuerstatistik

数を分母にとったものであるが，それを売上税統計に基づく株式会社数2,445社を分母にとって計算すると30.3%である。この数値は，ドイツの場合，一般に株式会社の3分の1程度が取引所に上場されているといわれていることに符合する。[11] いずれにしてもドイツ取引所における上場会社の数はそれほど多くはない。このドイツの上場会社数をアメリカ，イギリス，日本，フランスの取引所上場の株式会社数と比較すれば，その規模の小ささをさらに窺うことができる。1998年時点におけるドイツの上場株式会社数は741社である。これに対して，ニューヨーク証券取引所，ナスダック，アメックスの主要取引所におけるアメリカ上場株式会社数は7,555社と約10倍の規模である。日本の2,416社，イギリスの1,957社の上場株式会社にしても各々，ドイツの3.3倍，2.6倍に達している。さらに，ドイツ株式協会（DAI）の統計によれば，1998年にお

図表 1-3 主要国における取引所上場株式会社数

	1986	1988	1990	1992	1994	1996	1997	1998
ドイツ								
株式会社総数	2,193	2,366	2,685	2,943	3,527	4,043	4,548	5,468
上場会社数	492	609	649	665	666	681	700	741
	22.40%	25.70%	24.20%	22.10%	18.90%	16.80%	15.40%	13.60%
主要国上場会社数								
アメリカ								
ニューヨーク証券取引所	1,516	1,466	1,469	1,969	1,912	2,172	2,271	2,278
ナスダック	4,173	4,180	3,876	3,852	4,593	5,167	5,033	4,627
アメックス	747	740	679	741	750	688	647	650
日本	1,866	1,967	2,721	2,118	2,205	2,334	2,387	2,416
イギリス・北アイルランド	2,173	1,804	2,111	1,918	1,747	2,091	2,046	1,957
フランス	598	639	873	786	724	702	740	914

出所) Deutsches Aktieninstitut, *DAI-Factbook 1999*, a. a. O., S. 01-1 und S. 02-2-2から一部補足して作成。Quelle: Statistisches Jahrbuch, Hrsg. Statistische Bundesamt, Jg. 1989-1995./ Deutsche Bundesbank, Kapitalmarktstatistik. Statistisches Beiheft zum Monatsbericht2./ F. I. B. V., Arbeitsgemeinschaft der deutschen Wertpapierbörsen./Tokyo Stock Exchange, Factbook.

ける名目国内総生産と対比したドイツ企業の証券取引資本化額の割合は51%にすぎない。これはスイスの263%，ルクセンブルグの231%，カナダの186%，イギリスの169%，アメリカの158%と比較しても低いものとなっている。[12] これらの統計を前提にするなら，他の先進諸国と比較してドイツの証券取引市場の対象とする国内株式会社の数と規模の相対的な小ささもみてとれるといえよう。

ところで，ドイツの株式会社が国際資本市場で資本調達を活発化させてくる1992年における取引所上場会社は665社である。K. Küting と S. Hayn の調査によると，そのうち40社が1992年と1993年に外国取引所において上場された企業数である。この40社から，EU加盟国もしくはEU以外の欧州の協定取引国取引所における株式上場会社を除外すると，その数は13社にとどまる。さらに，欧州以外の外国取引所における上場会社に限定すると，その数は BASF 株式会社，Bayer 株式会社，Commmerz-Bank 株式会社，Daimler Benz 株式会社，Deutsche Bank 株式会社，Dresdner Bank 株式会社，Hoechst 株式

第1章　会計開示規制の前提としての証券市場状況　*31*

図表1-4　ドイツの資本収支

単位：100万 DM

年度	総資本流通残高		外国への純資本投資		外国からの純資本投資	
	総計	有価証券投資	総計	有価証券投資	総計	有価証券投資
1982	−2,762	−8,332	−30,056	−11,023	27,293	2,590
1983	−16,281	2,787	−42,411	−10,505	26,131	13,292
1984	−37,304	1,599	−84,629	−15,475	47,327	17,072
1985	−56,009	6,103	−110,287	−31,507	54,279	37,610
1986	−84,599	51,141	−160,749	−20,380	76,149	72,521
1987	−39,207	7,297	−86,697	−25,003	47,489	32,300
1988	−125,556	−64,272	−155,242	−71,659	29,686	7,387
1989	−134,651	−4,394	−248,597	−50,123	113,946	45,729
1990	−90,519	−5,687	−183,377	−25,078	92,858	19,391
1991	20,197	41,338	−105,975	−29,880	126,172	71,219
1992	91,540	46,937	−116,775	−75,564	208,315	122,501
1993	14,036	182,885	−295,947	−52,846	309,983	235,732
1994	64,642	−40,338	−110,937	−87,239	175,579	46,901
1995	74,124	56,554	−173,669	−31,044	247,793	87,599
1996	20,891	78,141	−200,921	−57,798	221,812	135,320

出所）　Deutscher Bundestag, *Drucksach 13/9090*, Jahresgutachten 1997/1998 des Sachverständigenrates zur Begutachtung der gesamtwirtschaften Entwicklung, 1997, S. 388-389より作成。

会社の7社に減少するという。[13] この資料を前提にすれば，取引所に上場されるドイツの株式会社数うち EU という経済圏を越えて広く国際資本市場を利用する株式会社というならそれは限られたグローバル・プレーヤーたる有力株式会社といえるだろう。

しかし，そうした株式会社の資金需要に対して，ドイツの資本市場はそれを充足するものではないようである。この場合のドイツ企業の資本要請は，資本収支の市場動向から窺うことができる。ドイツは純資本輸入国である。図表1-4は，連邦銀行統計によって，1982年以降の15年間におけるドイツの対外国資本収支を示したものであるが，この15年間，外国への純資本投資は絶えずマイナス，外国からドイツへの純資本投資は絶えずプラスで推移している。有価証券投資に関してみてみてみると，この傾向はさらに顕著である。ドイツの対

外国純有価証券投資はこの15年間絶えずマイナスであり，1996年時点では－57,798百万マルクに及んでいる。逆に，諸外国から対ドイツへの純資本投資のうち有価証券投資は1991年以降，絶えずプラスで推移しており，1996年時点での対ドイツ有価証券投資残高は＋135,320百万マルクを示している。こうした統計数値は，国内の資本供給のみではドイツ企業の大きな有価証券発行を収容する状況にないことを示唆しており，ここに，ドイツ株式会社のいわゆるグローバル・プレイヤーが国際資本市場とりわけニューヨーク証券取引所の取引所認可を目指す理由の一端をみることができるだろう。

3 取引所の売上高と企業参入状況

　ドイツの資本市場はドイツの大企業（グローバル・プレーヤー）にとってその資金需要に十分応えるほどの規模になっていないようである。しかし，他方において，ドイツの資本市場（証券市場）はEUの域内統一市場の中心的担い手として売上規模において拡大傾向にある点にも注目しておく必要があろう。国際証券取引所連盟（FIBV）の統計に基づけば，1998年におけるドイツの取引所売上高は5,237,688百万マルクで，アメリカ（ニューヨーク証券取引所が24,485,856百万マルク，ナスダックが18,466,394百万マルク），イギリス（10,059,260百万マルク）に次ぐ世界第三位の証券市場である。

　とくに，1990年代後半のドイツ証券市場の成長は著しく，図表1-5は，取引所参入企業数の急速な伸張傾向をより明確に示している。1998年については同じユーロ諸国であるフランス，スペインにおいても参入企業数の顕著な増加をみて取ることができる。しかし，90年代後半を通じた対前年度との比較でみてみるとドイツの取引所は他国と比べて毎年，高い伸張率を示しているといってよい。1986年から1998年までの13年間におけるドイツの取引所参入件数の累計3,020件はEU諸国のなかで一番多く，この数値はユーロ諸国全体の参入件数の約半数，EU諸国の参入件数の約3分の1を占めている。

　この点は，ドイツの証券取引所における株式売上高の動向にも反映されてい

図表1-5 各国取引所における企業参入件数

	1986	1987	1988	1989	1990	1991	1992	1993	1994	1995	1996	1997	1998	1986-1988
ユーロ諸国														
ドイツ	35	46	88	88	61	52	34	68	195	188	403	765	997	3,020
ベルギー	9	13	11	11	13	10	0	3	3	3	6	19	24	124
フィンランド	4	3	19	16	1	3	1	0	10	10	3	12	12	94
フランス	56	22		57	31	32	15	14	39	25	59	86	240	697
アイルランド	NA	NA	NA	NA	NA	NA	NA	NA	NA	NA	3	15	6	24
イタリア	42	23	14	8	8	17	5	5	26	12	15	14	22	202
ルクセンブルク	27	112	13	17	15	8	16	17	67	23	17	20	12	373
オランダ	39	31	9	24	15	8	3	27	11	15	9	17	23	231
オーストリア	12	8	9	12	24	15	14	3	5	5	2	5	3	117
ポルトガル	NA	NA	30	10	12	14	42	7	1	8	5	7	8	144
スペイン	NA	57	71	105	50	33	26	26	33	22	25	91	216	755
ユーロ諸国合計	224	315	285	348	230	192	156	170	389	311	547	1,051	1,563	5,781
ユーロ以外のEU諸国														
デンマーク	32	5	5	9	14	12	5	3	5	10	8	6	13	127
ギリシャ	NA	NA	4	0	28	14	5	6	35	28	9	12	23	164
イギリス及び北アイルランド	169	189	163	213	180	136	100	186	222	330	397	254	202	2,741
スウェーデン	14	8	10	14	25	6	5	27	40	17	18	54	36	274
非ユーロ諸国合計	215	202	182	236	247	168	115	222	302	385	432	326	274	3,306
EU諸国合計	439	517	467	584	477	360	271	392	691	696	979	1,377	1,837	9,087
EU以外の連携諸国														
スイス	71	112	61	95	53	41		5	9	11	7	13	17	500
日本														
大阪	19	21	22	28	24	21	9	22	26	27	38	27	13	297
東京	60	73	65	37	40	21	15	23	27	32	61	51	57	562
アメリカ	1,141	1,066	586	509	513	717	922	878	749	724	1,030	884	792	10,511
アメックス	103	152	90	14	67	77	59	133	51	75	97	104	100	1,152
ナスダック	903	762	396	375	375	478	612	520	445	476	655	507	487	6,973
ニューヨーク証券取引所	135	152	100	90	89	162	251	225	253	173	278	273	205	2,386

注) アイルランドは、1995年までロンドンに含まれる。1986年のイタリアは、ミラノの数値。スペインについては、1989年まではバルセロナ、マドリッド、1990年以降はバルセロナ、ビルバオ、マドリッドの数値。スイスの1986年はチューリッヒ、1987年以降はバーゼル、ジュネーブ、チューリッヒ、1993年以降はスイス。アメリカの数値は、アメックス、ナスダック、ニューヨーク証券取引所の合計。

出所) Deutsches Aktieninstitut, *DAI-Factbook 1999*, a. a. O. S. 03-3-3. Quelle: F. I. B. V., Arbeitsgemeinschaft der deutschen Wertpapierbörsen.

34　第Ⅰ部　証券取引開示規制の国際化展開

図表1-6　各国における取引所総売上高

単位：100万DM

	1987	1988	1989	1990	1991	1992	1993	1994	1995	1996	1997	1998
ユーロ諸国												
ドイツ	729,000	653,814	1,242,049	1,624,655	1,286,071	1,359,192	1,882,223	1,918,664	1,733,200	2,441,848	3,569,304	5,237,688
ベルギー	37,600	37,800	39,600	30,800	28,200	30,800	46,800	52,000	78,544	80,766	119,094	213,872
フィンランド	21,400	27,200	26,600	12,600	4,600	6,400	26,800	42,600	55,334	68,224	127,270	212,070
フランス	339,000	241,600	390,600	381,200	386,200	387,800	578,600	628,400	626,392	876,946	1,455,452	2,039,564
アイルランド	NA	NA	NA	NA	NA	NA	NA	NA	NA	NA	59,124	127,318
イタリア	113,400	113,600	142,400	136,600	83,800	75,800	209,400	464,400	252,116	321,122	715,614	1,702,706
ルクセンブルク	600	1,200	800	600	400	400	1,600	3,400	1,404	2,414	3,674	5,710
オランダ	154,400	109,000	170,200	131,200	126,500	141,700	223,400	276,500	363,362	594,290	985,874	1,410,054
オーストリア	5,600	8,600	46,400	87,700	39,700	17,000	24,400	27,900	38,390	33,244	44,448	60,582
ポルトガル	NA	2,200	4,800	3,600	3,800	5,800	7,400	12,200	12,196	22,010	72,620	166,018
スペイン	NA	77,200	117,800	102,000	126,200	100,800	140,400	166,200	150,292	248,524	474,738	1,114,425
ユーロ諸国合計	1,401,000	1,272,214	2,181,249	2,510,355	2,085,471	2,125,692	3,140,423	3,592,264	3,311,230	4,689,388	7,627,212	12,290,007
ユーロ以外のEU諸国												
デンマーク	7,200	16,400	54,200	36,400	32,000	51,600	71,600	93,600	81,980	115,960	164,030	225,050
ギリシャ	NA	1,000	2,000	11,800	8,000	4,600	9,000	16,400	17,628	25,340	74,106	178,022
イギリス及び北アイルランド	1,144,100	1,299,100	1,536,300	1,767,300	1,847,000	1,877,900	2,922,900	3,272,000	3,328,986	4,342,181	7,027,966	10,059,260
スウェーデン	68,000	67,000	61,400	49,600	68,200	76,000	135,000	254,400	294,018	433,558	617,224	801,488
非ユーロ諸国合計	1,219,300	1,383,500	1,653,900	1,865,100	1,955,200	2,010,100	3,138,500	3,636,400	3,722,612	4,917,039	7,883,326	11,263,820
EU諸国合計	2,620,300	2,655,714	3,835,149	4,375,455	4,040,671	4,135,792	6,278,923	7,228,664	7,033,842	9,606,427	15,510,538	23,553,827
EU以外の選択諸国												
スイス	487,000	395,300	NA	NA	NA	128,200	734,800	789,300	925,436	1,370,980	2,004,880	2,390,196
日本												
大阪	902,400	978,200	984,400	789,400	455,600	403,800	453,000	603,800	689,210	733,232	749,400	785,520
東京	6,616,400	8,109,800	7,922,240	4,158,600	2,710,800	1,562,000	2,692,400	2,632,400	2,327,130	2,732,352	3,007,496	2,827,864
アメリカ												
アメックス	168,200	111,000	150,400	112,600	124,000	136,400	195,800	181,200	208,476	284,000	513,364	963,410
ナスダック	1,581,000	1,235,800	1,339,000	1,253,400	2,103,800	2,875,600	4,661,400	4,489,400	6,875,516	10,267,058	15,632,388	18,466,394
ニューヨーク証券取引所	5,926,200	4,828,200	5,238,800	3,960,000	4,609,400	5,634,200	7,883,600	7,602,400	8,838,720	12,636,340	20,708,052	24,485,856

注）　アイルランドは，1996年までイギリスに含まれる．イタリアは，ミラノの数値．スペインについては，マドリッドの数値．スイスの1988年までチューリッヒ，1992年以降はスイス．

出所）　Deutsches Aktieninstitut, *DAI-Factbook 1999*, a. a. O., S. 06-3-3. Quelle : Arbeitsgemeinschaft der deutschen Wertpapierbörsen. Deutschen Börse AG, Jahresberichte, bzw. Factbook.

るといってよい。図表1－6のドイツ連邦銀行の統計によれば，1998年度の取引所株式総売上高は，5,237,689百万マルクで，これは1992年の1,359,224百万マルクの3.85倍，1986年の327,705百万マルクと比較すれば約16倍の大きさであり，ユーロ諸国全体の売上高の42.6％，EU諸国全体の売上高の22.2％（イギリスを除くと38.8％）に相当する額となっている。

　しかも，ドイツにおける市場参入件数の拡大傾向は外国企業に大きく依存していることにも注目する必要があろう。それを裏づけているのが，FIBVに基づく図表1－7および図表1－8の統計数値である。図表1－7は，国内企業の取引所参入に関して，また，図表1－8は外国企業の取引所参入に関して1986年からそれぞれ13年間の推移を示したものである。それら統計によれば，ドイツの場合，証券取引所に参入する企業件数に関して，この間，外国企業が国内企業を大きく上回っていることがわかる。13年間の外国企業の参入累計件数は2,727件であり，国内企業の参入累計件数302社を含めた合計3,020社のうちの約9割を占めている。同じ累計で，EU諸国であり国際的な証券取引所を有する外国市場における外国企業の参入件数についてみると，フランスが108社，イギリスは400社であり，国内企業を含む合計件数に占める割合でもフランスが15.5％，イギリスが14.9％にすぎず，両国とも国内企業の取引上参入件数のほうが外国企業をはるかに上回っている。外国企業の市場参入件数の多さはドイツ固有の特徴といえるだろう。

　しかし，反面，取引所売上高の観点からすれば，ドイツの場合，外国株式の占める割合が極めて低いことが特徴である。その内容を語っているのが，同じFIBVに基づく取引所総売上高（図表1－6）における国内株式，外国株式の内訳数値を示した図表1－9，図表1－10である。図表1－6と図表1－9を利用して取引所総売上高に対する外国株式売上高の比率を計算すると，1992年が1.6％，1994年2.5％，1996年2.9％，1998年6.6％であり，徐々にあがってはいるが，その比率は極めて低い。ドイツの証券取引所における株式売上高のほとんどが国内株式の取引によるものとなっていることがわかる。このことは世界第一位と第二位の売上高規模をもつアメリカとイギリスの市場と比較しても対照

36 第Ⅰ部 証券取引開示規制の国際化展開

図表1-7　各国における国内企業の取引所参入件数

	1986	1987	1988	1989	1990	1991	1992	1993	1994	1995	1996	1997	1998	1986-1988
ユーロ諸国														
ドイツ	26	19	14	25	26	19	8	9	14	20	20	35	67	302
ベルギー	8	5	2	4	3	4	0	3	2	0	3	13	18	65
フィンランド	2	3	18	15	1	3	1	0	10	10	3	12	12	90
フランス	43	12	5	39	21	23	13	12	38	22	53	86	226	589
アイルランド	NA	NA	NA	NA	NA	NA	NA	NA	NA	NA	1	9	3	13
イタリア	42	23	14	8	8	6	4	4	26	12	15	14	21	197
ルクセンブルグ	10	96	4	5	2	9	2	3	4	1	1	2	2	141
オランダ	30	19	2	16	8	2	2	25	11	10	7	15	22	171
オーストリア	10	4	8	9	18	4	12	3	5	4	2	4	2	92
ポルトガル	NA	NA	30	10	12	11	42	7	1	8	5	7	8	144
スペイン	NA	57	71	105	45	31	26	23	33	22	25	91	211	740
ユーロ諸国合計	171	238	168	236	144	124	110	89	144	109	135	284	592	2,544
ユーロ以外のEU諸国														
デンマーク	NA	4	5	8	12	10	4	2	5	9	6	5	13	83
ギリシャ	NA	NA	4	0	28	14	5	6	35	28	20	12	23	175
イギリス及び北アイルランド	136	155	129	164	144	116	89	180	210	285	347	217	169	2,341
スウェーデン	14	8	10	13	18	6	5	27	39	16	17	50	32	255
非ユーロ諸国合計	150	167	148	185	202	146	103	215	289	338	390	284	237	2,854
EU諸国合計	321	405	316	421	346	270	213	304	433	447	525	568	829	5,398
EU以外の選択諸国														
スイス		53	31	47	18	26	4	4	8	6	6	13	17	283
日本														
大阪	19	21	22	28	24	21	9	22	26	27	38	26	13	296
東京	29	37	40	27	33	18	15	22	27	32	59	50	54	443
アメリカ	1,110	995	548	459	470	63	289	808	666	621	909	754	691	8,983
アメックス	99	144	86	35	56	75	54	124	46	70	92	91	92	1,064
ナスダック	884	715	362	347	334	438	NA	496	419	413	598	453	437	5,896
ニューヨーク証券取引所	127	136	100	77	80	150	235	188	201	136	219	210	162	2,023

注）アイルランド，イタリア，スペイン，スイス，アメリカの数値については，図表1-5と同様の処理をしている。
出所）Deutsches Aktieninstitut, *DAI-Factbook 1999*. a. a. O., S. 03-3-1. Quelle: F. I. B. V., Arbeitsgemeinschaft der deutschen Wertpapierbörsen.

第1章　会計開示規制の前提としての証券市場状況　37

図表1-8　各国における外国企業の取引所参入件数

	1986	1987	1988	1989	1990	1991	1992	1993	1994	1995	1996	1997	1998	1986-1988
ユーロ諸国														
ドイツ	9	27	74	72	35	33	26	59	181	168	383	730	930	2,727
ベルギー	1	8	9	7	10	6	0	0	0	3	3	6	6	59
フィンランド	2	0	1	1	0	0	0	0	0	0	0	0	0	4
フランス	13	10	16	18	10	9	2	2	1	3	6	4	14	108
アイルランド	NA	NA	NA	NA	NA	NA	NA	NA	NA	NA	0	2	3	11
イタリア	0	0	0	0	0	0	0	0	0	0	0	0	1	5
ルクセンブルグ	17	16	9	12	13	8	14	14	63	22	16	18	10	232
オランダ	9	12	7	8	7	4	1	2	0	5	2	2	1	60
オーストリア	2	4	1	3	6	4	2	0	0	1	1	1	1	25
ポルトガル	NA	NA	0	0	0	0	0	0	0	0	0	0	0	0
スペイン	NA	0	0	0	5	2	2	2	0	NA	0	0	5	14
ユーロ諸国合計	53	77	117	121	86	68	46	80	245	202	412	767	971	3,245
ユーロ以外のEU諸国														
デンマーク	NA	1	0	1	2	2	1	1	0	1	2	1	0	12
ギリシャ	NA	NA	0	0	0	0	0	0	0	0	0	0	0	0
イギリス及び北アイルランド	33	34	34	49	36	20	11	6	12	45	50	37	33	400
スウェーデン	0	0	0	1	7	0	0	0	1	1	1	4	4	19
非ユーロ諸国合計	33	35	34	51	45	22	12	7	13	47	53	42	37	431
EU諸国合計	86	112	151	172	131	90	58	87	258	249	465	809	1,008	3,676
EU以外の選択諸国														
スイス	21	59	30	48	35	15	1	1	1	5	1	0	0	217
日本														
大阪	0	0	0	0	0	0	0	0	0	0	0	1	0	6
東京	31	36	25	10	7	5	0	1	0	0	2	1	3	119
アメリカ														
ナスダックス	31	71	38	50	43	38	21	70	83	103	121	130	101	900
アメックス	4	8	4	9	11	5	5	9	5	5	5	13	8	91
ニューヨーク証券取引所	19	47	34	28	23	21	NA	24	26	63	57	54	50	446
	8	16	12	13	12	12	16	37	52	35	59	63	43	363

注）アイルランド、イタリア、スペイン、スイス、アメリカの数値については図表1-5と同様の処理をしている。

出所）Deutsches Aktieninstitut, *DAI-Factbook 1999*, a. a. O., S. 03-3-2. Quelle：F. I. B. V., Arbeitsgemeinschaft der deutschen Wertpapierbörsen.

38　第Ⅰ部　証券取引開示規制の国際化展開

図表1-9　各国における取引所売上高（国内株式）

単位：100万 DM

	1987	1988	1989	1990	1991	1992	1993	1994	1995	1996	1997	1998
ユーロ諸国												
ドイツ	671,200	615,014	1,181,849	1,621,155	1,259,171	1,337,092	1,839,223	1,870,764	1,691,644	2,370,011	3,410,111	4,892,548
ベルギー	25,400	29,400	28,800	21,800	21,200	25,400	36,600	40,000	44,630	69,432	103,096	194,960
アイルランド	21,200	27,000	26,400	12,400	4,600	6,400	26,800	42,600	55,334	68,224	127,006	211,626
フランス	312,400	228,600	374,600	366,400	373,400	378,800	562,600	616,000	615,918	858,168	1,419,458	1,996,980
アイルランド	NA	NA	NA	NA	NA	NA	NA	NA	NA	NA	59,124	127,318
イタリア	113,600	113,600	142,400	136,000	83,800	75,800	209,000	464,200	252,022	321,050	715,092	1,700,708
ルクセンブルク	400	1,000	600	600	400	400	800	3,200	1,362	2,348	3,598	5,630
オランダ	153,000	108,400	168,700	130,200	125,800	141,300	222,600	275,300	362,802	591,824	982,408	1,403,360
オーストリア	NA	7,200	44,000	83,500	38,300	16,300	22,800	26,900	37,680	32,152	43,352	59,652
ポルトガル	NA	2,200	4,800	3,600	3,800	5,800	7,400	12,196	12,196	22,010	72,620	166,018
スペイン	NA	77,200	117,800	102,000	116,600	100,800	140,200	166,200	150,250	248,452	474,596	1,112,182
ユーロ諸国合計	1,297,000	1,209,614	2,089,949	2,477,655	2,027,071	2,088,092	3,068,023	3,517,364	3,223,838	4,583,669	7,410,459	11,870,962
ユーロ以外のEU諸国												
デンマーク	NA	NA	NA	35,400	30,600	49,400	69,600	91,800	79,488	113,244	159,128	221,780
ギリシャ	NA	1,000	2,000	11,800	8,000	4,600	9,000	16,400	17,628	25,340	74,106	164,898
イギリス及び北アイルランド	837,900	1,043,900	1,076,200	919,200	1,048,800	1,059,000	1,441,500	1,507,400	1,502,516	1,777,048	2,944,761	3,682,943
スウェーデン	67,800	66,600	61,200	49,400	68,000	75,400	135,000	254,200	291,128	414,028	555,842	771,176
非ユーロ諸国合計	905,700	1,111,500	1,139,400	1,015,800	1,155,400	1,188,400	1,655,100	1,869,800	1,890,760	2,329,660	3,733,837	4,780,797
EU諸国合計	2,202,700	2,321,114	3,229,349	3,493,455	3,182,471	3,276,492	4,723,123	5,387,164	5,114,598	6,913,329	11,144,296	16,651,759
EU以外の選択諸国												
スイス	299,700	261,100	NA	NA	111,600	117,000	669,000	740,000	878,246	1,293,378	1,906,208	2,273,456
日本												
大阪	902,400	978,200	984,400	789,400	455,600	403,600	452,200	602,200	687,594	731,702	748,036	784,090
東京	6,526,000	8,087,200	7,856,400	4,114,200	2,698,200	1,558,000	2,689,200	2,630,000	2,324,414	2,732,352	3,002,846	2,825,312
アメリカ												
アメックス	NA	NA	NA	NA	NA	NA	NA	162,000	NA	NA	NA	NA
ナスダック	1,494,600	1,186,800	1,259,800	1,179,000	2,020,000	NA	4,412,200	4,246,400	6,600,224	9,877,62	14,964,118	NA
ニューヨーク証券取引所	NA	NA	NA	NA	4,342,800	5,257,800	7,249,600	6,864,600	8,088,808	11,594,114	18,966,482	22,599,564

注：アイルランド、イタリア、スペイン、スイスの数値については、図表1-6と同様の処理をしている。
出所：Deutsches Aktieninstitut, *DAI-Factbook 1999*, a. a. O., S. 06-3-1. Quelle: Arbeitsgemeinschaft der deutschen Wertpapierbörsen. Deutschen Börse AG, Jahresberichte, bzw. Factbook.

第1章 会計開示規制の前提としての証券市場状況 39

図表1-10 各国における取引所売上高（外国株式）

単位：100万 DM

	1987	1988	1989	1990	1991	1992	1993	1994	1995	1996	1997	1998
ユーロ諸国												
ドイツ	57,800	38,800	60,200	3,500	26,900	22,100	43,000	47,900	41,556	71,837	159,193	345,140
ベルギー	12,200	8,400	10,800	9,000	7,000	5,400	10,200	12,000	9,112	11,334	15,998	18,912
アイルランド	200	200	200	200	0	0	0	0	0	0	264	444
フランス	26,600	13,000	16,000	14,800	12,800	9,000	15,400	12,400	10,474	18,780	35,994	42,604
アイルランド	NA	NA	NA	NA	NA	NA	NA	NA	NA	NA	0	0
イタリア	0	0	0	0	0	0	400	200	94	72	522	1,988
ルクセンベルグ	200	200	200	0	0	0	800	200	42	66	76	80
オランダ	1,400	600	1,500	1,000	700	400	800	1,200	560	2,466	3,468	6,694
オーストリア	NA	1,400	2,400	4,200	1,400	700	1,600	1,000	710	1,092	1,096	930
ポルトガル	NA	0	0	0	0	0	0	0	0	0	0	0
スペイン	NA	0	0	0	9,600	200	200	0	42	72	142	2,243
ユーロ諸国合計	98,400	62,600	91,300	32,700	58,400	37,600	72,400	74,900	62,590	105,719	216,753	419,045
ユーロ以外のEU諸国												
デンマーク	NA	NA	NA	1,000	1,400	2,200	2,000	1,800	2,492	2,716	4,902	3,270
ギリシャ	NA	0	0	0	0	0	0	0	0	0	0	13,124
イギリス及び												
北アイルランド	306,200	255,200	460,100	848,100	798,200	818,900	1,481,400	1,764,600	1,826,470	2,565,133	4,083,205	6,376,317
スウェーデン	200	400	200	200	200	600	0	200	2,890	19,530	61,382	90,312
非ユーロ諸国合計	306,400	255,600	460,300	849,300	799,800	821,700	1,483,400	1,766,600	1,831,852	2,587,379	4,149,489	6,483,023
EU諸国合計	404,800	318,200	551,600	882,000	858,200	859,300	1,555,800	1,841,500	1,894,442	2,693,098	4,366,242	6,902,068
EU以外の選択諸国												
スイス	187,300	134,200	NA	NA	NA	11,200	65,800	49,300	47,190	77,602	98,672	116,740
日本												
大阪	0	0	NA	0	0	0	800	1,600	1,616	1,530	1,364	1,430
東京	90,400	22,600	66,000	44,400	12,600	4,000	3,200	2,400	2,716	4,490	4,650	2,552
アメリカ												
アメックス	NA	NA	NA	NA	NA	NA	NA	19,200	NA	NA	NA	NA
ナスダック	86,400	49,000	79,200	74,400	83,800	NA	249,200	243,000	275,292	389,436	668,270	NA
ニューヨーク証券取引所	NA	NA	NA	NA	266,600	376,400	634,100	737,800	749,912	1,042,226	1,739,570	18,886,292

注）アイルランド、イタリア、スペイン、スイスの数値については、図表1-6と同様の処理をしている。
出所）Deutsches Aktieninstitut, *DAI-Factbook 1999*, a. a. O., S. 06-3-2. Quelle: Arbeitsgemeinschaft der deutschen Wertpapierbörsen. Deutschen Börse AG, Jahresberichte, bzw. Factbook.

的である。1998年度時点で取引所総売上高に占める外国株式売上高の比率を計算すると，アメリカ（ニューヨーク証券取引所）が92.3％，イギリスは63.4％となっている。実数の上でも345,140百万マルクであるドイツにおける外国株式の取引所売上高は，アメリカ（ニューヨーク証券取引所）の22,599,564百万マルク（ドイツの約65倍），イギリスの6,376,317百万マルク（ドイツの約18倍）と比較してはるかに小規模であることがわかる。ただし，ユーロ圏のみに限定するなら，ドイツの外国株式の売上規模はユーロ圏全体の外国株式売上高のほぼ82％を占めており，イギリスに次ぐEU諸国を代表する外国株式の売買市場ということができよう。

4　証券市場セグメントと株式上場状況

さて，ドイツの証券市場は，1986年の取引所法改革以降，公式市場（Amtlicher Handel），規制市場（Geregelter Markt）および自由市場（Freiverkehr）の三つの市場セグメントから構成されている。[14] これに，1997年3月に創設されたフランクフルト有価証券取引所（FWB）における独立した新セグメントである新規市場（Neuer Markt）が加わる。

ここで，公式市場と規制市場とは公法上，組織化された市場をいう。公式市場は，従来から厳格な認可条件が課される最も高位にイメージされる，ドイツのよく知られる国内会社や若干の外国会社の株式が公式登録ををおこなうところの公法上の市場セグメントである。また，1987年に創設された規制市場は，中小規模の企業の株式および利益配当付社債の取引場所として意味を持つ。規制市場も公法上，組織され，そこで認可される有価証券は法的には，公式市場のそれと同等の扱いを受ける。また，この規制市場の場合，中小規模の企業の取引所への参入を容易にするため，その認可の基準に関して公式市場とは比較して緩いものとなっている。これに対して，自由市場は公式市場にも規制市場にも認可されない地方の小規模企業や外国有価証券に関して，それが取引所規則に基づき取引と営業が正規に実施されることが保証された場合にそれらを取

り扱う市場セグメントである。この自由市場は公式市場，規制市場と異なり，私法上，組織化された市場であり，そのため，ドイツの各取引所はそれぞれが「取引所規則」を置いている。さらに，新たな第四の市場セグメントである新規市場については，とくに，情報テクノロジー，インターネット（ソフトウェア），テレコミュニケーション，医療などの分野の若い革新的な成長企業を対象にする。相対的にリスクの高い投資に対する資本の利用可能性が最近，急速に増加しているために，あるいは金融場所たるドイツの魅力を促進するという試みのなかで注目されている市場である。この新規市場は1971年創設されたアメリカのコンピュータ市場，ナスダック（NASDAQ）を先例とした，自由市場と同様の私法上，組織化された市場である。自由市場との違いは，上場認可にあたって，発行者が規制市場と同等の公法上の認可手続きを実施すること，また，この市場では国際化を指向して高度の透明化要請が義務づけられていることなどである。[15]

　以上のような証券市場セグメント別にドイツ上場株式会社の相場価値（資本化額）に関する推移を示したのが図表1-11である（なお，次章で述べるように自由市場については上場の概念は適用されないが，ここでは便宜上含めた）。この図表によると，公式市場の1997年度における相場価値は1,400,188.38百万マルクで全市場セグメントの相場価値の94.4％を占めている。このことから，公式市場がドイツの四つの取引市場セグメントのうち圧倒的に中心的地位にあることがわかる。しかし，株式上場数については事情は異なる。図表1-12は市場セグメント別の株式上場数の推移を表したものであるが，そこから，自由市場における株式上場の割合の高さをみてとることができる。株式上場件数についていえば，自由市場が1995年以降，公式市場を逆転し，上場件数の一番多い市場セグメントであり，とくに1998年時点の上場件数は1,442件と全市場セグメントの上場件数の35％を占めるに至っている（これに対して公式市場は15.2％）。なお，自由市場における株式上場件数に関しては外国株式の上場ケースが際立って多い。1998年時点の自由市場の上場株式件数1,442のうち1,341件（93％）が外国株式で，ドイツ総上場株式件数4,132に占める割合でも外国株式上場件

図表 1-11　市場セグメント別の上場株式会社相場価値

単位：100万 DM

	1987年	1989年	1991年	1993年	1995年	1996年	1997年
公式市場	327,505.09	593,362.38	563,254.41	766,954.04	794,952.09	1,003,665.01	1,400,188.38
規制市場	4,819.83	15,836.26	20,605.18	20,146.00	18,941.88	17,479.06	11,681.55
自由市場	13,145.52	10,796.28	12,617.38	12,998.63	12,488.26	12,911.16	15,962.85
新規市場	-	-	-	-	-	-	3,144.33
市場資本化	345,470.44	619,994.93	596,475.96	800,098.68	826,382.23	1,034,073.23	1,483,851.00

出所）Deutsches Aktieninstitut, *DAI-Factbook 1999*, a. a. O., S. 05-1. Quelle: Arbeitsgemeinschaft der deutschen Wertpapierbörsen, Deutschen Börse AG.

図表 1-12　市場セグメント別上場株式

	1987	1988	1989	1990	1991	1992	1993	1994	1995	1996	1997	1998
国内株式												
公式市場	459	467	495	497	516	505	514	519	522	517	369	396
規制市場	73	119	140	163	164	169	167	171	173	162	85	84
自由市場	147	120	114	116	119	116	115	120	117	123	68	101
新規市場	-	-	-	-	-	-	-	-	-	-	13	56
合　計	679	706	749	776	799	790	796	810	812	802	817	883
外国株式												
公式市場	226	254	267	264	272	259	241	240	233	219	214	230
規制市場	2	3	4	7	10	9	12	14	21	30	27	28
自由市場	204	260	330	345	357	374	424	600	752	1,136	868	1,341
新規市場	-	-	-	-	-	-	-	-	-	-	4	8
合　計	432	517	601	616	639	642	677	854	1,006	1,385	2,186	3,249
株式全体												
公式市場	685	721	762	761	788	764	755	759	755	736	583	626
規制市場	75	122	144	170	174	178	179	185	194	192	112	112
自由市場	351	380	444	461	476	490	539	720	869	1,258	936	1,442
新規市場	-	-	-	-	-	-	-	-	-	-	17	64
合　計	1,111	1,223	1,350	1,392	1,438	1,432	1,473	1,664	1,818	2,187	3,003	4,132

出所）Deutsches Aktieninstitut, *DAI-Factbook 1999*, a. a. O., S. 02-1. Quelle: Arbeitsgemeinschaft der deutschen Wertpapierbörsen; Deutschen Börse AG, Factbook, bzw, Monatsstatistik Kassemarkt für Juni 1999.

第1章　会計開示規制の前提としての証券市場状況　43

図表1-13　ドイツの市場セグメント別新規発行件数

1980	市場セグメント				
～1999	公式市場	規制市場(1)	自由市場	新規市場	合計
1980	2	0	1	−	3
1981	1	1	0	−	2
1982	2	2	0	−	4
1983	6	1	4	−	11
1984	11	10	2	−	23
1985	8	4	1	−	13
1986	17	11	1	−	29
1987	9	10	0	−	19
1988	3	12	0	−	15
1989	10	16	2	−	28
1990	11	20	3	−	34
1991	9	10	0	−	19
1992	2	7	0	−	6
1993	6	3	2	−	11
1994	3	8	4	−	15
1995	12	8	0	−	20
1996	6	6	2	−	14
1997	10	4	9	13	36
1998	15	14	8	42	79
1999	15	8	4	94	121

注）　1986年以前は，自由規制市場の数値を示す。1999年は，9月までの数値。

出所）　Deutsches Aktieninstitut, *DAI-Factbook 1999*, a. a. O., S. 03-8. Quelle: Arbeitsgemeinschaft der deutschen Wertpapierbörsen, Deutschen Börse AG.

数はほぼ3分の1に及んでいる。ただし，前節で示したとおり，そうした外国株式の売上高規模は，取引所売上高全体からすれば極めて小さい。これは地方企業や外国企業の少額の証券売買を対象とする，私法上，組織化された市場としての自由市場の条件に基づくものであろう。図表1-11によっても，自由市場の資本化額は1997年時点で市場全体の資本化額の1％にすぎない。

　1997に創設された新しい市場セグメントである新規市場についてみると，この市場セグメントは開設後まもないことからデータ数は少ない。しかし，図表

1-12が示すように,新規市場における株式上場数は1997年が17件であったものが1998年には56件と急速な増加傾向にあり,その成長性が窺われる。市場セグメント別の新規発行件数の推移を示した図表1-13からも,ドイツにおける新規発行件数の伸び率が特に新規市場において顕著であることがわかる。開設年度の1997年には13件であったものが,1999年(9月現在)には94件に達しており,これは1999年度の市場セグメント全体における新規発行総件数の77.7%に達している。

むすびに代えて

以上,ドイツの証券市場の状況について考察してきた。もちろん,本章は,ドイツの証券市場に関してその基本的事項についてのみ統計データから概観したものにすぎず,市場の詳細な内容まで立ち入って分析したものではない。しかし,ここで示した各種の統計データからは,ドイツにおける会計国際化の前提をなす証券市場の基礎的環境状況をおおよそ窺うことが可能となったと思われる。[16]

すでにみてきたように,ドイツの証券市場はたしかに売上高規模で世界第三位の地位を有している。しかし,国際的に資金調達活動をおこなうドイツのグローバル・プレイヤー(大規模株式会社)にとっては,国内市場はその資金需要を充足させるものではないようである。もともと株式会社数の多くないドイツの場合,国外の証券取引所に上場する株式会社の数は少ない。まして,EU域内を越えて,広く国際資本市場に進出して上場認可を求める会社といっても,その数はごく限られたグローバル・プレイヤーであるといってよいだろう。しかし,その限られたグローバル・プレイヤーは国内市場を越えて国際資本市場,とくにアメリカ証券市場に資金調達源を益々求めてきており,国際資本市場における投資家もそのドイツ企業の決算書に大きな関心を寄せている。しかし,伝統的に債権者保護と資本維持を目的とするドイツ法(商法)の会計規制は,そうした投資家に対する情報要求に応えるものではなく,会計規制を

資本市場指向型に転換することが要請されているといえよう。

　はじめに触れたように，ドイツの立法者は，そうした一部のグローバル・プレイヤーの利害に応えて，「資本調達容易化法」を成立させ，一定の条件のもとでドイツ法に基づく連結決算書を免責し，国際資本市場で通用する「国際的に認められた会計原則」（IASもしくはUS-GAAP）の選択的適用の道を開いたのである。「資本調達容易化法」に対する決議勧告に付された法務委員会の立法理由書も述べるように，国外資本市場で取引所上場を目指す企業の要請に対して「素早い対応と即座の解決」[17]を講ずることになったのである。

　ところで，ドイツの証券市場の特徴として，取引所売上高の大半は国内株式の売買によっており，外国株式の売上高規模は大きくないことがあげられよう。ドイツの場合，証券市場の主たる担い手として，売上高規模においても相場価値（資本化額）においても公式市場が圧倒的地位を誇っており，そこで取り扱われる株式の大半は国内株式である。ただし，市場参入という観点からすれば，多数の外国企業が取引所に参入している。現状では，この外国企業の市場参入状況はこれまでのところ公式に組織されていない私法上の自由市場が主要な取引場所となっている。しかし，今後は，自由市場ではなく，公式市場あるいは成長の著しい新規市場において，外国企業の参入がより増加することが予想されている。

　この点に関して，「資本調達容易化法」に対する法務委員会立法理由書はつぎのように述べている。「しかし，かかる企業（国内資本市場のみを利用するドイツ親企業）にも，包括的かつ国際的に認められた会計原則に基づく連結決算書を作成する要請は存在しうる。この場合，取引所上場認可命令第22条第4項に基づいて，取引所上場に際して国際基準による連結決算書を提出することが可能な外国企業とドイツ企業が国内の取引所においても競合していることを考慮しなければならない。さらに，『新規市場』で自身の株式が売買されるドイツ企業は，連結決算書をUS-GAAPないしはIASを適用して作成しなければならない。かかる要求を満たすため，政府案で提示された免責規定は，もっぱら国内の取引所に上場されるすべての企業にまで広げられた。」[18]

すでにみてきたように、ドイツの証券取引所における累計市場参入件数のうち、外国企業はその約9割を占めている。外国企業の市場参入件数の圧倒的多さは他のEU加盟国と比較して、ドイツ固有の特徴となっている。1980年代以降に進行してきた資本市場の国際化の波と1999年通貨統合あるいはEU資本市場統合を前提に、ドイツの企業も従来の銀行依存の間接金融から資本市場を利用した直接金融に資本調達の方式を転換することが期待されている。そうした動向のなかで、国外の資本市場に上場する場合だけでなく、ドイツの国内市場においても、ドイツ企業と外国企業との競合関係が強まることが予想される。そうした競合状態が強まるなかで、ドイツの会計開示規制は投資家の情報ニーズを無視しえない状況になってきており、そこにおいても、資本市場を指向したドイツの会計国際化を促す要因をみてとることができよう。

（1）K. KütingとS. Haynは大要、つぎのように述べている。すなわち、EU内部の会社法調和化をもって、加盟国における個別決算書と連結決算書の等価的形成が目的とされたが、標準化という意味での統一は意識的に無視された。等価的決算書の定義を欠いていたために、この調和化過程の結果として、個々の決算書データの比較可能性は与えられないという事実が存在している。たしかに、指令の国内法転換に伴い、報告が量的にも質的にも極めて変化した。また、決算書の様々に算定される数値の比較可能の欠在は、とくに、附属説明書データによって修正されることになっている。しかし、結果として、（i）開示される国内決算書に基づいては、結局、EUにおける異なる参加国の二つの決算書の直接的比較可能性は導出され得ない、（ii）その種の直接的比較可能性が考慮にいれられたか否かは疑問である。法の均衡という目標設定は、国民経済的に方向づけられ、第一に、社員と第三者の保護に資せられた。ローマ条約の文言へのこの狭い解釈に基づいて、多くの政府代表者は、対応措置を進展させる必要性をみていない。Karlheinz Küting und Sven Hayn, Der internationale Konzernabschluß als Eintrittskarte zum weltweiten Kapitalmarkt, in : *BB*, 1995, S. 662.
（2）この点に関して分析したものとして、拙書『ドイツ会計規準の探究』森山書店、1998年および『現代会計の構図』森山書店、1993年を参照。
（3）Wolfgang Dieter Budde, Müssen die Börsennotierten Gesellschaften eigne Wege gehen, in : Wolfgang Ballwieser, Adolf Moxter, Rolf Nonneumacher (hrsg.), *Rechnungslegung—Warum und Wie*, 1996, S. 81.
（4）Bernhard Pellens, *Internationale Rechnungslegung*, 3. Aufl., 1999, S. 7-8.
（5）この点に関する詳細については、つぎを参照。Karlheinz Küting und Sven Hayn,

内 internationale Konzernabschluß als Eintrittskarte zum weltweiten Kapitalmarkt, a. a. O., S. 663-664.
（6）「資本調達容易化法」とそれによる連結決算書の免責条項の内容に関しては，本書第5章で論じている。また，拙稿「ドイツにおける1998年の商法会計法改革」『法政研究』（静岡大学）第5巻3・4号および拙稿（稲見亨との共著）「国際資本市場へのドイツ商法会計の対応（2）」『會計』第154巻5号，1998年も参照のこと。
（7） Bernhard Pellens, *Internationale Rechnungslegung*, a. a. O., S. 8.
（8） *Ebenda.*, S. 9. ドイツのIAS適用会社数はIASCのホームページ（http//www.iasc.org.uk/）から入手の資料に基づく。なお，最新のデータ（2001年4月）によると，IASの一部適用を除いた厳密な意味でのIAS適用会社は総計183社であり，そのうちドイツ企業はつぎに示す61社である。Aachener und Münchner Beteiligungs, AC-Service AG, Adidas-Salomon, Allianz AG Holding, Alsen AG, Altana, Articon, Arxes information Design AG, Bayer, BHF-Bank, Bintech, Brain International AG, BWK（Bremfer Woll-Kammerei AG），CE Computer Equipment, Cenit AG, CineMedia Film AG, Commerzbank, DEAG（Deutsche Entertainment AG），Deutsche Bank, DG Bank, DIS Deutscher Industrie Service AG, Dresdner Bank, Drillisch Telecom, Dyckerhoff, ERGO Insurance Group, Heidelberger Zement, Henkel, Hochtief, HSBC Trinkaus & Burkhardt KGaA, Hypovereinsbank, Infomatec Integrated Information Systems AG, Infor Business Solutions, Kinowelt, KWR, Kraftwerk Laufenbrug, Lintec Computer AG, LPKF Laser & Electronics, MAN Aktiengesellschaft, Medion AG, Mensch und Maschine, Mobilcom, Munchener Ruck（Munich Re Group），MVV Energie AG, MWG-Biotech AG, Odeon Film AG, Preussag, Puma, RWE, Sachsenring, Saltus, Schering, Senator Film, SKW Trosterberg AG, SoftM, SZ Testsysteme, Tarkett Sommer, Technotrans, Transtec, Tria AG, Vivanco, Wella.
（9） ここで取上げた売上税統計は，売上高が32,500マルクを上回る企業を対象にするにすぎない。しかし，ドイツの全企業を包括するドイツの連邦統計をみてもやはり事態は同様であろう。連邦統計によると，1987年の事業所数に基づくドイツの企業総数2,097,790社のほとんどを個人企業が占め（77.34％），資本会社は222,445社と10.6％を数えるにすぎない。また，株式合資会社も加えた株式会社数は企業総数からみて僅か0.13％，資本会社総数からみても1.2％である。資本会社のほとんどは有限責任会社であり，株式会社は実数で2,780社と極めて少数である。この1987年における企業構成は，1990年代に入っても大きな変動はなく，1992年時点の資本会社総数は552,878社であり，3,219社の株式会社（株式合資会社を含む）と549,659社の有限責任会社から構成される。資本会社総数に占める株式会社数の割合も0.58％と1％に満たず，その内容は売上税統計とほとんど相違ないといえる（Vgl., Statistische Bundesamt, *Statistische Jahrbuch*）。なお，最新の1998年の売上税統計に基づく法形態および規模

別企業構成に関しては，本書第 4 章の図表 4‐2 も参照のこと。
(10) Vgl., Deutsches Aktieninstitut, *DAI-Factbook 1999*, S. 01-2.
(11) ドイツの場合，企業が自己の有価証券を取引所に上場する場合，株式会社もしくは株式合資会社の法律形態で組織されていることが基本要件である。なお，この株式会社および株式合資会社のうち上場会社が一般に 3 分の 1 であるという指摘についてはつぎを参照。Kay Schanz, *Börseneinführung, Recht und Praxis des Börsengangs*, 2000, S. 28.
(12) Vgl., Deutsches Aktieninstitut, *DAI-Factbook 1999*, a. a. O., S. 05-01.
(13) Vgl, Karlheinz Küting und Sven Hayn, internationale konzernabschluß als Eintrittskarte zum weltweiten Kapitalmarkt, *a. a. O.*, S. 664-665.
(14) 1986年取引所法改正以前のドイツの証券取引市場は，公式市場，規制自由市場，非規制自由市場の三区分であったが，規制自由市場で取引される有価証券を規制市場に移行し，残りの規制自由市場と非規制自由市場が統合されて自由市場となった。
(15) ドイツの場合，市場セグメントにおける株式およびその他の有価証券の取引所認可の方法等に関する包括的取引所法は多数の法律と法規命令において規制されている。現在その中心をなすのが，1998年 4 月 1 日付発効の第三次金融市場促進法によって改正された取引所法である。たとえば，公式市場とそこにおける有価証券の認可については取引所法第36条～第49条および取引所法第38条に基づく取引所認可命令に規定される。それに対して，規制市場はその法的基盤を取引所法第71条～第77条ならびに個別の取引所における取引所規則において規定されている。これに対して，新規市場に対する認可，自由市場における株式の参入は私法上の規制に基づいている。この点の詳細についてはつぎを参照。Kay Schanz, *Börseneinführung, Recht und Praxis des Börsengangs*, a. a. O., S. 337-338.
(16) なお，本章で取り扱わなかった部分も含めて，ドイツの証券市場について解説したものとしてつぎの文献がある。財団法人日本証券経済研究所編集『図説ヨーロッパの証券市場』(2000年版)，2000年および山本征二著『ドイツの金融・証券市場』東洋経済新報社，1991年。
(17)(18) 拙稿（稲見亨との共著）「『資本調達容易化法』によるドイツ商法会計の改正について」（翻訳紹介）静岡大学『経済研究』3 巻 2 号，1998年，138頁。Vgl., Deutscher Bundestag, *BT-Drucksach 13/9909 vom 12. 02. 1998*, Beschlußempfehlung und Bericht des Rechtsausschusses zu dem Gesetzentwurf der Bundesregierung-Drucksach 13/9712—Entwurf eines Gesetzes zur Verbesserung der Wettbewerbsfähigkeit deutscher Konzern an internationalen Kapitalmärkten und zur Erleichterung der Aufnahme von Gesellschaftdarlehen (Kapitalaufnahmeerleichterungsgesetz—KapAEG).

第2章　ドイツ証券市場セグメントと上場認可条件
～新規市場開示規制の国際指向化への考察も加えて～

は じ め に

　第1章で述べたように，ドイツの証券市場は公式市場，規制市場，自由市場の三つのセグメントから構成されている。さらに1997年3月に新たに創設された中小規模の成長企業を対象とする新規市場が第四のセグメントとしてそこに加わる。証券市場における開示規制を論じる場合，これらの市場セグメントのうち主要な対象となるのが公式市場，規制市場ならびに新規市場である。それらのセグメントにおいては，取引所上場認可に際して，開示規制が重要な要件となっているためである。

　ところで，ドイツの場合，「上場（börsennotiert）」という概念の定義は株式法第3条第2項においてみることができる。株式法第3条第2項によれば，「上場」の定義には，「国家が承認した機関によって規制され監督され，正規に存在し，公衆に対して直接的もしくは間接的に解放されている市場でその株式が取引される場合」が指標となっている。こうした株式法の「上場」の対象となる市場セグメントの領域は，有価証券取引法（WpHG）第2条第5項がいう「組織化された市場（organisierter Markt）」と同義である。すなわち，有価証券取引法第2条第5項は，「本法の意味での組織化された市場は，国家が承認した機関によって規制され監督され，正規に存在し，公衆に対して直接的もしくは間接的に解放されている市場である」として株式法における上場の場合と同じ定義をおいている。したがって，以上のような定義づけに従えば，公法上，組

織された市場セグメントとしての公式市場と規制市場が有価証券取引法上の「組織化された市場」であり，「上場」の対象領域である。ただし，立法者の見解によれば，私法上，組織された市場であるとはいえ，実質上，規制市場と同等の扱いを受ける新規市場もまたこの「組織化された市場」に属し，「上場」の規制領域に組み入れられることになる。[1]

　本章の前半部分（1～3節）では，こうしたドイツの証券市場における各セグメントについて，その上場認可基準の内容を明らかにしておきたい。この場合の上場認可基準は，次章において考察することになる証券市場における会計開示の基本的前提でもある。次章においては，ドイツの証券市場の主要セグメントであり中核部分である公式市場における開示規制を取り上げ検討を加えているが，本章ではその予備的段階として，各市場セグメントの上場認可のための基本的要件について考察することにしたい。

　また本章の後半部分（4および5節）では，新規市場における上場認可条件と開示規制について別途，検討を加えることにしよう。後に述べるように，新規市場においては，国際化を指向して厳格な透明化基準を採用し，国際資本市場で通用するIASもしくはUS-GAAPに準拠した会計情報の開示規制を義務づけている。したがって，ドイツにおける証券取引開示規制の国際化の内容を取り上げる場合，このドイツで新たに創設された新規市場の開示規制の内容は，不可欠かつ重要な検討対象ともなろう。

1　公式市場（Amtlicher Handel）とその認可条件

　取引所法第36条第1項は，「取引所に対して取引所価格の公式確定（公式登録）がおこなわれるべき有価証券は，第41条もしくは他の法律に別段の定めがない限り認可を必要とする」としているが，この公式登録に基づく取引市場は公式市場と呼ばれ，ドイツにおいて，国内外の大企業の有価証券取引を対象とする国際的にも認められる公法上，組織された市場を指している。

　取引所法第36条によると，この公式市場における有価証券の上場認可前提と

して，（ⅰ）公衆の保護および正規の取引所取引に求められる規定を有価証券の発行者が満たしていること（第3項1号），（ⅱ）公衆が発行者および有価証券に対する適切な判断をしうる必要記載事項を含んだ目論見書（Prospekt）が申請書に添付されること（第3項2号），（ⅲ）認可に際して公衆を欺いたり，一般の利害に著しく侵害する状況がみられないこと（第3項3号），が挙げられる。そのため，上場認可委員会はこの前提に照らして，認可されるべき有価証券が明らかに過大評価されていないか，相場下落の高いリスクを負っていないか，収益性を保証する具体的状況が整っているのか否かを審査しなければならない。[2]

さらに，取引所法第38条第1項では，この公式市場に関して「連邦政府が法規命令によって連邦議会の議決を得たうえで公衆の保護および正規の取引所取引のため，認可の条件，目論見書の記載事項，目論見書の開示時期，認可方法を定めることができる」としており，この規定を根拠にして，「有価証券取引に対する公式登録に関する有価証券認可命令（取引所上場認可命令）」（以下，取引所上場認可命令；BörsZulV）が存在する。そして，この取引所上場認可命令において，公式市場における上場認可の具体的前提が規定されている。その主たるものを挙げればつぎのとおりである。[3]

（1）適　法　性

発行者の創立書ならびに定款ないし会社契約は当該発行者のその所在を有する国の法律に適合しなければならない（取引所上場認可命令第1条）。また，株式は発行者に適用される法律に一致して発行され，株式に適用される諸規定に合致しなければならない（取引所上場認可命令第4条）。

（2）企業の存続年数

上場認可される株式の発行者は最低3年，企業として存続し，自身の年度決算書をそれに対し適用される規範に準拠して開示しなければならない（取引所上場認可命令第3条第1項）。この場合，企業の存立する法形態は重要ではない。また，上場認可委員会は発行者と公衆に利害があるときにはこの最低存続年数の要件を無視することができるとされている（取引所上場認可命令第3条第

2項)。

(3) 有価証券の発行金額

公式市場においては，新たに認可されることになる株式の予定相場価値，その見積が可能でない場合は株式の認可される会社の商法典第266条3項Aの意味での自己資本が最低，250万ドイツマルクなければならない（取引所上場認可命令第2条第1項)。また，株式以外の有価証券の認可については，総券面額が最低，50万マルクでなければならない（取引所上場認可命令第2条第2項)。さらに，貨幣金額が未記載である有価証券の上場認可については，有価証券の最低口数が1万口なければならない（取引所上場認可命令第2条第3項)。

(4) 認可される株式の種類

新規市場を除いた他のすべての市場セグメントと同様に，公式市場で認可される株式は普通株（Stammaktien）と優先株（Vorzugaktien）である。この場合，無記名株（Inhaberaktien）と記名株（Namenaktien）との区別はない。しかし，部分支払株式と譲渡制限付記名株の場合には株式が自由に取引できることが前提となっている。

(5) 株式の分布

上場認可される株式の分布については，欧州経済共同体の加盟国もしくは欧州経済圏の契約国のひとつもしくは複数の契約国の公衆に対して十分に分布していなければならない。総券面額，券面額を下回る株式の場合には株式口数で25％が公衆によって取得されるか，もしくは同一種類の株式が多数あって公衆に幅広く分布していることが理由で正規の取引所取引が低いパーセントの分布でも保証される場合には，株式は十分，分布しているとみなされることになる（取引所上場認可命令第9条第1項)。

(6) 同一種類の株式全体に対する上場認可

株式の認可申請は，同一種類の株式すべてに関係しなければならない。しかし，認可されていない株式が発行者に対して支配的影響力の維持にとって役立つ資本参加に属しているか，もしくは一定の期間にわたり取引が認められない場合，および部分的な認可が認可されることになる株式の取得者にとってなん

ら不利益をもたらさない場合に限って，認可申請は制約されることになる（取引所上場認可命令第7条第1項）。

　以上のような公式市場における上場認可の条件は，発行者にとって規制市場や自由市場と比較してより厳しいものになっている。なお，次章で詳述するように，開示規制との関係では公式市場に有価証券を上場する企業（発行者）は，認可申請寺に目論見書の提出が義務づけられるとともに，上場認可後には年度決算書，状況報告書および中間報告書（Zwischenbericht），適時情報開示（Ad hoc-Publizität）の継続的開示が義務づけられている。

2　規制市場（Geregelter Markt）とその認可条件

　有価証券は公式登録によって認可されない場合，非公式市場である規制市場においても認可が可能である。1987年の取引所法の改正によって成立した規制市場は，とくに中小規模の企業のための有価証券の取引セグメントとしてみなされている。規制市場において認可される株式は法律の意味では「公式に」上場されたものではない。個々の取引所における価格決定は，一部は自由仲立人（Freie Makler），一部は公認仲立人（Kursmakler）によっておこなわれる。また，公式市場と異なり，公認仲立人の価格決定は私法上規制される活動を意味している。[4]

　この規制市場における有価証券の上場認可の主要な前提に関して，取引所法第73条は，（ⅰ）発行者および有価証券が正規の取引所取引にとって必要となる要件に合致していること（第1項1号），（ⅱ）公衆の投資意思決定にとって実質的意義を有する発行者および有価証券に関する記載事項を含んだ企業報告書（Unternehmensbericht）～公式市場の目論見書に相当する～を認可申請に際して添付すること（第1項2号），（ⅲ）有価証券の上場申請の際に，公衆に不利益を及ぼすかもしくは著しく公共の利害を侵害する状況がみられないこと（第1項3号）を規定しているが，公式市場との重要な相違はとくに中小の株式会社

の取引所参入を可能にさせる上場認可条件にある。

この規制市場に対する認可条件等は公式市場と異なり，取引所法第72条第1項に基づいて取引所法ではなく取引所規則（Börsenordnung）に定められており，個々の取引所における取引所規則は，規制市場における上場認可のための必要条件，企業報告書の記載内容，開示の時期と形式，認可方法，取引所価格の確定と開示，等に対する諸事項を規定している。

規制市場においても，公式市場と同様に，有価証券の参入は取引所法第73条と各取引所規則が規制する実質的，法的最低要件の存在に関わっている。参入に対する発行者の法的請求権に対する基本的な前提は，公式市場と同様に，株式の認可によって公衆の不利益と公共の利害に反しない点にある。フランクフルト有価証券取引所（FWB）の取引所規則によれば，他の国内取引所で公式に登録されていない株式の認可に際しては，その株式の券面総額が最低，50万ドイツマルク，もしくは金額未記載の株式の場合は，最低，1万口の認可であることを要請している（取引所規則第58条）。

なお，規制市場に関しては，発行者たる企業の最低存続期間については規定はなく，公式市場のように中間報告書の開示義務も存在しない。ただし，規制市場における有価証券の発行者は，公式市場に上場された企業と同様に，有価証券取引法第15条に基づいて，適時情報開示の義務が存在する。総じて，規制市場の場合の情報開示義務は公式市場に比較して緩やかなものとなっている。[5]

3 自由市場（Freiverkehr）とその取引条件

取引所法第78条第1項に基づけば，公式市場においても規制市場においても上場認可されない有価証券については，正規の取引遂行と事業発展が取引ガイドラインを通じて保証されると認められるときに自由市場においても取引は認可される。そのため，自由市場については個々の取引所に設けられた理事会が「自由市場に対するガイドライン（Richtlinien für den Freiverkehr）」に基づき

取引の決定をおこなう。この場合，各取引所内部の自由取引は純粋に私法的に組織され，公法上の取引所体系に組み込まれることはない。したがって，この市場において，株式法第3条第2条のいう「上場」の概念は適用されるものでない。自由市場については，第二次金融市場促進法の枠組みのなかで取引所法が改革される1987年まで，もともと，自己資本の僅少な企業のための取引基盤とみなされていた。この任務の大部分は1987年以降，市場セグメントの再構成によって成立した規制市場に委ねられることになった。しかし，小規模の（地域）企業と外国証券にとってこの自由市場は依然として魅力を有しているといわれる。[6]

自由市場において決定される価格が，その価格が取引所法第11条第2項に基づく取引所価格に対する必要条件を満たしているときには，取引所価格となる。この価格は，各取引所における自由取引理事会から委任を受けた自由仲立人（Freimaker）によって決定される。自由市場は実質的に私法上組織された市場であるために，取引所法と取引所規則の規範は適用されることはない。したがって，自由市場の場合には，他の市場セグメントに課されているような形式的な認可前提はほとんど存在しない。個々の取引所規則においても通常は，企業とその資本あるいは取り扱われる株式に関する要件も指示していない。ただし，申請設定者は正規の取引遂行のための諸前提を保証するものでなければならないとされている。[7]

4 新規市場（Neuer Markt）の開設と上場認可条件

4-1 新規市場の開設

1997年3月に，ドイツ取引所は中小規模の成長企業に対する有価証券取引を活性化することを目的に，「新規市場」という追加的な市場部門を開始させた。新規市場は主として国内および国外における中小規模会社の株式に対するドイツ取引所株式会社（Deutsche Börse AG；DBAG）の市場セグメント（フランクフルト有価証券取引所に設置）であり，その開設目的は近年の急速に増大する資

本利用と比較的にリスクの高い投資を認識し,金融場所としてのドイツの魅力を促進することにあったといわれている。

この新規市場は成長証券のコンピュータ市場を目指して1971年に創設されたアメリカのNASDAQを指向して創設され,1997年当初には既に5,000銘柄を上回る取引がおこなわれたといわれている。この新規市場は,公式市場や規制市場と異なり,公法的に組織されたものでなく,そこにおける取引も私法的特徴を持つ自由取引である。しかし,自由市場とは相違して,新規市場には上場概念が適用され,その認可の際,「新規市場規則(Regelwerk Neuer Markt; RWNM)」第二章2.3の1に基づき,発行者に対して規制市場の上場認可方法が準用される。新規市場は,新販売市場を開拓し,調達・生産・販売における新方法を利用し,新製品や新サービスを提供するところの,平均以上に売上高と利益の成長を予測させる革新的企業を対象としており,またそれと同時に,この市場は強力に国際化を指向していて,「国際基準に基づく透明性および開示基準」(新規市場規則第一章1)を満たすことが要請されている。[8]

4-2 新規市場における上場認可条件

新規市場における上場認可条件は,図表2-1が示すように,新規市場規則第二章「新規市場における認可前提」に定められている。以下その主要なところを示せばつぎのようになろう。[9]

(1) 適 法 性

公式市場と同様に,新規市場の場合にも,発行者の創立書ならびに定款もしくは会社契約は発行者の所在する国の法に合致しなければならない。新規市場規則第二章3.3は,株式は,発行者に適用される法と一致して発行され,株式に適用される法に合致しなければならないと規定している。

(2) 企業の存続年数

新規市場規則第二章3.2によれば,認可されるべき株式の発行者は少なくとも3年間,企業として存続していなければならず,申請の前年度に対する自身の年度決算書をそこで適用される諸規定に従い開示していなければならないと

図表2-1　新規市場規則の構成（概略）

```
第一章　一般部分
第二章　新規市場に対する認可前提
　　　　1．適用領域
　　　　2．認可申請
　　　　3．認可前提
　　　　4．発行目論見書
　　　　5．免責可能性
　　　　6．認可方法
　　　　7．認可後の義務
第三章　新規市場に対する取引条件
第四章　報酬一覧
第五章　その他の規定
```

されている。したがって，認可に必要な企業の存続年数は最低，3年である。この場合，企業の存続する法形態は重要でない。ただし，新規市場が焦点づけている若く，革新的で，急速な成長を目指している企業に対しては，その存続年数が足りなくとも認可が可能である。

(3)　有価証券の発行金額

上場認可の最低規模に関して，新規市場規則第二章3.7はつぎのように定めている。すなわち，新規市場における株式の最初の認可については，総券面額が最低25万ユーロの額でなければならない（第二章3.7の1）。また，新規市場への株式の最初の認可については，株式の最低口数は10万口なければならない。これは貨幣額の記載されていない株式にも適用される（第二章3.7の2）。さらに，換価しうる株式の予想相場価値は最低5百万ユーロでなければならない（第二章3.7の4）。

(4)　認可される株式の種類

新規市場において上場の認可される株式は，普通株のみである（新規市場規則第二章3.4）。無記名株と記名株の区別は必要でない。

(5)　株　式　の　分　布

認可される株式は欧州経済共同体の参加国のひとつもしくは複数国の公衆の

間で，もしくは欧州経済圏の契約国のひとつもしくは複数の契約国の公衆の間で十分，分布していなければならない。券面総額，券面額を下回る株式の場合には株式口数の25％が公衆によって取得され，もしくは同一種類の株式が多数あって公衆に幅広く分布しているために新規市場における正規の取引が低いパーセント（しかし，それは20％を下回ってはならないが）でも保証される場合には，株式は十分，分布しているとみなされる（新規市場規則第二章3.10）。

　以上が新規市場における株式の上場認可のおおよその条件である。新規市場への上場認可の場合，フランクフルト有価証券取引所（FWB）の規制市場に対する株式の上場認可を準用することが前提となっている。この規制市場に対する認可の前提を通じて，新規市場はEUにおける有価証券サービス指令（WpDIR）第16条の意味での「規制された市場（Geregelter Markt）」として公法的に組織された市場と同等の地位を得ることになる。この有価証券サービス指令の「規制された市場」としての承認は，新規市場に対して極めて実践的な意味を持たしているという。新規市場はこの承認を得ることによって，国際的投資家が考慮する市場の品質指標を確保し，また，EU証券市場統合の枠組みのなかで効率的競争者としての今後の発展が期待されるというものである。[10]

5　新規市場における会計開示規制

　すでに述べたように，新規市場の特徴は「国際基準に基づく透明性および開示基準」を満たすことを目的としている点にある。この目的を果たすため，新規市場においては，国際資本市場と同等の開示規制を設けている。以下，その内容を発行開示規制と継続開示規制とに区分して考察してみよう。

5-1　新規市場における発行開示規制

　まず，発行開示規制の中心は，上場申請に際して提出の義務づけられる「発行目論見書（Emissionprospekt）」の規制にある。新規市場規則は，第二章4「発行目論見書」において発行目論見書の記載内容に関して以下のような規制

図表2-2 発行目論見書の記載内容

```
4   発行目論見書
4.1   発行目論見書の内容
  4.1.1   一般原則
  4.1.2   個人，会社，発行目論見書の内容に対して責任ある企業に関する記載
  4.1.3   株式に関する一般的記載
  4.1.4   株式に関する特別の記載
  4.1.5   発行者に関する一般的記載
  4.1.6   発行者の資本に関する記載
  4.1.7   発行者の事業活動に関する記載
  4.1.8   発行者の財産状態，財務状態，収益状態に関する記載
  4.1.9   発行者の会計報告からの記載
  4.1.10  資金の由来と使途に関する表の作成
  4.1.11  資本参加企業に関する記載
  4.1.12  損益および一株当たり配当の記載
  4.1.13  連結決算書の受容
  4.1.14  発行者の業務指揮機関と監査機関に関する記載
  4.1.15  発行者の最近の事業経過および事業見通しに関する記載
  4.1.16  リスク要因
  4.1.18  株式を代理する投資証書に関する記載
  4.1.19  株式を代理する投資証書の発行者に関する記載
```

を設けている（図表2-2を参照）。

この目論見書の記載について，新規市場規則はその第二章4.1.1の1においてつぎのような一般原則を定めている。

「発行目論見書は，申請される株式の判断にとって必要である実質的かつ法的関係に関して情報を提供し，正確かつ完全なものでなければならない。それは，少なくとも，ここでの条件に従い提示された記載を含まなければならない。それは，ドイツ語と英語でならびにその理解と評価を容易にする形式で作成されなければならない。DBAGは，英文の代わりに，英語での発行目論見書がすでに存在するときにはそれがドイツ文の発行目論見書と重要な相違がない限りにおいて利用することを認めることができる。上場認可委員会は，外国に居住する発行者の発行目論見書が全部もしくは一部，英文のみで作成されることを認めることができる。」

このように，新規市場における発行目論見書にはドイツ語と英語の二ヶ国語による作成を義務づけるという投資家の情報要求に応えるための高い条件が指示されているが，発行者にとってとくに決定的意味を持つ前提のひとつは，新規市場規則第二章4.1.8とそれに引き続く4.1.9における発行者の会計報告からの記載事項にあるといってよいだろう。

新規市場規則第二章4.1.8はつぎのような規定をおいている。

「発行目論見書は，発行者の財産状態，財務状態および収益状態に関して，
1．過去3営業年度につき比較可能な説明形式での，貸借対照表および損益計算書における代わりに附属説明書に行われた記載を含めた，発行者の貸借対照表および損益計算書ならびに前営業年度の附属説明書および状況報告書
2．過去3営業年度に対する資金の由来と使途に関する表
3．発行者が持分を所有する企業に関する個別記載
4．過去3営業年度に対する一株あたり損益
5．過去3営業年度に対する一株あたり配当金額，の報告を含めなければならない。」

発行目論見書において，過去3年分の貸借対照表および損益計算書，前年度の附属説明書および状況報告書，資本流動計算書（Kapitalflußrechnung），その他の投資家の情報要求に応えるための記載が義務づけられている。

また，記載される年度決算書については，さらに新規市場規則第二章4.1.9はつぎのように規定している。

「（1） 発行者に連結決算書の作成のみが義務づけられるときには，4.1.8の1に従い，発行目論見書のなかにそれが含められなければならない。発行者が個別決算書の作成もまた義務づけられるときには，2種類の年度決算書が含められなければならない。DBAGは，発行者に対して，もう一種の年度決算書が重要な追加的言明を含まない場合には，一つの種類の年度決算書のみを含めることを認めることができる。直近に開示された年度決算書の決算日は，発行目論見書の作成の最高，6ヶ月前までであることが許される。

(2) 欧州経済共同体以外もしくは欧州経済圏に関する条約のその他の契約国以外に居住する発行者の場合，年度決算書は会社の年度決算書および状況報告書に関するこの条件の適用領域における規定に合致しなくかつ発行者の財産状態，財務状態および収益状態につき実質的諸関係に合致した写像を与えないときには，発行目論見書においてそれについての補完的記載が含められなければならない。

(3) 4.1.8に従い必要とされる記載は国際会計基準（IAS）もしくはアメリカの一般に認められた会計原則（US-GAAP）による会計報告にも合致しなければならない。IASもしくはUS-GAAPに従う国内会計報告との調整計算表も容認される。発行者の申請にあたって，DBAGは第1文および第2文に従う義務が一時的に満たすことができないと確認されるときに限り，第1文および第2文の義務を免責することができる。免責は追加的記載の条件のもとで付与することができる。

(4) 認可申請時点で発行目論見書に収容される前年度の年度決算書の決算日が4ヶ月を越えてさかのぼるときには，発行目論見書のなかにその決算日が3ヶ月以上経過しない中間決算書が含められなければならないかもしくは，発行目論見書に添付されなければならない。中間決算書は四半期報告書（Quartalsbericht）に対する要件を満たすものでなければならない。中間決算書が十分なものでないときには，そのことが記載されなけばならない。発行者が連結決算書を作成しているときには，コンツェルンについて中間決算書が作成されなければならない。

(5) 前年度に開示された年度決算書もしくは四半期報告書の決算日以降の重要な変更はすべて，発行目論見書において記述されなければならない。」

以上のように，発行目論見書における会計事項の記載については，IASもしくはUS-GAAPに準拠した連結決算書と個別決算書（条件によりあるいはそのどちらか）が義務づけられている。また，それらの決算書は決算日以降4ヶ月以内のものでない場合，四半期報告書の要件を満たす中間報告書の記載も義務づけられることになる。

なお，発行目論見書は，少なくとも新規市場での株式の認可の週日に公示されなければならない。発行目論見書が公示されないときには，新規市場での認可は規制市場での認可の公示以後になってはじめておこなわれるとされている（新規市場規則第二章6.3の1）。

5-2　新規市場における継続開示規制

　新規市場において株式が上場認可される発行者は，その認可後，年度決算書（個別決算書および連結決算書）と状況報告書（連結決算の場合は連結状況報告書）について，商法典第267条第3項に基づいて大規模資本会社と同等の継続的開示が義務づけられ，加えて四半期報告書，適時情報開示等の資本市場を指向した開示規制も設けられている。とくに商法典第267条第3項における資本会社の規模階級基準は，1999年の商法改正によって改められ，新規市場に対する適用をより明確に示すに至っている。[11]

　まず，新規市場規則において商法上の上場資本会社に関する継続開示規定を基礎づけているのが，つぎの新規市場規則第二章7.2.2「年度決算書および状況報告書」の規定である。

「（1）　年度決算書は国際会計基準（IAS）もしくはアメリカの一般に認められた会計原則（US-GAAP）による会計報告にも合致しなければならず，（2）に従い開示されなければならない。IASもしくはUS-GAAPに従う国内会計報告との調整計算表も容認される。発行者の申請にあたって，DBAGは第1文および第2文に従う義務が一時的に満たすことができないと確認されるときに限り，新規市場での株式認可の場合に経過する営業年度について第1文および第2文の義務を免責することができる。免責は特に，資本流動計算書およびセグメント別の報告のような追加的記載を条件とするもとで付与することができる。

（2）　認可される株式の発行者は，年度決算書および状況報告書を確定後遅滞なく，しかし，遅くとも報告期間終了後2ヶ月以内に，年度決算書および状況報告書がこの条件の適用範囲において開示されていない限り，支払場所

で公衆の利用に供さなければならない。支払場所での指定場所は超地域的な義務紙面において指示されなければならない。同時に DBAG が（1）で要請する記載が電子形式で伝達されねばならない。発行者の申請にあたり，発行者に期限を履行することができないことが認められる限り，DBAG は第1文に従う期限を，一回限り最高4週間まで延長することができる。」

上述のように，新規市場規則は第二章7.2.2の2によって，発行者の上場認可後の年度決算書および状況報告書の開示義務を定めて，さらに7.2.2の1においてその場合の IAS もしくは US-GAAP への準拠も義務づけている。これは発行目論見書における記載事項と同一で，国際資本市場における開示基準を念頭においたものである。しかし，年度決算書および状況報告書の具体的な作成の基準に関して，新規市場規則はなんら実体的規制をおいていない。それは公式市場，規制市場と同様に商法会計法に実質的法基盤を委ねているためである。

この場合，商法典第267条第3項が新規市場における上場会社の継続的開示義務を連結する決定的役割を果たしている。商法典第267条第3項はつぎのように規定している。

「大規模資本会社とは，第2項に掲げる三つの指標のうち，少なくとも二つの指標を上回るものをいう。資本会社は，有価証券取引法第2条第5項の意味での組織化された市場にその資本会社が有価証券取引法第2条第1項1文の意味での発行された有価証券によって請求をうけるかもしくは組織化された市場での取引の認可を申請するときには，常に大規模資本会社とみなされる。」

（なお，商法典第267条第2項が掲げている三つの指標とは，貸借対照表総額2,124万マルク，売上高4,248万マルク，被用者数250人である）。

ここで，有価証券取引法第2条第5項にいう「組織化された市場」とは，「国家が承認した機関によって規制され監督され，正規に存在し，公衆に対して直接的間接的に解放されている市場」を意味し，これは株式法上の「上場」がおこなわれる市場と同一の定義であることはすでに述べたところである。新規市

場はこの組織化された市場に該当し，商法上の大規模資本会社とみなされることになる。ただし，この場合，商法上の大規模資本会社は，その年度決算書および状況報告書の作成と開示ついては原則として商法会計法に準拠しなければならない。そこで，IAS もしくは US-GAAP への準拠を可能にする法的施設が商法典第292a 条の免責規定である。商法典第292a 条第1項1文は連結会計に限定して，ドイツ商法に準拠した連結決算書を免責する規制緩和を謳ったものであるが，この免責規定によって，新規市場における上場認可を受ける発行者（上場企業）は商法会計上の継続的開示規制との連繋が保たれている。(12)

商法典第292a 条第1項1文はつぎのような規定を設けている。

「有価証券取引法第2条第5項の意味での組織化された市場に自身のもしくはその子会社が発行する有価証券取引法第2条第1項の意味での有価証券を上場する企業は，第2項の要件（ドイツ商法に準拠した連結決算書および連結状況報告書の免責要件）に合致する連結決算書および連結状況報告書を作成し，かつそれを第325条，第328条に従いドイツ語及びドイツマルクで公示しているときには，本節に基づく連結決算書および連結状況報告書を作成する必要はない。」

その他，新規市場において上場認可を受ける発行者は，認可後に，四半期報告書と適時情報開示も義務づけられている。これも，国際資本市場の情報要求に応えることを目的としたものといえる。

新規市場規則第二章7.1.1は四半期報告書に関する一般原則をつぎのように規定している。

「（1） 四半期報告書は，発行者の営業活動が営業年度の各四半期ににおいてどのように展開しているかの判断を可能にさせなければならない。それは，報告期間における発行者の活動，損益ならびにそれらに関する説明についての数値記載を含み，ドイツ語および英語で記述されなければならない。DBAGは，外国に居住する発行者の四半期報告書について全部もしくは一部を英語のみで記述することを認めることができる。」

（2） 第一期の四半期報告書は当該営業年度のはじめの3ヶ月，第二期四半

期報告書は初めの6ヶ月，第三期四半期報告書ははじめの9ヶ月を包括するものでなければならない。第四期四半期報告書は年度決算書によって代替される。」

四半期報告書については，前年度との比較が可能であるようにした，一株当たり年度余剰・年度欠損，発行者の協働者の数を含む損益計算書，資本流動計算書かつ中間配当が実施もしくは予定されるときには税引後利益ならびに配当（予想）額の数値記載が義務づけられ，それらは年度決算書と同一の会計原則に準拠したものでなければならない。また，これらの数値記載について決算書監査人による監査がおこなわれるときには，追加的注釈，限定意見，意見の差控えをも含む「確認の付記（監査証明）」が完全に再現されなければならないとされている（新規市場規則第二章7.1.4）。

なお，発行者に連結決算書が義務づけられているときにはコンツェルンに対する四半期報告書が作成されなければならない。発行者が個別会社に対する四半期報告書を追加的に作成するときには，DBAGはその追加的な記載が重要な記載を含む場合，その開示もまた要求することができるとされている（新規市場規則第二章7.1.4）。

つぎに，適時情報開示に関する規定は有価証券取引法にある。有価証券取引法第15条第1項は以下のように規定する。

「国内取引所で取引の認可される有価証券の発行者は，財産状態もしくは財務状態に対する，もしくは発行者の一般的営業経過に対する影響のために，認可された有価証券の取引所価格に多大な影響を及ぼすことが妥当しているときには，もしくは認可される債務証書の場合に，その責務を生じさせる発行者の能力に影響を及ぼすときには，自身の活動領域において発生しかつ明らかに衆知となっていない新しい事実を遅滞なく開示しなければならない。連邦監督局は申請する発行者に対して，事実の開示が発行者の有資格の利害関係者に損害を与えることが当てはまるときには，開示義務を免責することができる。」

また，有価証券取引法第15条は第2項から第6項までにおいて，「相場に影響

図表 2 - 3　証券市場区分別の上場認可前提

	公式市場	規制市場	自由市場	新規市場
上場認可前提				
一最初の認可の場合の発行量	株式の予想相場価値は、2.5百万DMを超え、金額未記載株式は、最低10,000口。(取引所上場認可命令第2条第1項)	最低0.5百万DMの券面額。金額未記載株式は、最低10,000口。(取引所規則第51条第1項および第2項)	指示なし	予想相場価値は最低5百万Euro (新規市場規則第二章3.7の4)。券面額は最低250,000Euroないし100,000口 (新規市場規則第二章3.7)
一自己資本	指示なし	指示なし	指示なし	最低1.5百万Euro (新規市場規則第二章3.1の2)
一同一種類株式すべての認可	現実には義務 上場認可命令第7条第1項	必要なし (取引所規則第51条第3項)	必要なし	現実には義務 (新規市場規則第二章3.9)
一株式の種類	普通株およびもしくは優先株	普通株およびもしくは優先株	普通株及びもしくは優先株	普通株のみ (新規市場規則第二章3.4)
一株式の分布	認可された株式の最低25% (取引所上場認可命令第9条)	指示なし	指示なし	認可された株式の最低20% (指針としては最低25%) (新規市場規則第二章3.10の1)
一企業の最少存続期間	3年、例外もあり (取引所上場認可命令第3条)	指示なし	指示なし	3年 (当為)
上場認可の手続き	発行者及び金融機関 (取引所法第36条第2項)	発行者及び金融機関 (取引所法第71条第2項、取引所規則第50条第2項2)	取引所で制約なく取引所の認可される企業	発行者おしくは金融サービス機関 (新規市場規則第二章2.2の1)
認可書類				
一内容	目論見書 有価証券の判断に必要なすべての記載:過去3年の貸借対照表および損益計算書、前年度の附属明書を含む	企業報告書 有価証券の判断に重要な記載:18ヶ月を越える各種年数の企業の年度合には、前年度の年度計算書	販売目論見書 発行者の適切な判断が可能となる記載	販売目論見書／企業報告書 有価証券の判断に必要なすべての記載;過去3年間の貸借対照表、損益計算書および前年度の附属説明書を含む。商法規定に基づく場合、IAS、US-GAAPに基づく会計

第2章 ドイツ証券市場セグメントと上場認可条件　67

	公式市場	規制市場	自由市場	新規市場
公示義務				
一認可申請	上場認可委員会を通じて、取引所開示義務に基づく掲示（取引所法第49条）	取引所新聞および取引所会館の掲示（取引所規則第55条第5項）	指示なし	上場認可委員会を通じて、最低、地域間の広がりを持つ国内日刊紙における掲示（新規市場規則第二章2.4）
一目論見書／企業報告書	新聞もしくは店頭の公示（取引所法第36条第4項）	新聞もしくは店頭の公示（取引所規則第55条第1項）	新聞もしくは店頭の公示（販売目論見書法第9条）	新聞もしくは店頭の公示（取引所規則第55条第1項）
一追加的公示	連邦公報（取引所上場認可令第68条）	新聞もしくは店頭の公示（取引所規則第55条第2項）	指示なし	新聞もしくは店頭の公示（取引所規則第55条第2項）
上場認可後の開示義務				
一中間報告書	少なくとも1義務（取引所上場認可令第53条、第61条）	少なくとも1指針（取引所規則第54条）	必要なし	四半期報告書（配当、株式の記載等）（新規市場規則第二章7.1.7および7.2.1）
一適時情報開示	義務（有価証券取引法第15条、取引所上場認可令第66条）	義務（有価証券取引法第15条）	義務はなし	義務（有価証券取引法第15条、新規市場規則第二章7.2.11）
一開示言語	ドイツ語	ドイツ語	ドイツ語	ドイツ語および英語
一資本参加限界	議決権の5、10、25、50、75%（有価証券取引法第21条、第25条）	議決権の5、10、25、50、75%（有価証券取引法第21条、第25条）	持分の50%もしくは議決権の50%（株式法第16条、第20条）	議決権の5、10、25、50、75%（有価証券取引法第21条、第25条）
旧株主の維持義務	なし（ただし、SMAXは例外）	なし	なし	6ヶ月（新規市場規則第二章7.2.9）
世話人	なし（ただし、SMAXは例外）	なし	なし	2名（新規市場規則第三章4）
年度決算書	開示義務（商法典第325条）	開示義務（商法典第325条）	開示義務（商法典第325条）	開示義務（商法典第325条）

出所）Kay Schanz, *Börseneinführung, Recht und Praxis des Börsengangs*, 2000, S339-340. ただし、一部省略。なお、自由市場については株式法第3条第2項に基づく「上場」の概念は適用されない。したがって、ここでは上場認可の条件ではなく、取引の認可の条件を示している。

を及ぼす事実の開示と伝達」に関する規定を定めている。これを受けて，新規市場規則においても「発行者は有価証券取引法第15条に規定される公開義務の遵守が義務づけられる」とされ，この場合の開示は，新規市場規則の規制に従い英語で実施されなければならないとされている（第二章7.2.12）。

むすびに代えて

さて，以上において考察してきたドイツにおける証券市場セグメントの上場認可条件を俯瞰的に示せば図表2-3（67〜68頁）の通りである。

すでにみたとおり，目論見書（発行目論見書）の作成と開示は，ドイツの場合，公式市場，規制市場そして新規市場においても株式の取引所認可の基本的前提をなしている。こうした市場参入における開示前提は，市場の透明性によって資本市場の機能領域を強化することと並んで，自身の意思決定を最適化することを望んでいる投資家保護に資するものと考えられている。公式市場における目論見書の開示規制に関しては次章で考察するが，その公式市場と本章で考察した新規市場における市場参入開示は，取引所法第36条第3項2号および第38条，取引所上場人命令第13条以下，新規市場規則第二章4において規制が設けられている。それらによれば，少なくとも有価証券の認可前の週日に，ドイツ語で記述され，申請場所で署名された目論見書が公示されなければならない。新規市場における上場認可に際しては，発行目論見書はドイツ語と英語の二ヶ国語での作成が義務づけられている。この公示の前提は，目論見書が認可委員会によって承認されるところにある。

ところで当然のことながら，ドイツの発行者の株式はドイツ国内だけでなく，諸外国でも取引され，目論見書（発行目論見書）は外国の投資家に対しても開示される。この点は，上場認可後の年度決算書および状況報告書ならびに中間報告書（および四半期報告書），適時情報といった継続的開示についても同様である。したがって，EUにおける資本市場統合の一環として，国内市場機構を改革し国際資本市場への転換を進めているドイツにとって，国内のみなら

ず国外の投資家の情報要求に対応し，取引所開示規制を通じた市場透明化によって一層の市場活性化を図ることが今日，重要課題のひとつとなっている。

本章の後半部分で取上げた新規市場において，主要な開示情報のひとつである年度決算書および状況報告書に対して，「国際的に認められた会計原則」として指示されるIASないしUS-GAAPの適用を要請しているのもかかる市場要請を反映しているものといえよう。しかし，すでに述べたように，新規市場はあくまで，情報テクノロジー，インターネット（ソフトウェア），テレコミュニケーション，医療分野の革新的成長企業を対象とする，中小規模の企業を対象とした自由取引を前提とする市場セグメントにすぎない。ドイツの中心的大規模企業が上場するのは公式市場のセグメントである。新規市場における株式取引と価格決定および開示規制も基本的には公式市場の規制を前提としたものであって，そのため，ドイツの証券取引に関する開示規制はこの公式市場における上場企業を対象とした規制内容を検討することが不可欠である。しかもその場合には，証券取引開示規制の実質的法基盤を商法会計法（商法典）に委ねるドイツの場合，絶えず，取引所法の開示規制は商法会計法との結合問題が問われることになろう。そして，その考察をおこなうのが次章である。

(1) Christoph Ernst, Überblick über die Änderungen der Handelsgesetzbuch zu Rechnungslegung und Abschlußprüfung, in: Dietrich Dörner, Dieter Menold, Norbert Pfitzer (hrsg.), *Reform des Aktienrechts, der Rechnungslegung und Prüfung—KonTraG—KapAEG—EuroEG—StückAG*, 1999, S. 328-329.
(2) Kay Schanz, *Börseneinführung, Recht und Praxis des Börsengangs*, 2000, S. 343.
(3) *Ebenda*, S. 343-346.
(4) *Ebenda*, S. 347.
(5) *Ebenda*, S. 348-349.
(6) *Ebenda*, S. 349-350.
(7) *Ebenda*, S. 351.
(8) Vgl., *Ebenda*, S. 351-352./Gruppe Deutsche Börse Infoline, *Regelwerk Neuer Markt*, Stand 15. 09. 1999, Abschnitt 1, Allgemeiner Teil. なお，以降において，新規市場規則の条文内容に関しては上記規則を利用。また，新規市場規則について取り上げたものとして，鈴木義夫著『ドイツ会計制度改革論』森山書店，第6章，2000年

がある。
(9)　*Ebenda*, S. 358-360.
(10)　*Ebenda*, S. 356.
(11)　2000年3月9日に施行された「資本会社および無限責任社員・指令法」(KapCoRi-LiG) により，商法典第267条第3項「資本会社の規模階級基準」の規定が改正され，それと同時に，EUにおける「規制された市場」(ドイツ法における「組織化された市場」ないし「上場会社」) に対応する市場概念が導入された。この点に関しては，本書第3章補注に加えてつぎを参照。稲見亨稿「資本会社＆Co 指令法 (Kap-CoRiLiG) にみるドイツ会計制度国際適応～商法典第292a 条の修正に焦点を当てて～」『西南学院大学商学論叢』第47巻第1号，2000年。森美智代稿「ドイツにおける会計制度の動向と企業の動き～中小規模資本会社の会計制度を中心として～」『會計』第158巻第2号，2000年。なお，「資本会社および無限責任社員・指令法」については，つぎを利用。Deutscher Bundestag, *Drucksache 14/2353 vom 14. 12. 1999*, Beschlussempfehlung und Bericht des Rechtausschusses (6. Ausschuss) zu dem Gesetzentwurf der Bundesregierung-Drucksach 14/1806—Entwurf eines Gesetzes zur Durchführung der Richtlinie des Rates der Europäischen Union zur Änderung der Bilanz-und der Konzernbilanzrichtlinie hinsichtlich ihres Anwendungsbereichs (90/605/EWG), zur Verbesserung der Offenlegung von Jahresabschlüssen und zur Änderung anderer handelsrechtlicher Bestimmungen (Kapitalgesellschaften-und Co-Richtlinie-Gesetz—KapCoRiLiG).
(12)　基本的に，証券市場において開示される年度決算書 (取引所法上は，個別決算書と連結決算書を含めた決算書の上位概念として，この年度決算書の用語を用いることがあり，個別決算書のみを意味する商法上の概念とは異なっている) は連結決算書である。その点からすれば，免責規定を通じて新規市場規則との連繋は保たれていようが，個別決算書に関していえば，IAS もしくは US-GAAP への準拠を基本的に義務づけている新規市場規則とそれをおこなっていない商法との連繋は存在していないといえる。

第3章　ドイツの取引所法改革と会計開示規制
～商法会計法の国際的対応との連繋～

は　じ　め　に

　1980年代後半以降，ヨーロッパの資本市場は EU（欧州連合）統合という大きな目標に向かって急速に変貌してきている。1992年の EC（欧州共同体）における市場統合を経て，1993年11月のマーストリヒト条約の発効により成立した EU は，相互承認（mutual recognition）原則のもとに資本市場についても国際的競争力ある統合市場を加速的に成立させる過程にある。そして，この資本市場統合を生み出すうえで，その主要部分である証券市場に関する取引所法制の調和化がはかられてきた。取引所への上場認可，目論見書の開示，投資家への継続的情報開示，インサイダー取引の回避，等に関する一連の EU 指令の域内諸国国内法への転換がそれである。

　こうした欧州の資本（証券）市場統合の流れのなかで，国際的競争力ある市場機構を構築するため，域内諸国の取引所機構の組織的・技術的変更が不可欠とされた。ドイツにおいても，1988年の DAX（ドイツ株価指数）の導入，1991年の IBIS（取引所オンライン統合取引・情報システム）の開設とドイツ取引所株式会社（DBAG）の創立，1996年の新規市場（Neuermarkt）の新設等々，国際資本市場におけるドイツ市場の競争力を高める機構改革が急速に実現されてきた。[1] そして，かかる市場機構の改革とともに，ドイツの取引所法（Börsengesetz；BörsG）と取引所上場命令（Börsenzulassungsverordnung；BörsZulV）が改正された。ドイツでは資本市場に関連する EU 理事会指令を1986年に国内

法に転換し，1896年旧取引所法，1910年旧取引所上場認可命令が大幅に改正された。その後，この1986年の取引所法と取引所上場認可命令は，金融市場の国際的展開に統合するため，ドイツ版ビッグバンを押し進める金融市場促進法と平行して数度にわたって部分改正され今日に至っている。

　本章で取り上げるのは，そうした経緯により成立する現行取引所法と取引所上場認可命令に基づく証券取引開示規制である。このドイツにおける証券取引開示規制については，これまでわが国ではほとんど取り上げられてこなかったといってよい。[2] 従来，ドイツ企業の資本調達が銀行支配のなかで間接金融方式に依存し，また，ドイツの証券市場がアングロサクソン諸国とくにアメリカの証券市場に比べて未発達であり，開示規制についてもさほど厳格なものがなかったことがその一因であろう。しかし，EUが域内諸国における資本（証券）市場統合を目指す過程のなかで，ドイツにおいても国際的競争力ある市場活力の向上を図って，市場のより透明性を求めた開示規制の見直しがおこなわれてきた。

　そこで，本章では，このドイツにおける証券取引開示規制に関して，とくに，取引所法および取引所上場認可命令を跡づけながら考察する。ただし，取引所法および取引所上場認可命令は，年度決算書等の会計書類の作成，表示に関して具体的会計規制を含んでいない。その担い手が商法典における会計規制，すなわち商法会計法（Handelsbilanzrecht）である。ドイツにおける会計規制は商法会計法を中心に，株式法，有限責任会社法，協同組合法，開示法，信用制度法，保険監督法，所得税法等における各種の会計規制がそれと秩序的に関連しあってひとつの法体系を形成している。取引所法も例外ではなく，商法会計法との強い連繋のもとに開示規制が形成されてきている。ドイツの場合，取引所法改革と商法改革とが交錯して実施されてきており，したがって，以下では，直接的には，取引所法と取引所上場認可命令を中心とした会計開示の規制内容を取り上げるが，近年の商法改正の動向と絡めながら，それが国際資本市場に向けてどう対応し，またどのような問題を生じせしめているのかについて検討してみたい。[3]

第3章　ドイツの取引所法改革と会計開示規制　73

1　ドイツの取引所における発行開示規制

　本書の第2章でみてきたように，ドイツの取引所市場セグメントは，公式市場（Amtlicher Handel），規制市場（Geregelter Markt），自由市場（Freiverkehr）の三つに区分される。それに規制市場に準じて取り扱われる私法上の市場としての新規市場（Neuermarkt）が加わる。この区分のうちの公式市場における公式登録（上場認可）に関して取引所上場認可命令が存在し，会計開示に関する諸規制も設けている。規制市場，自由市場に関しても取引所規則などにおいて一定の開示規制は存在しているし，第3章で取上げた成長著しい新規市場の上場認可についても新規市場規則（RWNM）によって国際標準をにらんだ厳格な開示規制が設けられている。しかし，公式市場はドイツの主導的な第一部の市場セグメントであり，開示規制についてもその中心的位置と役割を占めている。その場合，73の条項から構成される取引所上場認可命令は，有価証券の公式登録を受ける大企業を対象としたドイツにおける取引所開示規制の中心部分であり，図表3-1に示すようにその内容も詳細にわたっている。そこで以下，この取引所上場認可命令を中心にみながらドイツにおける証券取引開示規制の現状を考察してみよう。

　まず，有価証券が公式市場に認可される場合，認可申請書に目論見書（Prospekt）が添付されなければならない。この目論見書に関する一般原則を掲げているのが，取引所上場認可命令第13条である。それによると，目論見書は，認可される有価証券の評価にとって重要である事実関係および法的関係に関して情報を提供しなければならず，正確かつ完全なものでなければならない（取引所上場認可命令第13条第1項）。また，目論見書には，（ⅰ）目論見書の内容につき責任を有する自然人もしくは会社，（ⅱ）認可される有価証券，（ⅲ）認可される有価証券の発行者，（ⅳ）認可される有価証券の発行者の年度決算書および目論見書におけるその他の記載事項についての監査，に関する記載が義務づけられている（取引所上場認可命令第13条第2項）。

図表 3-1　取引所上場認可命令の構成

```
第1章　公式登録に対する有価証券の認可
    第1節　認可前提（第1条～第12条）
    第2節　目論見書
        第1款　目論見書の内容（第13条～第32条）
        第2款　特別な場合の目論見書内容（第33条～第42条）
        第3款　目論見書の開示（第43条～第44条）
        第4款　目論見書を開示する義務の免責（第45条～第47条）
    第3節　認可方法（第48条～第52条）
第2章　認可される有価証券の発行者の義務
    第1節　中間報告書
        第1款　中間報告書の内容（第53条～第56条）
        第2款　特別な場合の中間報告書の内容（第57条～第60条）
        第3款　中間報告書の開示（第61条～第62条）
    第2節　その他の義務（第63条～第70条）
第3章　正規性違反，最終規定（第71条～第73条）
```

こうした一般原則に基づき，さらに取引所上場認可命令は第14条から第32条において，目論見書の記載内容に関してつぎのような規定を設けている。なお，特別な場合における目論見書の内容に関しては第33条～第42条に規定される。

第14条　目論見書の内容につき責任を有する自然人もしくは会社に関する記載
第15条　有価証券に関する一般的記載
第16条　株式に関する特別の記載
第17条　株式としての有価証券に関する特別の記載
第18条　発行者に関する一般的記載
第19条　発行者の資本に関する記載
第20条　発行者の営業活動に関する記載
第21条　発行者の財産状態，財務状態，収益状態に関する記載
第22条　発行者の会計報告からの記載

第23条　資金の源泉と使途に関する表の作成
第24条　資本参加企業に関する記載
第25条　1株あたり利益および配当金に関する記載
第26条　連結決算書の記載
第27条　上場認可社債の発行者の負債に関する記載
第28条　発行者の営業執行機関および監査機関に関する記載
第29条　発行者の最近の営業経過および営業の見通しに関する記載
第30条　目論見書における発行者の年度決算書およびその他の記載内容に関する監査の記載
第31条　株式を代理する投資証書に関する記載
第32条　株式を代理する投資証書の発行者に関する記載

　ここで会計関連の記載事項については第21条以下が該当する。それらのうち，とくに取り上げられるべき規定としてつぎのものがあるだろう。
　取引所上場認可命令第21条第1項はつぎのように規定している。
「目論見書は，発行者の財産状態，財務状態，収益状態に関して，
  1．貸借対照表および損益計算書における代わりに附属説明書においておこなわれる記載内容も含めて，過去3営業年度について比較可能な表示の形態での貸借対照表および損益計算書（第22条），前営業年度の附属説明書（債務証書の認可については過去2営業年度についてのみ比較可能なものでなければならない），
  2．過去3営業年度についての資金の調達と運用に関する表（第22条），
  3．発行者が持分を所有する企業に関する詳細，を含めなければならない。」
　さらに，取引所上場認可命令第22条第1項では，目論見書における会計報告からの記載事項に関して，つぎのような規定がおかれている。
「（1）発行者が連結決算書の作成のみを義務づけられているときには，その連結決算書は第21条第1項1に基づき目論見書に含められなければならない。発行者が個別決算書の作成もまた義務づけられているときには，両種の年度

決算書が含められなければならない。認可委員会は，他方の年度決算書がなんら重要な追加的記載を含まないときには，一方の年度決算書のみを含めることを発行者に認めることができる。」

以上のように，取引所上場認可命令は目論見書において貸借対照表，損益計算書，附属説明書の年度決算書（個別決算書）を，また，連結決算書が作成される場合には年度決算書と連結決算書の双方もしくはそのどちらかの決算書，および運動貸借対照表（キャッシュ・フロー計算書），発行者が持ち分を所有する企業の詳細，を記載することを義務づけている。この場合，取引所上場認可命令第21条第1項がいう「発行者の財産状態，財務状態，収益状態」は，商法典第264条第2項（第297条第2項）が掲げる資本会社（コンツェルン）の「財産状態，財務状態，収益状態に関する実質的諸関係に合致する写像」に相当する。ドイツの商法は，この商法典第264条第2項（第297条第2項）の目標規範に基づき，資本会社（コンツェルン）に対して正規の簿記の諸原則（GoB）に準拠した年度決算書（連結決算書）の作成と開示を義務づけている。また，後述するように，商法典第267条において，公式市場と規制市場の上場会社について，それを大規模資本会社とみなして，商法上の年度決算書の作成と開示の規制のもとにおいている。それによって，取引所の目論見書の発行開示規制は，その会計法的基礎を商法上の諸規定と正規の簿記の諸原則に求めることになる。[4]

さて以上のような目論見書は，規定された開示内容について国内での広範囲の周知をはかるため上場認可委員会が指定する取引所公告指定紙（新聞紙上）において開示される。上場認可申請が複数の取引所公告指定紙に開示されるときには，目論見書も同時に開示される。また，連邦公報において目論見書または目論見書の公告指定紙名および公衆がこれらを入手しうる場所についての情報を開示することになる（取引所法第36条第4項）。なお，取引所上場認可命令第43条によって，目論見書の開示期間については，少なくとも有価証券の上場前3週日には開示されなければならないとされている。

2 ドイツの取引所における継続開示規制

　ドイツにおける取引所法は，取引所法第44条第1項の3および第44条第2項を根拠として有価証券を公式登録する発行者（企業）に対して，取引所上場認可命令第65条第1項および第2項に基づく年度決算書と状況報告書の継続的開示の義務を課している。

　すなわち，まず，取引所法第44条第1項の3は，上場認可される有価証券の発行者の義務として「公衆および上場認可委員会に，発行者および上場有価証券に関する情報を適切に通知する」ことを掲げ，さらに同第44条第2項では「連邦政府は，連邦参議院の同意を得て法規命令によって第1項の3によりおこなわれる開示および通知についての方法，範囲および様式ならびに第1項の4による義務が生ずる期日および前提要件につき定める権限を有する」こととしている。

　そして，この規定を根拠にして連邦政府の定める取引所上場認可命令第65条「年度決算書および状況報告書の提供」の第1項および第2項はつぎのような規定をおいている。

　「（1）上場認可された有価証券の発行者は，年度決算書と状況報告書とがこの法規命令の適用領域において公開されないときには，その年度決算書と状況報告書を確定後すみやかに支払所において公衆の利用に供さなければならない。

　（2）発行者が個別決算書も連結決算書も作成する場合，双方の年度決算書が第1項の規定に従い，公衆の利用に供されねばならない。もう一方の年度決算書に重要な追加的記載が含まれないときには，上場認可委員会は一方の年度決算書のみを公衆の利用に供することを認めることができる。」

　このように，ドイツの取引所法は有価証券の公式認可（上場）会社に対して，目論見書による発行開示規制と並んで，年度決算書と状況報告書，さらに連結決算書を作成する場合にはその双方かそのどちらかの継続開示規制を設けている。しかし，先にふれたようにこれらの決算書情報の作成，処理に関し

て，取引所法は実体規定を設けておらず，その実質的内容は商法典の会計法規範に委ねられることになる。

その根拠規定が商法典第267条の「規模階級の分類」である。商法典第267条は，資本会社を大中小の規模に分類し，そのうちの大規模資本会社に公式市場と規制市場の上場会社を含めている。したがって，公式市場と規制市場において有価証券を上場する資本会社は，取引所法に基づく開示規制に対して，商法典第三篇「商業帳簿」のうち大規模資本会社に適用される会計法規範の遵守が義務づけられることになる。

商法典第267条第3項がつぎのように定めているからである。

「大規模資本会社とは，第2項に掲げる三つの指標のうち，少なくとも二つの指標を上回るものをいう。資本会社は，株式または資本会社によって発行されたその他の有価証券が欧州経済共同体加盟国の取引所において公式市場もしくは規制市場で認可されるか，規制自由市場に含まれるかまたは公式市場もしくは規制市場での認可申請がおこなわれているときには，常に大規模資本会社とみなされる。」

（なお，商法典第267条第2項が掲げている三つの指標とは，貸借対照表総額2,124万マルク，売上高4,248万マルク，被用者数250人である）

ドイツにおける現行商法典は，資本会社と人的会社の会社法形態の区分のうえにたって，また資本会社に関しては大中小の規模区分に応じて貸借対照表項目と損益計算書項目の下位分類，附属説明書の報告義務の範囲，法定監査および公示義務等の規定を段階的に規定する。この場合，公式市場と規制市場における有価証券を上場ないし認可申請している株式会社は商法上の大規模資本会社と同等の取り扱いを受けることになる。これによって取引所法による上場・非上場の基本的区分は，商法典の資本会社の規模区分と連結する。商法上の年度決算書等の記載・開示に関わる実質的な会計法規範が取引所法の会計開示規制の基礎に据えられることになる。

【補注】 上述の商法典第267条第3項における資本会社の規模階級区分の規定は，

1999年12月16日付の「資本会社および無限責任社員・指令法（KapCoRiLiG）」の成立により，つぎのように改められた。

「大規模資本会社とは，第2項に掲げる三つの指標のうち，少なくとも二つの指標を上回るものをいう。資本会社は，有価証券取引法第2条第5項の意味での組織化された市場にその資本会社が有価証券取引法第2条第1項1文の意味での発行された有価証券を上場するか，もしくは組織化された市場での取引の認可を申請するときには，常に大規模資本会社とみなされる。」

また同時に，商法典第267条第2項の規模基準の指標は貸借対照表総額が2,689万マルク，売上高が5,378万マルクへと改正された。

さらに，ドイツの取引所法はEU指令を転換して，1986年の改正により中間報告書（Zwischenbericht）の作成と開示に関する義務規定を設けている。公式市場において有価証券の登録が認可される発行者は年度決算書に加えて中間報告書を作成し開示しなければならない。この中間報告書の作成・開示義務は，取引所法第44b条につぎのように規定される。

「(1)認可される株式の発行者は，営業年度内に，正規に少なくとも，報告期間内の発行者の財務状態および営業経過の実質的諸関係に合致した写像を数値事項と記述事項に基づいて伝達する中間報告書を開示することが義務づけられる。」

(2)連邦政府は連邦参議院の議決を経た法規命令によって，公衆の保護のために中間報告書の内容につき，とくに記載される数値事項および記述事項ならびにその開示の時期と形式についての諸規定を定めることが授権される。法規命令は，例外的場合，とくに公衆の利益を危険にするあるいは発行者側に危惧される著しい損害の観点から，中間報告書における個々の記載をなすことを除外しうることを定めることができる。」

この取引所法第44b条第2項1文に基づき，中間報告書の作成と開示について，取引所上場認可命令第2章第1節～第3節（第53条～第62条）が適用される。その内容はつぎのとおりである。

第1節　中間報告書の内容
　　第53条　一般原則
　　第54条　数値記載事項
　　第55条　説明記載事項
　　第56条　連結決算書
第2節　特別な場合の中間報告書の内容
　　第57条　数値記載事項の適用
　　第58条　第三国の発行者
　　第59条　欧州経済共同体の複数参加国における中間報告書
　　第60条　個々の記載事項に関する免責
第3節　中間報告書の開示
　　第61条　開示の形態と時期
　　第62条　認可委員会の通知

　これらの規定のうち，まず，取引所法第53条では中間報告書に関する一般原則がつぎのように掲げられている。
　「中間報告書は，発行者の営業活動が営業年度のはじめの6ヶ月間においてどのように展開されたかの判断を可能にさせるものでなければならない。中間報告書は報告期間における発行者の諸活動と成果に関する数値記載事項ならびにそれに対する説明を含まなければならず，第58条第2項の規定を遵守してドイツ語で作成されねばならない。」
　こうした一般原則に基づき，取引所法第54条においてつぎの会計関連の数値記載事項が列挙される。
　「(1)数値記載は，少なくとも，会計報告に適用される商法上の諸規定の意味での売上収益額，税引前もしくは税引後の損益を表示しなければならない。各数値記載に関しては，前年度の相応期間に対する比較数値を表示しなければならない。
　(2)発行者は，報告期間について中間配当をおこなうか，それを予定してい

るときには，数値記載の場合，当該期間に対する税引後損益および配当金額もしくは配当予定金額が表示されなければならない。

(3) 数値記載が決算書監査人によって監査されるときには，追加的注記事項ならびに限定意見もしくはその撤回を含めた確認の付記が完全に掲示されねばならない。

(4) 株式が国内の取引所にのみ公式登録される発行者について，上場認可委員会は，追加的な表明能力の観点から不相応の多額の費用を回避させるために発行者にとってやむを得ないか，もしくは別の理由でこの例外が正当化しうるならば，見積数値記載の形式で損益を表示することを認めることができる。中間報告書から，公衆が見積数値が関わっていることを明確に認識できるようにしなければならない。」

その他，中間報告書には，発行者の営業活動の展開と損益の判断にとって必要な，売上収益のゼグメント，受注状況，原価と価格の動向，従業員数等の記述的説明が義務づけられ（取引所上場認可命令第55条），また，発行者が連結決算書を開示している場合には，個別会社かコンツェルンのどちらかについて中間報告書を作成できるとされている（取引所上場認可命令第56条）。

なお，中間報告書は，報告期間の終了後2ヶ月以内に，取引所公告指定紙の少なくとも一紙もしくは連邦公報または支払場所に公衆が無償で利用できる印刷物として開示されなければならない。さらに，中間報告書が連邦公報に開示されないときには，連邦公報において中間報告書がどこに開示されているのか，公衆のために保存されているかの指示が連邦公報において周知されねばならない（取引所上場認可命令第60条）。

さて，以上が取引所法に基づくドイツの公式市場において有価証券を公式登録（上場）する企業に適用される証券取引開示規制の基本的内容である。これら開示規制の具体的内容は連邦政府の法規命令「取引所上場認可命令」において定められている。しかし，その取引所上場認可命令には開示されるべき会計事項の処理，表示に関して実体的な法規定は存在しない。それらは，商法典第

82　第Ⅰ部　証券取引開示規制の国際化展開

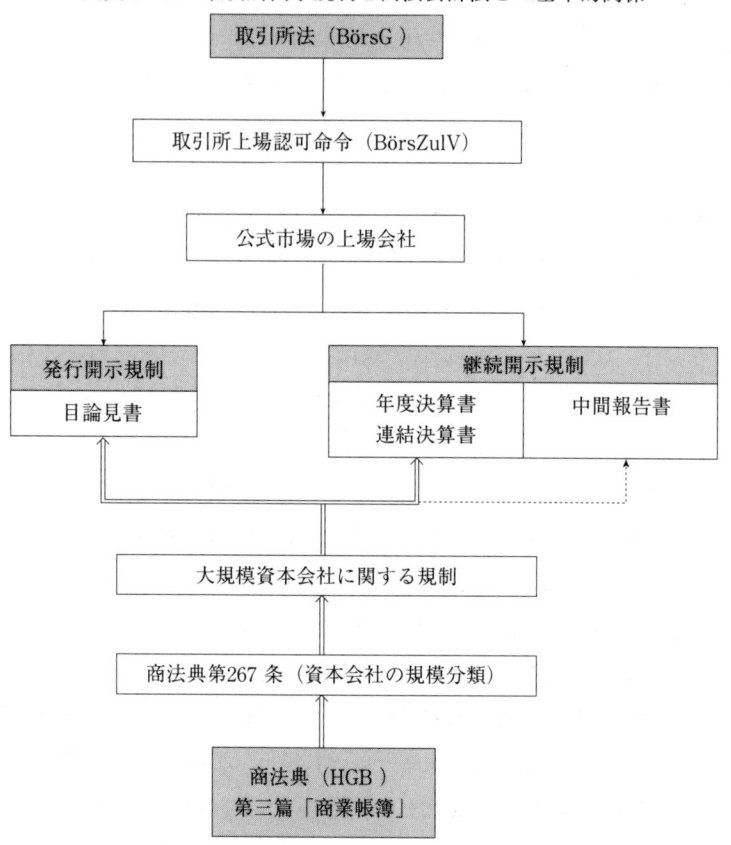

図表 3-2　取引所開示規制と商法会計法との基本的関係

```
            取引所法（BörsG）
                  ↓
         取引所上場認可命令（BörsZulV）
                  ↓
            公式市場の上場会社
           ┌──────┴──────┐
      発行開示規制          継続開示規制
       目論見書         年度決算書   中間報告書
                       連結決算書
           ↑              ↑           ↑
           └──────┬──────┘
              大規模資本会社に関する規制
                       ↑
            商法典第267条（資本会社の規模分類）
                       ↑
                商法典（HGB）
               第三篇「商業帳簿」
```

　267条における「規模階級の分類規定」に連結して大規模資本会社と同等の商法会計法規範に依存することになる。中間報告書は商法において作成と開示の義務づけられていない取引所法特有の開示対象である。ただし，そこにおける会計記載事項も，「会計報告に適用される商法諸規定」（取引所上場認可命令第54条）に基づき作成される。したがって，ドイツの証券取引開示規制はほとんどその実体的内容を商法会計法規範に委ねているといってよい。以上の関係を図示すれば，図表 3-2 のようになろう。

3 取引所開示規制と国際会計基準

　ところで，ドイツにおける取引所開示規制は，その実質的法基盤を必ずしもドイツ商法にのみに委ねているわけではない。とくに，ドイツ国外に居住する上場外国企業に対して，年度決算書をはじめとする会計書類をドイツ商法以外の会計基準に依拠することを許容している。

　取引所上場認可命令第22条第4項がつぎのように規定しているからである。
「欧州経済共同体以外もしくは欧州経済圏に関する条約のその他の協定国以外に居住する発行者の場合，その年度決算書が会社の年度決算書と状況報告書に関するこの法規命令の適用領域における諸規定に合致しないで，かつ発行者の財産状態，財務状態，収益状態に関する実質的諸関係に合致した写像を伝達しないときには，追加的記載が目論見書に掲載されなければならない。」

　また，取引所上場認可命令第65条第4項の規定はつぎのようである。
「欧州経済共同体以外もしくは欧州経済圏に関する条約のその他の協定国以外に居住する発行者の場合，会社の年度決算書もしくは状況報告書に関するこの法規命令の適用領域における諸規定に合致しないで，かつ発行者の財産状態，財務状態，収益状態の実質的諸関係に合致した写像を伝達しないときには，発行者はその支払場所で公衆の利用に供さなければならない。」

　これらの規定はドイツの証券取引市場（公式市場）に上場する外国企業に対して，目論見書の記載と年度決算書および状況報告書の作成・開示に関して，ドイツ商法会計法規範への準拠を条件づけずに，「財産状態，財務状態，収益状態に関する実質的諸関係に合致した写像」いわゆる「真実かつ公正なる写像（true and fair view）」を要件に，他国の会計基準への準拠をも承認するものである。[5]

　この点，かかる取引所法開示規制の免責規制と接続して，商法典においても，連結決算書に対して，一定の要件を満たす場合，ドイツ商法会計法に準拠した決算書を免責する規定を，EU指令に応じて，1985年改正時においてすで

に規定してはいた。すなわち，商法典第291条において，国内の親企業であり
かつ他の親企業（欧州経済共同体加盟国内に居住する）の子企業でもある企業に
対して，連結決算書および連結状況報告書の作成免責に関する規定を掲げ，さ
らに商法典第292条では，第291条の連結決算書と連結状況報告書の免責規定が
欧州経済共同体の非加盟国に居住する親企業にも適用できることを，連邦法務
大臣が連邦参議院の承認を必要としない法規命令によって決定する権限を有す
ると規定していた。そして，この商法典第292条を受けた連邦法務大臣は，「欧
州経済共同体の加盟国以外の国に居住する親企業の免責連結決算書に関する法
規命令」，いわゆる「連結決算書免責法規命令（KonBefrV）」を1991年11月15
日に制定し，11月30日付で発効させた。[6]

ただし，それらの免責規定は，欧州経済共同体非加盟国において作成される
免責連結決算書が指令93/849EWGつまりEU第7号指令（連結決算書に関する
指令）の要件に一致して，ドイツ商法による連結決算書と等価値（Gleichwer-
tig）であること，つまり「等価値性の原則」を条件としたものであった。[7]

現在，この免責システムは国内ドイツ企業にまで範囲を拡大した。1998年の
「資本市場におけるドイツ・コンツェルンの競争能力改善および社員消費貸借
の受容の容易化のための法律」（「資本調達容易化法（KapAEG）」）の成立によっ
て改正された商法典では，第292a条「作成義務の免責」を新設し，ドイツ商
法に準拠した連結決算書の免責を付与し，外国企業だけでなく国内外の取引所
に上場するドイツ親企業にまで拡大せしめている。それはまた，EU指令と
IASとの等価値性を認めて，ドイツ法に基づかない，広く国際的に認められ
た会計原則に準拠した連結決算書の適用をドイツ企業にも容認するものであっ
た。

商法改正の政府法案に付された立法理由書はその事情について以下のように
説明している。[8]

「今日，アメリカ合衆国で上場される他のEU加盟国に居住する企業は，す
でに，国内法規の免責によって，US-GAAP基準の連結決算書をヨーロッ
パの連結会計法との調整計算表なしに作成している。EUの連絡委員会が

EU会計指令とIASとの一致を確認したことにより，こうした実務は一層拡大するだろう。US-GAAP基準で作成される外国企業の連結決算書は，EU法に基づくと，上場目的に際してドイツにおいて承認されなければならない。さらに，その決算書は連結決算書免責法規命令に基づいて，免責決算書として用いることが可能である。その場合，当該の決算書はドイツに居住する親企業がドイツ法に依拠して作成する部分連結決算書に代わるものとみなされる。にもかかわらず，ドイツ企業にとってはこのような可能性は従来，閉ざされていた。したがって，かかる観点からもまた，連邦政府は，こうした内国法人が差別化される状態は継続されるべきでないという見解をもっている。」

さらに，最終修正法案に付された法務委員会理由書はつぎのごとく述べている。[9]

「しかし，法務委員会は，免責規定が外国の資本市場を利用する企業のためにのみ役立てられるべきという見解にたつものではない。外国の資本市場の利用に関連づけることで，国内の資本市場を利用するドイツ親企業にとって，免責規定の利用が妨げられることになる。

　しかし，かかる企業についても包括的かつ国際的に比較可能な情報に対する外国の資本提供者のニーズに対応するため，国際的に認められた会計原則に基づく連結決算書を作成する要請は存在しうる。この場合，取引所認可命令第21条以下の諸規定，とりわけ，取引所上場認可命令第22条4項に基づいて，取引所上場にあたって国際基準による連結決算書を提出することが可能な外国企業とドイツの企業とが国内の取引所において競合していることを考慮しなければならない。さらに，『新規市場』で自身の株式が売買されるドイツ企業は連結決算書をUS-GAAPに基づくかもしくはIASを適用して作成しなければならない。かかる要求を満たすため，政府法案で提案された免責規定は国内の取引所に上場されるすべての企業にまで広げて適用された。」

以上みられるように，アメリカのコンピュータ市場・NASDAQを指向して創設された新規市場も加えて，外国企業との競合関係のますます強まってくる

証券取引市場を背景にして，ドイツ商法は，1998年の改正を通じて，EU 会計指令と IAS との等価値性を根拠に，取引所の上場目的に対して外国企業のみならず国内企業に対してもドイツ法に依拠した連結決算書作成義務を免責し，IAS あるいは US-GAAP の会計基準の適用を承認した。

この点，法務委員会理由書はつぎのように述べている。[10]

「商法典第292a 条の規定によって，今後，取引所上場に際して，また，取引所上場認可命令第21条以下と販売目論見書指令第8条が要請する財産状態，財務状態，収益状態に関する記載についても，この商法典第292a 条の掲げる国際的に認められた諸基準に基づく連結決算書が利用可能となる。取引所上場認可命令の該当規定は，商法典第292a 条第2項に基づく免責連結決算書にもこの『連結決算書』の概念が及ぶことを前提にして解釈されなければならない。」

したがって，ドイツ商法会計法規範に実質的に依存する取引所開示規制も国内外の企業に対して，必然的に IAS, US-GAAP の適用を妨げるものでない。

【補注】商法典第292a 条のドイツ商法に準拠した連結決算書の免責規定も，先に示した商法典第267条第3項（資本会社の規模階級区分）と同様に，1999年12月16日付の「資本会社および無限責任社員・指令法（KapCoRiLiG）」の成立によって改正され，その免責の対象が「コンツェルンの親企業である取引所上場の企業」から「有価証券取引法第2条第5項の意味での組織化された市場に自身もしくはその子企業が発行する有価証券取引法第2条第1項の意味での有価証券を上場する親企業」となった。また，免責規定は，非上場の企業についても，「組織化された市場での取引について認可が申請される場合」に適用されることになり，免責の対象は従来と比較して拡張されることになった。この点に関しては，本書第6章を参照のこと。

4　ドイツ取引所開示規制と商法改正問題

ドイツの取引所法は公式市場，規制市場，新規市場という EU 指令のいう

「規制された市場」に属する市場セグメントにおいて，有価証券を上場する企業に対して，基礎的開示規制を強めている。とくに，公式市場における有価証券の公式登録（上場）に際しては，取引所法と取引所上場認可命令を改正して，従来と比較して開示規制を強めている。本章では，EU域内諸国の資本市場の統合を目標に一連のEU指令をドイツ国内法に転換し，1986年以後，漸次改正の進められてきた取引所法を中心に取り上げ，そこにおける開示規制の内容を商法会計法との相互の関係のなかで考察してきた。

ところで，H. Bienerは，EUの取引所指令は開示される年度決算書および連結決算書の形式および内容に関して何ら特別の規定を含むものでないという。したがって，かれによると，それは一般的法に基づく決算書とそれに付随する説明が問題とされる限りにおいて，取引所法の開示義務を履行するにあたってIASに基づき作成される連結決算書の利用をさまたげるものでない。株式もしくは債務証書をEUにおける証券取引所に公式登録することを申請する会社はその会社の年度決算書，そして連結決算書を作成するときにはそれも含めて，あるいはその連結決算書のみをそのつど遅滞なく開示しなければならない。これらの書類が会社決算書に関するEU理事会指令の規定に一致せず，そして当該会社の財産状態，財務状態，収益状態の実質的諸関係に合致する写像を提供しないときには，追加的記載がおこなわれなければならない。それが必要か否かは，取引所上場認可委員会の義務づけられた判断による。同様の規制は，取引所認可目論見書および販売目論見書に関する各指令にも含まれる。その場合にも，取引所上場認可委員会は，非連結のもしくは連結された決算書が会社の年度決算書に関する理事会指令に一致せずに，発行者の財産状態，財務状態，収益状態に合致する写像を伝達しないときには，より詳細なもしくは補完的な記載を要請することができる。ある加盟国において容認された目論見書は他の加盟国においても容認されなければならない。他の加盟国は当該国の市場にとってもっぱら特有の補完的な報告を要求してもよいとされている。さらにまた，証券取引所において株式を公式登録申請する会社の開示すべき中間報告書の形式と内容に関する要請は，IASと何ら矛盾しないほど初歩的なもの

だという。(11)

　たしかに，ドイツの取引所法は，英米の証券規制と比較すれば，発行者側にとって必ずしも厳格な規制内容を含むものでない。しかし，EU域内の資本流通の自由な移動と活性化を目的とするEU指令を転換して，一層の市場における透明性，情報開示の強化を求めていることは事実である。ただし，この取引所法は開示されるべき決算書等の書類の形式，内容に関して実体的会計規制を有していない。取引所法は商法会計法規範（GoBと諸個別規範）に実質的な法基盤を委ねており，ドイツ商法が債権者保護にたったいわゆる保守主義的会計規制を超えて，投資家サイドの情報要求にも適合しうる可能性を求めている。そこに，EU域内のみならず広く国際化した資本市場とそこにおける国際的に認められた会計原則（とくにIAS）の今日的な情報要請に商法が対応する一定の素地をみることができよう。

　さて，W-D. Buddeは，かつて「取引所上場会社は独自の途を進まなければならないのか？」と題した論攷で，「結果として，取引所上場会社，取引所，取引所監督局ならびに株主，投資家の間には，会計報告の範囲を拡大することが望ましいとする点で合意が確認される。その場合，IASが標準として容認される。したがって，IASがドイツ法に取り入られるべきならば，商法典への組入れがおこなわれねばならないのか，もしくは取引所法が適切な入れ物なのかどうかが更に問題となる」(12)と述べて，国際資本市場への対応への二つの選択肢をあげたが，ドイツの場合，「商法典への組み入れ」の道が選択された。ドイツでは，実体的法規定を有する商法の改正を通じて取引所法開示規制をIASに対応させることを試みている。

　すでにみたように，ドイツ商法は1985年の改正において，他のEU加盟国に居住する国外企業とその国外企業を親企業とする国内企業に対して，ドイツ法に準拠した連結決算書の免責規定をおき，さらに1998年の改正においては，国内外の取引所に上場する国内親企業に対して免責規定の範囲を拡大した。たしかに，こうした商法改正の動向は，それ自体は資本市場を指向した連結決算書の情報提供機能を重視する国際化への対応である。商法改正に付された立法当

局の見解は，この改正があくまで証券市場における情報開示を目的としたものであって，それは，課税にも配当にも関連せず，慎重性原則と税務上の利益決定に対する商事貸借対照表の基準性原則も保持されるとしている。

こうした配当にも課税にも影響せずに情報開示目的のみに資する連結決算書を，W-D. Budde は「公告―決算書」と称している。しかし，かれは先に示した二つの選択肢のうち商法改正の道が選ばれるとしたら，それは企業の配当決定にも大きな影響を与えるだろうとしている。H. Biener の場合は，そうした影響を商法改正の「マイナスの貢献」とも呼んでいる。H. Biener は，連結決算書の免責規定をもって一時しのぎの「国際的な取引所上場の目的のための特殊な GoB としての IAS の容認」[13] と位置づけ，伝統的に制定法支配のドイツにあって，私的な規制物である IAS をドイツの制定法規範のなかにどのように繋ぎ止めるかが，今後の課題だと述べている。この点は，1998年の「資本調達容易化法」と同時平行的に成立した「企業領域統制・透明化法 (KonTraG)」を通じて，商法に新設された「私的会計委員会」(商法典第342条)条項を法的基礎として創設されたドイツ版 FASB「ドイツ会計基準委員会 (DRSC)」は IAS もしくは US-GAAP のドイツにおける適用をドイツ会計基準 (DRS) の勧告・開発によって可能なものになるとしている。[14]

しかし，こうした法的解決は，一層の問題を投げかけている。それは DRS の勧告・開発を経て IAS が GoB として認知された場合，それが連結決算書だけでなく年度決算書 (個別決算書) と基準性原則に基づく税務上の利益算定に影響するのか否かという問題である。[15] 周知のように，ドイツにあって GoB は帳簿記録と年度決算書の作成のすべてに関わる利益算定の一般条項としての機能を持つ会計制度の機軸的法施設である。それはまた，基準性原則によって税務上の利益算定にも基礎にもおかれる法施設でもある。したがって，GoB は証券取引の開示規制のみに関連するものではない。IAS (あるいは US-GAAP) ＝GoB の図式が今後，ドイツの伝統的な利益算定機構にどう波及して影響するするのか，国際資本市場に対応した取引所開示規制の変革は，GoB を機軸としたドイツの会計制度の根幹に関わる問題を今，投げかけてもいるの

である。

(1) ドイツにおける取引所機構改革については，つぎを参照。財団法人日本証券経済研究所編集『図説ヨーロッパの証券市場』(2000年版) および同編集『EUの証券市場』(1999年版)。
(2) ただし，著者の知る限りの範囲で，数少ない先行研究のひとつとしてつぎの報告書がある。本多潤一著『ドイツにおける開示制度と開示内容』財団法人企業財務制度研究会，1992年。
(3) 以下，取引所法および取引所上場認可命令の条文とその解釈に関しては，つぎを参照。Bankrecht, *Die Gesetzestexte des Deutschen Bundesrechts*, Stand 3. März 1997, 1. Aufl. 1997./Schwark Eberhard ; *Börsengesetz, Kommentar zum Börsengesetz und zu den börsenrechtlichen Nebenbestimmungen*, 2. Aufl., 1994. なお，取引所法における開示規制については，つぎもまた参照。拙稿 (稲見亨との共著)「国際資本市場へのドイツ商法会計の対応 (1)」『會計』154巻4号，1998年。および拙稿「商法会計の法システム」『ドイツ会計の新展開~国際化への戦略的アプローチ』(佐藤博明編著)，森山書店，1999年。
(4) ドイツの商法会計法と正規の簿記の諸原則との関係については，拙著『ドイツ会計規準の探究』森山書店，1998年のとくに第2章および第3章を参照。
(5) 「真実且つ公正な写像」の要件についての詳細は，拙書『現代会計の構図』森山書店，1993年の第4章を参照。
(6) なお，この免責規定は取引所上場認可命令第58条に基づき，第三国の発行者の中間報告書にも適用される。
(7) Vgl., Karlheinz Küting, Claus-Peter Weber, *Handbuch der Konzernrechnungslegung, Kommentar zur Bilanzierung und Prüfung*, Band II, 2. Aufl. S., 1010-1011 (§292).
(8) Vgl., Deutscher Bundestag, *BT-Drucksache 13/7141 vom 06. 03. 1997*, Gesetzentwurf der Bundesregierung, Entwurf eines Gesetzes zur Verbesserung der Wettbewerbsfähigkeit deutscher Konzerne an internationalen Kapitalmärkten und zur Erleichterung der Aufnahme von Gesellschafterdarlehen (Kapitalaufnahmeerleichterungsgesetz—KapAEG), Begründung A. Allgemeiner Teil (II3-2), 1997. 拙稿 (稲見亨との共著)「『資本調達容易化法』によるドイツ商法会計法の改正について」静岡大学『経済研究』3巻2号，1998年，136頁。なお，この論文は資本調達容易化法ならびに一連の法案の商法改正部分を訳出紹介したものである。
(9) Vgl., Deutscher Bundestag, *BT-Drucksache 13/9909 vom 12. 02. 1998*, Beschlußempfehlung und Bericht des Rechtsausschusses (6. Ausschuß) zu dem Gesetzentwurf der Bundesregierung-Drucksache 13/7141—Entwurf eines Gesetzes

第3章　ドイツの取引所法改革と会計開示規制　*91*

　　zur Verbesserung der Wettbewerbsfähigkeit deutscher Konzerne an internationalen Kapitalmärkten und zur Erleichterung der Aufnahme von Gesellschafterdarlehen（Kapitalaufnahmeerleichterungsgesetz—KapAEG）, 1998. 拙稿（稲見亨との共著）「『資本調達容易化法』によるドイツ商法会計法の改正について」前掲, 138頁。
(10)　Vgl., Deutscher Bundestag, *BT-Drucksache 13/9909 vom 12. 02. 1998*, a. a. O.
(11)　Herbert Biener ; Können die IAS als GoB in das deutsche Recht eingeführt werden?, in : Jörg Beatge, Dietrich Börner, Karl-Heinz Forster, Lothar Schruff (hrsg.), *Rechnungslegung Prüfung und Beratung—Herausforderung für den Wirtschaftprüfer*, 1996, S. 101-103.
(12)　Wolfgang Dieter Budde, Müssen die Börsennotierten Gesellschaften eigene Wege gehen, in : Wolfganf Ballwieser, Adolf Moxter, Rolf Nonnenmacher (hrsg,), *Rechnungslegung—Warum und Wie*, 1996, S. 99-102.
(13)　Herbert Biener, Können die IAS als GoB in das deutsche Recht eingeführt werden?, *a, a, O*., S. 111-115.
(14)　この点については，拙稿（稲見亨との共著）「国際資本市場へのドイツ商法会計の対応(2)」『會計』154巻5号，1998年，および拙稿「ドイツ商法会計法における将来予測の導入」『将来事象会計』（加藤盛弘編著），森山書店，2000年を参照。
(15)　Vgl., Wolfgang Dieter Budde, Konzernrechnungslegung nach IAS und US-GAAP und ihre Rückwirkungen auf den handelsrechtlichen Einzelabschluss, in : Wolfgang Dieter Budde, Adolf Moxter, Klaus Offenhaus (hrsg.), *Handelsbilanzen und Steuerbilanzen*, 1997./Thomas Schildbach, Internationale Rechnungslegungsstandards auch für deutsche Einzelabschlüsse?, in : Wolfgang Ballwieser, Hans-Joachim Böcking, Jochen Druckarczyk, Reinhard H. Schmidt (hrsg.), *Bilanzrecht und Kapitalmarkt*, 1994.

第II部　商法会計法の国際化展開

第4章 商法会計法の基本構造
～証券取引開示規制の実質的法基盤～

は じ め に

　ドイツの会計制度の特徴は，伝統的に実定法支配のもとに適法＝適正の論理が存在する点にある。実定法にもられた会計法（Bilanzrecht, accounting law）が重視され，この会計法を遵守することをもって会計の適正性も保持されると考えられている。この点は，「法形式」よりも「経済的実質」を優先させて会計の適正性を求めるアングロサクソン型の会計制度と大きく異なる特徴である。その場合，ドイツでは例えば，以下のような各種実定法（準則，法規命令も含む）が会計法を含んでいる。それらは個々に無秩序に存在するのではなく，商法典における会計法，すなわち商法会計法（Handelsbilanzrecht）と相互に関連を有しており，全体としてひとつの法体系（Rechtssystematik）を形成している点も，ドイツ会計制度のひとつの特徴である。

　商法典（Handelsgesetzbuch；HGB）
　株式法（Aktiengesetz；AktG）
　有限責任会社法（Gesetz betreffend die Gesellschaften mit beschränkter Haftung；GmbHG）
　協同組合法（Genossenschaftsgesetz；GenG）
　開示法（Publizitätsgesetz；PublG）
　取引所法（Börsengesetz；BörsG）

取引所上場認可命令（Börsenzulassungsverordnung ; BörsZulV）

租税通則法（Abgabenordnung ; AO）

所得税法（Einkommensteuergesetz ; EStG）

所得税法施行命令（Einkommensteuer-Durchfürungsverordnung ; EStDV）

所得税法準則（Einkommensteuer-Richtlinien ; EStR）

信用制度法（Gesetz über Kreditwesen ; KWG）

信用機関の会計に関する法規命令（Verordnung über die Rechnungslegung der Kreditinstitute ; RechKredV）

保険監督法（Versicherungsaufsichtsgesetz ; VAG）

保険会社の会計に関する法規命令（Verordnung über die Rechnungslegung von Versicherungsgesellschaften ; RechVersV）

　本章では，かかる会計法体系の中軸として位置する商法会計法を取り上げその形式面での構造を明らかにしながら商法会計法の位置づけを試みることにする。わが国の会計制度は商法，証券取引法，法人税法に基づく会計制度が相互に連関する，いわゆる「トライアングル体制」を有している点に特質がみられているが，ドイツにおいても商法会計は，本書の第一部で考慮した取引所法開示規制あるいは所得税法会計との相互の関係を持ってドイツ型の会計制度をかたちづくっている。そこで本章では，ドイツ会計法体系における商法会計法の地位関係を明らかにすることによって，次章に引き続く会計の国際的調和化に対するドイツ固有の取り組みの姿を検討するうえでの前提を確認しておきたい。[1]

1　「商人の法」としての商法典と会計

1-1　商人属性と帳簿記入義務

　ドイツの会計制度は「商人（Kaufmann）の法」としての商法典を中心に展開される。そして，この「商人の法」としての商法典は，第3篇「商業帳簿」

(第238条～第341h 条) において,「商人」に対する会計規制をおいており, その冒頭に位置する商法典第238条第 1 項が, すべての商人の帳簿記入を義務づける基本規定となっている。

商法典第238条第 1 項はつぎのごとく規定している。

「すべての商人は, 帳簿を記入しかつそこにおいて自身の商取引と財産の状態を正規の簿記の諸原則に従い明瞭に記載することが義務づけられる。」

では, ここでいう「商人」とはなにか。商法典第 1 条第 1 項によれば,「商人」とは「商営業を営む者 (wer Handelsgewerbe betriebt)」をいう。この「商営業を営む者」のうち, 商法典第 1 条第 2 項に規定される, 動産または有価証券を売買するもの等 (1～9 号) の営業経営をおこなう, すなわち基本的商業を営むものを,「必然的商人 (Mußkaufmann)」という。これに対して, 基本的商業を営まないにもかかわらず, 商人的に装備した営業経営をおこなう商人は商業登記所 (Handelsregister) への登記が必要とされ, この登記をもって商人属性が付与され, それらは「義務的商人 (Sollkaufmann)」と呼ばれる (商法典第 2 条)。この場合, 帳簿記入義務は「義務的商人」にも存在するが, ただし, 帳簿記入の発生するのは商法典第262条に従い, 商人属性を獲得した後, つまり商業登記所への登録後ではなく商業登記所登録の義務が発生した時点である。ところで, 商法典の諸規定は原則として農林業者を対象とするものではない。しかし, 農林業者が商人的に装備された営業経営をおこなうか, もしくは例えば製材業や林業等の副業を営む場合, 任意に商業登記所への登記をおこなうことによって商人属性を得ることができる。これを「任意的商人 (Kannkaufmann)」という (商法典第 3 条)。さらに, 商営業を営まないものであっても事業の法形態に基づいて商人属性は与えられる。人的商事会社および資本会社は法律上 (kraft Gesetzes) は, 商法典の意味で常にいわゆる「形式的商人 (Formkaufmann)」である (商法典第 6 条)。

さらに, この商法典における商人概念として重要なのは,「完全商人 (Vollkaufmann)」と「小商人 (Minderkaufmann)」の区分である。種類と範囲によるその営業に商人的に装備された営業経営を必要としない小規模の商業経営を

図表 4-1　完全商人としての商法上の属性

形　態	完全商人としての属性			
	必然的商人	義務的商人	任意的商人	形式的商人
企業の対象	基本的商営業	その他の営業もしくは手工業	農林業もしくは副業	株式会社 株式合資会社 有限会社 登記済協同組合
企業の種類および範囲	企業の種類と範囲に応じて，商人的に装備された営業経営が必要とされる限り			企業の種類と範囲に依存しない
企業の登記所登記	登記に依存しない	義務の登記後	任意の登記後	義務の登記後

出所）Rudolf Federmann, *Bilanzierung nach Handelsrecht und Steuerrecht, Ein Grundriß der Gemeinsamkeiten, Unterschiede und Abhängigkeiten der Einzelabschlüsse mit systematischen Übersichten und unter besonderer Berücksichtigung der Rechnungslegung von Kapitalgesellschaften*, 8. aktualisierte Aufl., 1990, S. 56.

営む「小商人」は商業帳簿と帳簿記入帳義務が免除される。これに対して，「完全商人」に対してすべて，商法上の帳簿記入義務が適用される。それは，「形式的商人」たるすべての商事会社ならびに商業登記所に登録されるかもしくは登録の義務づけられるすべての「商人」を含んでいるためである。[2]

かくして，商法典第238条のいう「すべての商人」とは「商人すべて」を意味するのでなく「完全商人」ということになる。この「完全商人」は同時に「必然的商人」，「義務的商人」，「任意的商人」，「形式的商人」でもありうるというように商法上の「商人」概念は交錯した内容となっている。この関係は図表4-1が示すとおりであるが，商法典では，広い意味での商営業を営む各種商人を包括した「完全商人」すべてに対して，帳簿記入義務を設定している。

1-2　商人の年度決算書作成義務

さて，営業年度の経過後には簿記書類から年度決算書が作成される。すべての商人に対するこの年度決算書の作成義務は，商法典第242条から明らかである。

商法典第242条ではつぎのように定められている。

「商人は自己の商営業の開始時および各営業年度末に，自己の財産と負債との関係を示す決算書（開業貸借対照表，貸借対照表）を作成しなければならない。」（第1項1文）

「商人は，各営業年度末にあたり，その営業年度の費用と収益との対照表（損益計算書）を作成しなければならない。」（第2項）

この場合，商法典の規定する商人のうち，会計上，特に関心のもたれるのが人的会社（Personalgesellschaft）と資本会社（Kapitalgesellschaft）の区分である。ドイツにおける商法典は，この区分にたって，すべての商人に対する全般的な規定を配したのちに，資本会社に対する補完的規定，さらに登記済協同組合，一定業種（信用機関と保険企業）に対する補完的規定を設けている。

ドイツにおける会社（Gesellschaft）に関しては，社団（Verein）と組合（狭義のGesellschaft）とを包括する概念づけがおこなわれるが，社団については「社団＝法人＝有限責任性」の論理的な対応関係を前提にしており，人的会社と資本会社の区分もそれに応じた概念規定がなされているといわれる。すなわち，ドイツでは法人格は社団のみに付与され，法人に帰属する法人財産は責任財産であり有限責任性が存在する。同じ商事会社であっても，社団＝法人であり責任財産が法人財産に限定される資本会社と法人格を持たず責任財産も法人財産に限定されず個人財産まで及ぶ人的会社とは基本的に性格を異にしている。したがって，人的会社はドイツ法においての，社団ではなく，法人格を持たない組合として位置づけられる。これに対して，登記済協同組合（eingetragene Genossenschaft）は，組合という名称にもかかわらず，社団として性格を有する法人である。商法典は，こうした「社団＝法人＝有限責任性」を軸に資本会社に対する会計法規範の内容を人的会社のそれと区分して定めている。それは，有限責任に基づく資本会社の場合，所有者と業務執行担当者との分離により生ずる外部者の企業に対する強い利害とその補償要求から根拠づけられるという。[3]

ドイツの場合，人的会社については，さらに個人企業，合名会社，合資会

社,有限責任会社および無限責任社員・合資会社に,また,資本会社については,株式会社,株式合資会社,有限責任会社に分類することができる。つぎに,これらの各法形態の会社につき簡単に説明しておこう。[4]

(1) 個人企業(Einzelunternehmen)

個人企業は個人商人(Einzelkaufmann)とも呼ばれ,1名の所有者により営業経営もおこなわれるドイツの企業のなかで最も数の多い企業形態である。この個人の所有者は企業の債務に対して無限責任を負う。個人企業は商業登記所に登録されるけれども,税負担は企業ではなく所有者個人に課せられる。

(2) 合名会社(Offene Handelsgesellschaft, OHG)

合名会社は無限責任社員のみにより所有され,法人格はないが会社としての財産や権利義務を有している人的会社をいう。この会社の場合,無限責任社員はその名前を商号に記載する必要があり,企業経営に参画する義務を負っている。なお,商法上は合名会社は合資会社,有限合資会社とともに人的商事会社,形式的商人の属性を有している。

(3) 合資会社(Kommanditgesellschaft, KG)

合資会社は合名会社と有限責任会社の中間形態を採る人的会社である。したがって,法人格はない。所有者は代表社員として最低1名は必要な無限責任社員に有限責任社員を加えて構成される。有限責任社員はその出資額に応じて責任を負い,定款に特別の定めがない限り経営に参画せず資金拠出者として行動する。

(4) 有限責任会社および無限責任社員・合資会社(GmbH &Co. KG)

有限責任会社および無限責任社員・合資会社は合資会社の特殊な形態であり,人的会社であると同時に有限責任でもある。これは合資会社の無限責任社員が自然人でも法人でも可能としているため,有限責任会社がこの無限責任社員に任命された場合,実体として有限責任化してしまうことによる。この企業形態の場合,経営の代表権は有限責任会社の経営者にある。また,法人ではないので税負担は個人所得税の対象となる。

（5） 株式会社（Aktiengesellschaft, AG）

　株式会社とは50,000ユーロ以上の資本金を必要とし，資本金を分割した株式の資本市場での発行と流通を前提とする有限責任性の企業形態である。法人格を有し法人課税の対象となり，商法上は商業登記所への登録が義務づけられる形式的商人でもある。法規制（株式法）上，最高機関としての株主総会，業務執行の代表機関としての取締役会（Vorrat）とその監督機関としての監査役会（Aufsichtsrat）を設置しなければならない。

（6） 株式合資会社（Kommanditgesellschaft auf Aktien, KGaA）

　株式合資会社とは名称は合資会社となっているが，株式法上，株式会社の一つの形態に属し法人格を有する会社である。所有者は有限責任の株主と1名以上の無限責任社員の双方から構成され，無限責任社員は株式会社の取締役会に相当する役割をもち業務執行をおこなう。株主総会，監査役会の設置については株式会社と同様の規制がなされる。

（7） 有限責任会社（Gesellschaft mit beschränkter Haftung, GmbH）

　有限責任会社も株式会社と同様，有限責任の資本会社で法人格を有している。ただし，資本金は25,000ユーロ以上でよい。通常，少数である所有者は，取締役として会社を代表し商業登記所への登録をおこなうことが義務づけられている。機関としては，株式会社の株主総会に相当する社員総会が設けられるが，監査役会の設置は有限責任会社法上，株式会社と異なり必要とされていない。

　さて，以上の諸形態の会社に組合を加えて年度決算書の作成義務が課せられる。これは商法典第238条の帳簿記入義務と同様に，すべての商人に対する義務規定である。その場合，帳簿記入義務，年度決算書の作成義務の課せられる個人ないし個人集団を，各会社形態別に示せばつぎのようである。[5]

　（ⅰ）個人企業の場合には，個人商人自身。

　（ⅱ）合名会社，合資会社の人的商事会社の場合，業務執行社員だけでなくすべての無限責任社員。

　（ⅲ）株式会社の場合，取締役会構成員。

図表4-2 1998年売上税義務者ならびに法形態別・規模別の引渡しおよび給付

規模 引渡し および給付 DM	納税義務 会社	引渡し および 給付[1]	納税義務 会社	引渡し および 給付[1]	納税義務 会社	引渡し および 給付[1]
	数	Mill. DM	数	Mill. DM	数	Mill. DM
	すべての法形態		個人企業		合名会社[2]	
32 500 - 50 000	264 589	10 843	227 027	9 303	20 919	856
50 000 - 100 000	523 001	38 089	448 207	32 622	39 301	2 861
100 000 - 250 000	731 331	119 331	599 948	97 309	61 696	10 221
250 000 - 500 000	467 751	166 155	345 864	121 910	45 566	16 294
500 000 - 1Mill.	346 943	245 125	217 759	151 982	35 505	25 131
1Mill. - 2Mill.	232 788	327 155	116 423	161 325	23 255	32 496
2Mill. - 5Mill.	166 725	512 971	59 764	176 799	15 206	46 687
5Mill. - 10Mill.	60 227	419 000	12 550	85 242	5 333	36 753
10Mill. - 25Mill.	39 227	602 487	5 040	73 576	3 043	46 049
25Mill. - 50Mill.	13 505	469 594	937	31 414	841	28 887
50Mill. - 100Mill.	7 069	487 769	255	17 266	355	23 994
100Mill. - 250Mill.	4 152	633 044	59	8 319	186	27 508
250Mill. 以上	2 675	3 360 001	20	16 370	126	150 473
総 計	2 859 983	7 391 564	2 033 853	983 437	251 332	448 211
	合資会社[3]		株式会社[4]		有限責任会社	
32 500 - 50 000	1 357	56	71	3	9 278	381
50 000 - 100 000	3 323	247	160	12	22 362	1 657
100 000 - 250 000	7 330	1 248	229	38	52 790	9 029
250 000 - 500 000	8 178	2 993	217	81	62 532	22 956
500 000 - 1Mill.	10 865	7 949	257	188	77 881	56 521
1Mill. - 2Mill.	13 188	19 166	292	422	75 556	107 939
2Mill. - 5Mill.	18 137	59 041	360	1 151	69 178	216 377
5Mill. - 10Mill.	11 619	82 684	251	1 813	28 274	196 989
10Mill. - 25Mill.	11 289	178 112	286	4 614	17 825	272 629
25Mill. - 50Mill.	5 088	178 526	191	6 827	5 646	195 515
50Mill. - 100Mill.	2 960	203 948	193	13 943	2 820	194 635
100Mill. - 250Mill.	1 796	274 564	199	32 227	1 611	245 216
250Mill. 以上	927	645 286	433	1527 877	971	844 085
総 計	96 057	1 653 820	3 139	1 589 196	426 724	2 363 930
	営利組合および貯蓄組合		公法上の営業法人		その他の法形態	
32 500 - 50 000	199	8	116	5	5 622	231
50 000 - 100 000	460	34	352	26	8 836	630
100 000 - 250 000	774	130	823	141	7 741	1 216
250 000 - 500 000	665	243	873	317	3 856	1 362
500 000 - 1Mill.	705	512	1 057	760	2 914	2 081
1Mill. - 2Mill.	874	1 276	887	1 257	2 313	3 274
2Mill. - 5Mill.	1 304	4 285	819	2 561	1 957	6 070
5Mill. - 10Mill.	730	5 167	338	2 361	1 132	7 989
10Mill. - 25Mill.	640	9 941	251	3 814	853	13 752
25Mill. - 50Mill.	294	10 348	124	4 283	384	13 794
50Mill. - 100Mill.	172	11 888	77	5 428	237	16 666
100Mill. - 250Mill.	89	13 150	54	8 611	158	23 448
250Mill. 以上	56	44 335	42	33 776	100	97 799
総 計	6 962	101 316	5 813	63 340	36 103	188 313

注
1) 企業売上高（売上税を除く）　　3) 有限責任会社および無限責任社員・合資会社を含む
2) 民法上の会社その他を含む　　　4) 株式合資会社および民法上の組合を含む
出所）　Statistisches Bundesamt, VI 60/4-39 ; http://w.w.w.statis-bund.deのホームページより作成。Quelle : Umsatzsteueratatistik 1998.

(ⅳ)株式合資会社の場合，無限責任社員（株式法第91条）。
(ⅴ)有限責任会社の場合，すべての業務執行者（有限会社法第41条）
(ⅵ)組合の場合，取締役会構成員。

なお，これらの個人ないし個人集団は帳簿記入を代理させることができる。ただし，かれらは被用者もしくは外部者の選択に必要な用心を怠った場合もしくは十分な監督をおこなわなかった場合に，民法上ならびに刑法上の責任を有している。この責任はつぎの商法典第245条の署名義務によって裏づけられている。

「年度決算書は商人により日付を記載のうえ署名されなければならない。複数の無限責任社員が存するときには，それら社員すべてが署名しなければならない。」

　さて，連邦統計局・売上税統計（図表4-2）によると，ドイツの場合，1998年の企業総数2,859,983社のうちのそのほとんどを個人企業が占め（71.11％），ついで有限責任会社，合名会社，合資会社と続き，資本会社は15.03％，実数で429,863社を数えるにすぎない。また，資本会社についても，そのうち99.27％とほとんどが有限責任会社であり，株式合資会社も含めて株式会社数は企業総数全体からみても僅か0.11％，実数で3,139社と極めて少数である。しかし，企業規模からみれば，株式会社の大きさが現れている。同じ統計数値によれば，すべての企業の引渡しおよび給付額にしめる株式会社のそれは20.67％であり，会社数の少なさに比べてその規模の大きさを示している。同じ資本会社であり，すべての企業数の14.92％を占める有限責任会社についていえば，引渡しおよび給付額が31.98％であることからしても，株式会社の大規模性は明らかである。ただし，同じ株式会社といってもその内容は異なる。規模別分布をみてみると，250百万マルク以上の引渡しおよび給付額を有する株式会社は実数で433社，株式会社全体の13.79％にすぎない。むしろ，250百万マルク以上の引渡しおよび給付額の規模を有する有限責任会社の数は971社もあり，株式会社の2倍以上の数となっている。さらに企業規模を100百万マルクの水準以上でみてみると，株式会社は632社

に対して、有限責任会社は2,582社と株式会社を数ではるかに上回っている。この統計数値はもちろん、売上税義務者を対象にその規模分類も引渡しおよび給付額のみでとらえたものにすぎない。しかし、この統計に限ってみるなら、ドイツの場合、資本会社は企業の法形態よりもむしろ規模別構成のほうがより大きな意味を有してといえるだろう。以下でに述べるように、ドイツの商法典は人的会社と資本会社の区分とさらに資本会社の規模依存性を前提に構成されている。このことは、そうした企業構成と少なからず関連をもっていることが推定されよう。[6]

2　商法典第三篇「商業帳簿」の構成

　1985年に改正された現行のドイツ商法会計法は、商法典第三篇「商業帳簿」に組み入れられている。この第三篇「商業帳簿」第一章「すべての商人に関する規定」（第238条～第263条）は、それに続く第二章「資本会社に関する補完規定」（第264条～第335条）および第三章「登記済協同組合に関する補完規定」（第336条～第339条）が補完もしくは離反規定を指示しない限りにおいて、資本会社（株式会社、株式合資会社、有限責任会社）にも登記済協同組合にも適用される。信用機関および保険企業については、それ以外に第340条～第340o条および第341条～第341o条の第四章「一定業種に関する補完規定」が考慮されねばならない。この場合、商法典第三篇は、単純に法技術的な配置がなされただけでなく、第一章から第四章へ至る法構成として一般規定から特殊規定へと進行する構造となっている。それにより、商法典の特徴は、過去において企業の法形態、業種に応じて特別法に規定されていた諸会計法規範を第三篇「商業帳簿」のなかに統一的・網羅的に組み入れ、それを法的安定性と適用可能性の観点から、改めて企業の法形態、業種に応じた規定を規模と内容の範囲に照らして巧みに構成した点にみられる。[7]

　そこでつぎに、第三篇「商業帳簿」の内容に関してその特徴的なところを考察してみよう。

2-1 第一章「すべての商人に関する規定」の構成

帳簿記入と財産目録の作成から始まる第一章「すべての商人に関する規定」はつぎのような構成となっている。

第1節　帳簿記入・財産目録（第238条～第241条）
第2節　開業貸借対照表・年度決算書（第242条～第256条）
　　第1款　一般規定（第242条～第245条）
　　第2款　計上規定（第246条～第251条）
　　第3款　評価規定（第252条～第256条）
第3節　保存および提出（第257条～第261条）
第4節　登記による商人・州法（第262条～第263条）

このうち，年度決算書にかかわる基本的規定は第一章第2節の一般規定に定められている。そこで，すべての営業年度末に正規の営業経過に合致する期間内に（商法典第243条3項；その期間は6ヶ月から12ヶ月に相当する）年度決算書を構成する貸借対照表と損益計算書の作成が義務づけられている（商法典第242条）。この場合，基礎となっている帳簿記入が外国で許容される別の言語（現行の言語）でおこなわれるときですら（第239条1項），年度決算書はドイツ語かつドイツ・マルクで作成することが義務づけられる（商法典第244条）。また，年度決算書は商人ないしすべての無限責任社員によって日付が記載され署名がなされなければならない（商法典第245条）。

こうしたすべての商人に対して義務づけられる年度決算書は，「正規の簿記の諸原則（Grundsatz ondnungsmäßiger Buchführung；GoB）」に従い作成しなければならず，明瞭かつ要覧的でなければならない（商法典第243条1項および2項）。ここで，商法典は年度決算書作成の一般規範（Generalnorm）としての正規の簿記の諸原則の遵守を指示している。この場合，正規の簿記の諸原則は例えば，貸借対照表計上（利益実現）の時点，未決取引の貸借対照

表計上，経済的所有の際の財産対象物の貸借対照表計上を決定する。また，正規の簿記の諸原則は，諸方法間の選択（例えば減額記入方法）や製作原価の算定にも適用されるという。(8)

ここで正規の簿記の諸原則とは，その概念が法文上規定されていない不確定な法概念であって（不文の正規の簿記の諸原則），その法解釈と法発見を通じて法の空隙を充塡することを通じて法の前進を促す法規範としての特徴を持つドイツ固有のかつ機軸的法概念である。通常，正規の簿記の諸原則は企業の法形態，業種にかかわりなく「すべての商人」に適用されるところの一般原則でもある。さらに，特徴的なのは，商法典では，過去において一般的妥当性の認められてきた正規の簿記の諸原則の内容が，法文として明示化がなされている点である。これらは「法典化された正規の簿記の諸原則」と呼ばれており，計上，評価，表示に関連した明瞭性・要覧性（商法典第243条第1項），簿記および貸借対照表真実性（商法典第239条第2項，第262条第2項）完全性（商法典第246条第1項），貸借対照表同一性・企業継続性・決算日・個別評価・慎重性・期間限定・評価継続性（商法典第252条第1項1号～6号），調達価値（商法典第253条）等の諸原則が法典化された正規の簿記の諸原則の中心をなす。正規の簿記の諸原則は不文の正規の簿記の諸原則と法典化された正規の簿記の諸原則とによって重層的，階層的に構成され，すべての商人に対する統一的システムを前提としているといわれている。(9)

ところで，ここで忘れてはならないのは，正規の簿記の諸原則システムが保守主義的な性格を有していることにある。これは商法典第252条1項1号から6号をはじめとする一般的評価諸原則（allgemeine Bewertungsgrundsätze）にとくに妥当する。図表4-3に示すように，一般的評価原則は，とりわけ「慎重性原則」から出発し，そこから誘導される実現原則，不均等原則，低価原則，最高価値原則とによって階層形成しており，それがドイツ的な保守主義を反映していることがドイツの特徴と一般にみられている。

さらに，正規の簿記の諸原則と同じ不確定な法概念として「理性的な商人の判断（vernünftige kaufmannische Beurteilung）」の規定がある。商法典は，

図表 4-3　慎重性原則から誘導される評価原則の階層

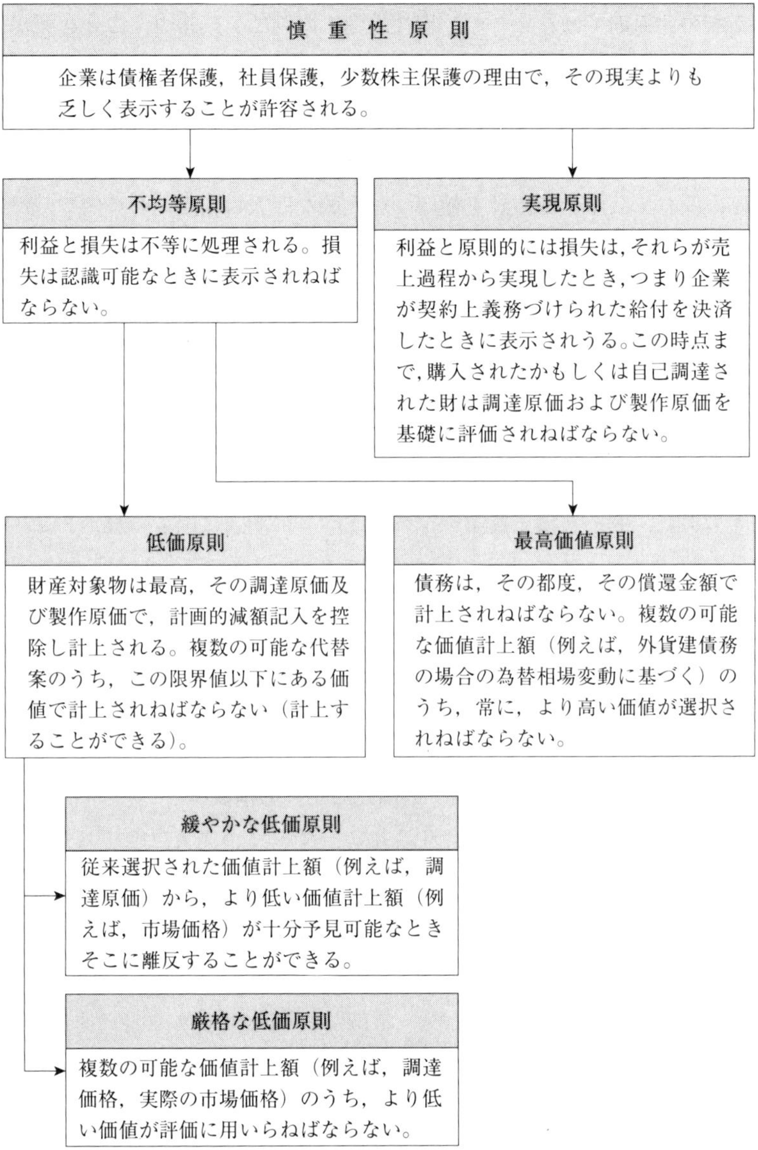

慎 重 性 原 則

企業は債権者保護，社員保護，少数株主保護の理由で，その現実よりも乏しく表示することが許容される。

不均等原則

利益と損失は不等に処理される。損失は認識可能なときに表示されねばならない。

実現原則

利益と原則的には損失は，それらが売上過程から実現したとき，つまり企業が契約上義務づけられた給付を決済したときに表示されうる。この時点まで，購入されたかもしくは自己調達された財は調達原価および製作原価を基礎に評価されねばならない。

低価原則

財産対象物は最高，その調達原価及び製作原価で，計画的減額記入を控除し計上される。複数の可能な代替案のうち，この限界値以下にある価値で計上されねばならない（計上することができる）。

最高価値原則

債務は，その都度，その償還金額で計上されねばならない。複数の可能な価値計上額（例えば，外貨建債務の場合の為替相場変動に基づく）のうち，常に，より高い価値が選択されねばならない。

緩やかな低価原則

従来選択された価値計上額（例えば，調達原価）から，より低い価値計上額（例えば，市場価格）が十分予見可能なときそこに離反することができる。

厳格な低価原則

複数の可能な価値計上額（例えば，調達価格，実際の市場価格）のうち，より低い価値が評価に用いられねばならない。

出所）　Wolfgang Männel, *Bilanzlehre*, 1996, S. 80.

貸借対照表評価に際して貸借対照表作成者に推定余地が存在する場合，正規の簿記の諸原則ではなくこの「理性的商人の判断」に基づくことを指示している。商法典第253条第1項2文における財産対象物の減額記入（Abschreibung），第253条第3項3文における流動資産たる財産対象物の減額記入，第253条第4項のそれ以外の減額記入，第253条第1項3文における引当金の評価に際して，その価値計上額は「理性的な商人の判断」の枠内で，ないしはそれに従っておこなわれなければならない。この「理性的商人の判断」は恣意性ある貸借対照表評価政策（秘密積立金の設定）を制限し持分所有者の配当請求保護に応ずるため規定されるドイツ固有の伝統的評価規範である。しかし，そこでいわれる「理性的な根拠」に明確な解釈は存在しておらず，そこに多様な解釈の運用を通じて幅広い価値選択（秘密積立金の設定）がひらけているといってよい。[10]

ともあれ，商法典第三篇第一章の「すべての商人に関する規定」は，企業の法形態・業種に依存せずにすべての商人が守るべきいわば最少規範を含むにすぎない。その点で，商人にとって必ずしも厳格な会計を要請するものではなく，より以上の商人の会計責任は商人自体の自主性に委ねられるとされている。[11]

2-2　第二章「資本会社に関する補完規定」の構成

資本会社は年度決算書を作成する場合，すべての商人に関する規定（商法第238条～第263条）に加えて，商法典第264条～第289条の補完規定を遵守しなければならない。この補完規定は株式会社，株式合資会社，有限責任会社のすべての資本会社に適用される。さらに，株式会社と株式合資会社は株式法の規定（株式法第58条，第150条，第152条，第158条，第160条，株式合資会社については加えて株式法第286条，等），有限責任会社は有限責任会社法の規定（第29条，第42条，等）を考慮しなければならない。

資本会社に関する補完規定の構成はつぎのようである。

第 1 節　資本会社の年度決算書および状況報告書
　　　第 1 款　一般規定（第264条～第265条）
　　　第 2 款　貸借対照表（第266条～第274条）
　　　第 3 款　損益計算書（第275条～第278条）
　　　第 4 款　評価規定（第279条～第283条）
　　　第 5 款　附属説明書（第284条～第288条）
　　　第 6 款　状況説明書（第289条）
第 2 節　連結決算書および連結状況報告書
　　　第 1 款　適用領域（第290条～第293条）
　　　第 2 款　連結の範囲（第294条～第296条）
　　　第 3 款　連結決算書の内容および形式（第297条～第299条）
　　　第 4 款　全部連結（第300条～第307条）
　　　第 5 款　評価規定（第308条～第309条）
　　　第 6 款　比例連結（第310条）
　　　第 7 款　関連企業（第311条～第312条）
　　　第 8 款　連結附属説明書（第313条～第314条）
　　　第 9 款　連結状況報告書（第315条）
第 3 節　監査（第316条～324条）
第 4 節　公示（第325条～329条）
第 5 節　様式規定およびその他の規定に関する命令授権（第330条）
第 6 節　罰則および過料規定，強制金（第331条～第335条）

　まず，資本会社の補完規定で特徴としてあげられるのは，年度決算書概念が人的会社と異なることにある。資本会社の年度決算書は貸借対照表，損益計算書に加えて附属説明書（Anhang）の三つから構成され，それらが一体をなすものと捉えられている（商法典第264条第 1 項 1 文）。
　こうした年度決算書に関して貸借対照表，損益計算書の項目分類，附属説明書における報告と説明義務，また，状況報告書（Lagebericht）の作成な

110 第Ⅱ部 商法会計法の国際化展開

図表 4-4 資本会社の規模分類

資本会社	貸借対照表総額 ドイツマルク	売上高 ドイツマルク	被用者人
小規模	≦ 6.72百万 (≦ 5.31百万)	≦ 13.44百万 (≦ 10.62百万)	≦ 50
中規模	6.71〜26.89百万 (5.31〜21.24百万)	13.44〜53.78百万 (10.62〜42.48百万)	51〜250
大規模	＞26.89百万 (＞21.240百万)	＞53.78百万 (＞42.48百万)	＞250

注) 基準値は2000年改正のものを示している。2000年以降，この規模分類は，「＆Co合資会社，＆Co合名会社」の人的会社にも適用されることになった。なお，括弧内は旧基準値（1994年改正）を示している。

らびにそれら決算書類の監査，公示等に関して，商法典第267条が資本会社について大中小の規模分類を指示しているのも補完規定の特徴である。図表4-3に示すようにこの規模分類の基準は貸借対照表総額，売上高，被用者数であるが，大中小のいずれの規模に資本会社が属するのかは，会社が連続する二つの決算日に少なくとも二つの基準を満たしているかに応じて決定される。この規模区分に基づいて中小規模の資本会社に対して諸々の簡便措置が講ぜられ，各種規定が規模依存的に配置される。その内容は図表4-4のように示す通りである。

ところで，補完規定で特に注目すべき点は，資本会社の年度決算書に関して商法第264条第2項2文がつぎのような一般規範を定めている点である。「資本会社の年度決算書は，正規の簿記の諸原則を遵守して，資本会社の財産状態，財務状態，収益状態の実質的諸関係に合致した写像を伝達しなければならない。」

この一般規範は，現行商法典の改正の直接的契機となったEU第4号指令第2条の目標規範「真実かつ公正なる写像（true and fair view）」の伝達をドイツ法に転換せしめたものである。この英米法に基礎をおく情報開示の実質主義が適法＝適正という法支配型の従来におけるドイツ商法会計法の実質的変更をもたらすものかどうか議論を呼んでいる。しかし，今日の支配的見解によると，

図表4-5 資本会社の規模に応じた簡便措置一覧

規定領域	資本会社 小規模	資本会社 中規模	資本会社 大規模
作成期間	翌営業年度のはじめの6ヶ月内に作成 商法典第264条第1項3文	翌営業年度のはじめの3ヶ月内に作成 商法典第264条第1項2文	
貸借対照表の分類	簡易；分類構成としてアルファベットおよびローマ字を付した項目のみを区別 商法典第266条第1項	商法典第266条第2項および第3項による詳細分類	
損益計算書の分類	簡易；商法典第275条第2項1-5号もしくは3項1-3号および6号の項目を「粗利益」に要約 商法典第276条		商法典第275条第2項もしくは第3項による詳細分類
附属説明書における記載義務	簡易；商法典第274a条，第276条2文，第288条2文の簡便措置（例えば，売上収入の分類，その他の引当金の説明）	簡易；活動領域および地理的に定められた市場別の売上収入の分類なし 商法典第288条2文	商法典第284条に応じた報告義務 簡易化はなし
状況報告書の作成	作成義務はなし 商法典第264条第1項3文	商法典第264条第1項1文に基づく作成義務	
年度決算書の監査	監査免除 商法典第316条第1項1文	法定監査義務 商法典第316条以下	
年度決算書の公示	商法典第326条に基づく簡便措置	商法典第327条に基づく簡便措置	商法典第325条
公示期限	翌営業年度12ヶ月以内	翌営業年度9ヶ月以内	
公示範囲	簡易貸借対照表 簡易附属説明書	簡易貸借対照表 損益計算書 附属説明書 状況報告書 監査証明書 監査役会報告書	貸借対照表 損益計算書 附属説明書 状況報告書 監査証明書 監査役会報告書
公示場所	商業登記簿	商業登記簿	連邦公報

出所）Wolfgang Männel, *Bilanzlehre*, a. a. O., S. 94. の表を一部，補足して作成。

「真実かつ公正なる写像」が正規の簿記の諸原則によって限定される情報規範にすぎないと考えられている。商法典はすでに第243条第1項において，すべての商人に対する年度決算書作成の一般規範として正規の簿記の諸原則の遵守を定めており，この第264条第2項1文の一般規範はそれと両立して資本会社にのみ適用されるものと位置づけられている。すなわち，この一般規範の枠内で正規の簿記の諸原則が指示されていることは，要請される写像の伝達が正規の簿記の諸原則とのコンテクストのもとでのみ，換言すれば一般的な貸借対照表計上原則および貸借対照表評価原則，とりわけ調達価値原則，不均等原則，慎重原則の制約のもとでのみ要請されると解されている。特別な場合にのみ，実質的諸関係に合致した写像（真実かつ公正なる写像）の伝達のため附属説明書における追加的記載と報告が要請されるのであって，従来のドイツ流の会計実務を原則的に変えるものでないと考えられている。[12]

その他，現行商法典の補完規定では連結会計法が規定される。1965年旧株式法に含まれていた連結会計の諸規定は，1985年の改正後は商法典における「資本会社に関する補完規定」（年度決算書に関する規定の後）に移されることとなった。改正された連結会計法の特徴のうち，主要なものを挙げればつぎのようになろう。[13]

（ⅰ）連結会計法を株式法から移行したことによって商法会計法の統一性（Einheitlichkeit）が強調され，要覧性（Übersichtlichkeit）が高められた。

（ⅱ）その所在地に関わりなく子企業が組み入れられることになったため，国内連結決算書から世界連結決算書（Weltabschluß）への転換がなされた。

（ⅲ）従来の「個別決算書の連結決算書に対する基準性（Maßgeblichkeitsgrundsatz der Einzelabschluß für den Konzernabschluß）」が放棄され，統一的評価方法への移行がなされたため，連結決算書において独立した評価と会計政策が可能となった。

（ⅳ）個別決算書と同様に，連結決算書は連結貸借対照表，連結損益計算

書,連結附属説明書の三つの構成要素からなり,これらが一体になって,財産状態,財務状態,収益状態の「実質的諸関係に合致した写像 (true and fair view)」を伝達しなければならない。

(ⅴ) 連結決算書の作成義務は,資本会社(株式会社,株式合資会社,有限責任会社)であるコンツェルンの親会社にある。その場合,作成義務は親会社が子会社に対して統一的に指揮する (einheitlich leiten) 場合,適用される。また,連結義務は親会社が子会社の議決権の過半数を所有するとき,子会社の管理機関ないし監督機関の過半数を選任するかもしくは解任することが可能なとき,定款もしくは会社契約に基づいて子会社への支配的影響が行使されるときにも規定される(いわゆる支配力構想 Control Konzept)。

(ⅵ) 共同企業 (Gmeinschaftsunternehmen) には比例連結 (Quotenkonsolidierung),関連企業 (assoziierte Unternehmen) の場合には持分法 (Equity-Methode) が適用される。

(ⅶ) 資本連結 (Kapitalkonsolidierung) の形態としては,いわゆるパーチェス法が適用される。

(ⅷ) 連結損益計算書は,個別決算書と同様に売上原価法 (Umsatzkostenverfahren) もしくは総括原価法 (Gesamtkostenverfahren) で作成される。

このように,「経済的統一体 (wirtschaftliche Einheit)」の観点から旧法と異なる規定も存在するが,基本的には,個別決算書に関する補完規定と同様の規定が連結会計法として配置されている。それは,個別決算書に対する一般規範(商法典第264条2項1文)と同様に,連結決算書に対しても商法典第297条第2項2文が,「連結決算書は正規の簿記の諸原則 (GoB) を遵守してコンツェルンの財産状態,財務状態,収益状態の実質的諸関係に合致した写像を伝達しなければならない」とする,いわゆる「正規のコンツェルン会計の諸原則 (Grundsätze ordnungsmäßiger Konzernrechnungslegung ; GoK)」を定めているためである。[14]

しかし，連結決算書は年度決算書（個別決算書）と異なり，それが利益配当基礎としても課税基礎としても位置づけられていない。立法者の見解によれば，コンツェルン親企業の社員であっても利益請求権を有するのはコンツェルンでなく親企業である。したがって，株式法や有限責任会社法に規定される取締役会，監査役会，株主総会ないし社員総会による確定（Feststellung）も必要でない。課税についてもそれは法的に個々に独立した企業に負担される。ただし，連結決算書をもってただ情報提供の用具と位置づけるこうした立法者の見解に反して，連結利益に基づく配当政策がドイツ企業で実施されているのも事実である。

2-3 第三章「登記済協同組合に関する補完規定」の構成

登記済協同組合に関しても商法典第一章「すべての商人に関する規定」と第二章「資本会社に関する補完規定」が適用される。この場合の例外は補完特殊的な登記済協同組合に関する規定，すなわち第三章における「登記済協同組合に関する補完規定」（商法典第336条～第339条）である。この第三章の補完規定では第336条において幾つかの資本会社に対する評価規定（商法典第279条，第280条，第282条）を除外し，他方で，資本会社に特別に適用される商法典第264条2項の一般規範ではなくすべての商人に対する一般規範（商法典第243条）が適用される（商法典第336条2項）。その他の相違としては特に自己資本領域において一定の変更と補完が存在する。登記済協同組合についてもまた年度決算書の監査が義務づけられ（協同組合法第53条），公示の義務（商法典第339条）を負うことが定められている。[15]

2-4 第四章「一定業種の企業に関する補完規定」の構成

さて，商法典第三篇第四章では信用機関と保険企業に関して業種特有の補完規定がつぎのように規定されている。

第 1 節　信用機関に関する補完規定
　　第 1 款　適用領域（第340条）
　　第 2 款　年度決算書，状況報告書，中間決算書（第340a 条～第340d 条）
　　第 3 款　評価規定（第340e 条～第340g 条）
　　第 4 款　通貨換算（第340h 条）
　　第 5 款　連結決算書，連結状況報告書，連結中間決算書（第340i 条～第340j 条）
　　第 6 款　監査（第340k 条）
　　第 7 款　公示（第340l 条）
　　第 8 款　罰則および過料規定，強制金（第340m 条～第340o 条）
第 2 節　保険企業に関する補完規定
　　第 1 款　適用領域（第341条）
　　第 2 款　年度決算書，状況報告書（第341a 条）
　　第 3 款　評価規定（第341b 条～第341d 条）
　　第 4 款　保険技術上の引当金（第341e 条～第341h 条）
　　第 5 款　連結決算書，連結状況報告書（第341i 条～第341j 条）
　　第 6 款　監査（第341k 条）
　　第 7 款　公示（第341l 条）
　　第 8 款　罰則および過料規定，強制金（第341m 条～第341o 条）

　信用機関に関する会計規定は，1986年12月 8 日付 EU 銀行会計指令（Bankbilanzrichtlinie）のドイツ法への転換によって大きく変化した。銀行会計指令は EU 第 4 号指令，第 7 号指令と一体化しているとはいえ，それらとは異なる信用機関という業種特有の会計規定を含んでいる。EU 銀行会計指令は，とりわけ，貸借対照表および損益計算書の分類，諸項目の内容，秘密および公示積立金の設定，通貨換算に関してその目標設定に合致した諸規定を含んでいたが，この銀行会計指令のドイツ国内法への転換は1990年11月30日付「銀行会計

図表4-6 信用機関に適用される規定の階層

段階1	信用機関は商人である ▽ 商法典第238条～第263条が適用 （すべての商人に関する規定）
段階2	信用機関は一定業種の企業である ▽ 商法典264条～第289条（第340a条1項も含め）が適用 （すべての資本会社に関する規定）
段階3	信用機関は特殊な業種であり商法典 第264条～第289条の例外と補完が必要 商法典第340a条～340o条 （信用機関の会計に関する法規命令）

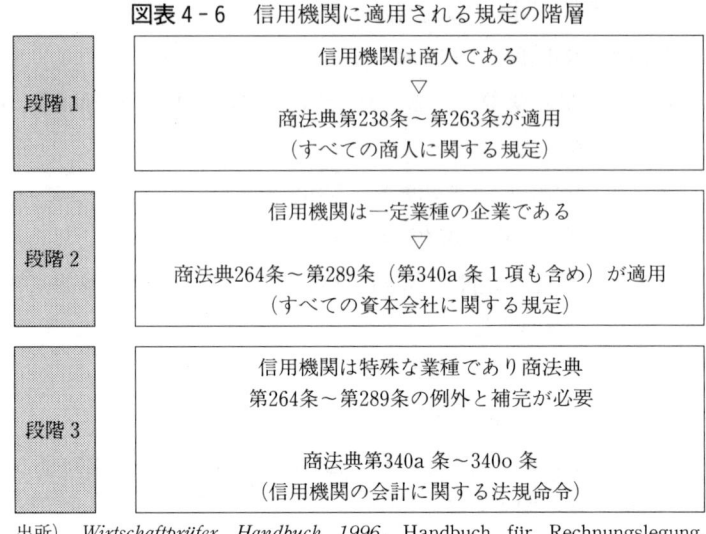

出所）*Wirtschaftprüfer Handbuch 1996*, Handbuch für Rechnungslegung, Prüfung und Beratung, Bd. 1, 1996, S. 551.

指令法（Bankbilanzrichtlinie-Gesetz）」と信用制度法の改正を通じて遂行された。銀行会計指令法により商法典第三篇に第四章「一定業種の企業に関する補完規定」第1節の「信用機関に関する補完規定」が導入されたが，それは主として，信用機関に適用される補完的な貸借対照表計上と貸借対照表評価の規定ならびに通貨換算の決定を含んでいる。また「信用機関の会計に関する法規命令（RechKedV）」においては，とくに，貸借対照表と損益計算書の分類に関するきわめて形式的問題，貸借対照表と損益計算書の諸項目の内容および附属説明書における追加報告が規定されている。[16]

もとより，その商人属性によって信用機関もまたすべての商人に対する規定である商法典第238条～第263条の適用が義務づけられている。それと同時に，信用機関は法形態・規模非依存的に年度決算書において大規模資本会社に適用される商法典第264条～第289条が適用される。さらにその業種特殊性から商法典第340b条以下の諸規定が補完的に適用されることになるが，その場合，商法典第238～第289条の規定が必ずしも適用されるものでない。それは具体的に

はつぎのようである（図表4-6参照）。[17]

— 商法典第340a条2項1文，3文の指示する各個別規定は適用されない。
— 商法典第340a条2項2文の指示する規定に代えて，信用機関の会計に関する法規命令により定められる様式規定およびその他の規定が適用される。

他方，保険企業に目下，適用される会計規定も1991年12月19日付のEU保険会計指令（Versicherungsbilanzrichtlinie）に基づいている。この保険会計指令も1994年6月24日付の「保険会計指令法（Versicherungsbilanzrichtlinien-Gesetz）」の施行をもって国内法に転換され，商法典第三篇第四章第2節「保険企業に関する補完規定」（商法典第341条～第341o条）が新設された。保険企業に関しても，商法典は法的枠組みとして特に商法典第238条～第335条ならびに保険監督法や株式法の若干の規定を設けている。また，1994年11月8日付で実現した「保険企業の会計に関する法規命令（RechVersV）」は保険企業の年度決算書，状況報告書ならびに連結決算書，連結状況報告書につき65の条項に及ぶ詳細な規定を定めている。[18]

従来，保険企業に対して監督法上定められていた諸規定を組み入れた保険企業に関する補完規定は信用機関の補完規定と同様，一般的会計規定に対する「特別法（lex specialis）」として，とくに保険経済の開示要請に応えたものだといわれる。それと同時に，保険特有のいくつかの会計規定も商法典に導入された。この点は，信用機関に関する補完規定も同様で，例えば，信用機関については「現先取引（Pensiongeschäfte）」（商法典第340b条），「一般的な銀行リスクの保証」（商法典第340h条），「通貨換算（Währungsumrechnung）」，保険企業については補償引当金，価格変動引当金といった「保険技術上の引当金（Versicherungstechnische Rückstellungen）」（商法典第341e条～第341h条）等の諸規定が導入されており，業種特有の保守主義の立場から将来予測に基づく会計処理が法的に担保されているのが特徴である。

図4-7 会計法体系の階層

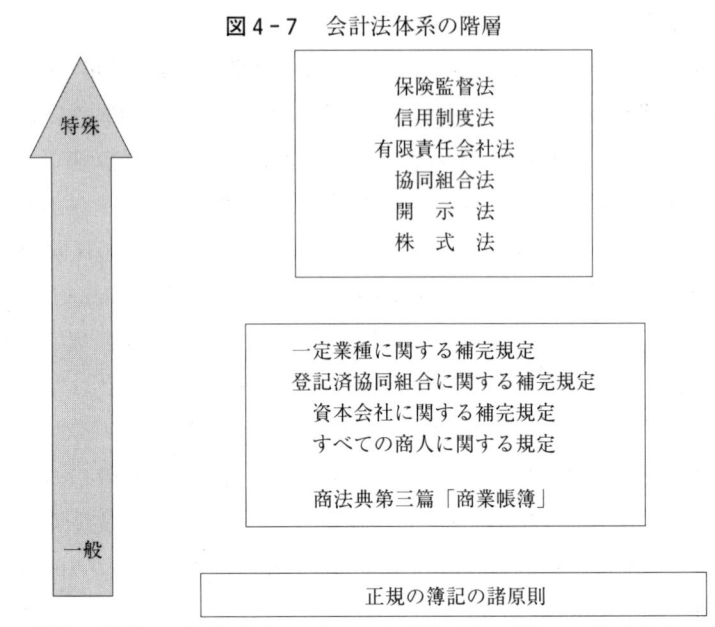

```
        ┌─────────────────────┐
        │    保険監督法        │
        │    信用制度法        │
  特殊   │    有限責任会社法    │
   ↑    │    協同組合法        │
   │    │    開 示 法          │
   │    │    株 式 法          │
   │    └─────────────────────┘
   │
   │    ┌─────────────────────────────┐
   │    │  一定業種に関する補完規定    │
   │    │  登記済協同組合に関する補完規定│
   │    │  資本会社に関する補完規定    │
   │    │  すべての商人に関する規定    │
   │    │                              │
   │    │  商法典第三篇「商業帳簿」    │
   │    └─────────────────────────────┘
  一般
        ┌─────────────────────┐
        │   正規の簿記の諸原則  │
        └─────────────────────┘
```

出所) Wolfgang Lück, *Rechnungslegung nach Handels-und Steuerrecht*, 4. Aufl., 1990, S. 208. を基礎に一部, 加筆して作成。

むすびに代えて

　以上が，ドイツの商法典第三篇「商業帳簿」の構成の概要である。第三篇「商業帳簿」においては，正規の簿記の諸原則を中心に，商人の帳簿記入義務と企業の法形態，規模，業種に応じた年度決算書の形式と内容に関する会計法規範が配置されている。これらの会計規範は不文の正規の簿記の諸原則と法典化された正規の簿記の諸原則が一般原則として構造化し，その上に各法形態，規模，業種依存的な個別規定が階層となって構成され，それらが全体として会計実務を指導する法規効力を有している。そして，この商法会計法がドイツにおいて会計に関する具体的な実定法上の基礎を形成する。たしかに，他方において，各企業形態に適用される特別法上の多くの特殊規定も存在する。しかし，「特別法は一般法を廃す (lex specialis derogat legi generali)」の原理をお

第4章 商法会計法の基本構造　119

きつつも，商法典を基底にして一般から特殊へ向かって各種特別法が階層づけられ，ひとつの会計法体系が構築されている（図表4－7参照）。この階層化された法体系を通じて商法と特別法との重複規定を回避し，それによって会計法の法的安定性と法的秩序の保持が意図されている。「商人の基本法（Grundgesetz des Kaufmann）」と呼ばれる商法典が，ドイツの会計法体系の基幹をなすといわれる所以である。

（1）　以下，商法典第三篇「商業帳簿」の条文ならびに立法理由書に関してはつぎを利用。Herbert Biener, Wilhelm Berneke, *Bilanzrichtlinien-Gesetz, Textausgabe des Bilanzrichtlinien-Gesetz vom 19. 12. 1985（Bundesgesetzbl. IS. 2335）mit Bericht des Rechtsausschusses des Deutschen Bundestages, Regierungsentwürfe mit Begründung, EG-Richtlinien mit Begründung, Entstehung und Erläuterung des Gesetzes,* 1986./Adler/Düring/Scmaltz, *Rechnungslegung und Prüfung der Unternehmen, Kommentar zum HGB, AktG, GmbHG, PublG nach den Vorschriften des Bilanzrichtlinien-Gesetz,* 6. Aufl., Teilband 1（1994），Teilband 2（1995），Teilband 5（1997），Teilband 7（1999）./Karlheinz Küting, Claus-Peter Weber（hrsg.），*Handbuch der Konzernrechnungslegung, Kommentar zur Bilanzierung und Prüfung,* 1989./Karlheinz Küting, Claus-Peter Weber（hrsg.），*Handbuch der Rechnungslegung, Kommentar zur Bilanzierung und Prüfung,* Band 1a, 4. Aufl., 1995

（2）　商法典における商人概念に関しては，つぎを参照。Günter Wöhe, *Bilanzierung und Bilanzpolitik, Betriebswirtschaftlich-Handelsrechtlich-Steuerrechtlich,* 8. Aufl., 1992, S. 158-161./Rudolf Federmann, *Bilanzierung nach Handelsrecht und Steuerrecht, Ein Grundriß der Gemeinsamkeiten, Unterschiede und Abhängig-keiten der Einzelabschlüsse mit systematischen Übersichten und unter besonderer Berücksichtigung der Rechnungslegung von Kapitalgesellschaften,* 8. aktualisierte Aufl., 1990.

（3）　この点に関しては，つぎも参照。村上淳一，H. Pマルチュケ著『西ドイツ法入門』有斐閣，改訂第4版，2000年，140～150頁。

（4）　ドイツ企業の法形態別の特徴に関しては，村上淳一，H. P マルチュケ前掲書に加えてつぎも参照。黒田全紀著『解説　西ドイツ新会計制度──規制と実務──』同文舘，1987年，第1章。

（5）　Karlheinz Küting, Claus-Peter Weber（hrsg.），*Handbuch der Rechnungslegung, Kommentar zur Bilanzierung und Prüfung,* a. a. O., S. 374（§238）．

（6）　連邦統計局の統計（1987年）によると，全企業の被用者数の約4割を資本会社が雇用している。平均被用者数でてみてみると株式会社（株式合資会社を含む）が114,

284人と人的会社や同じ資本会社である有限責任会社の25.82人に比較してさの大規模性は明らかとなっている。しかし，申込資本規模別構成の分布で見るなら，1億マルク以上の資本規模を要する株式会社数は237社にすぎない。同じ1億マルク以上の資本規模を有する有限責任会社数は2216社であり，この数値は1987年の総株式会社全体数2,190社にほぼ匹敵するほどである。資本規模に応じて，売上高，投資等の企業規模が推移すると推定すれば，ドイツの場合，資本会社については，株式会社，有限責任会社という法形態の区分より企業規模別構成のほうがより大きな意味を持つものと考えられる。なお，ここで用いた統計数値については，つぎから借用。Dieter Ordelheide, Dieter Pfaff, *European Financial Reporting, Germany*, 1994, S. 29-31.

(7) Vgl., Herbert Biener, Wilhelm Berneke, *Bilanzrichtlinie-Gesetz*, a. a. O., S. 45.

(8) *Wirtschaftsprüfer-Handbuch 1996, Handbuch für Rechnungslegung, Prüfung und Bratung*, Band 1, 1996, S. 150.

(9) Wolfgang Ballwieser, Grundsätze ordnungsmäßiger Buchführung und neues Bilanzrecht, in : *Beiträge zum Bilanzrichtlinien-Gesetz, Das neue Recht in Theorie und Praxis* (ZfB-Erganzungsheft), 1987, S. 4.

(10) Vgl., *Wirtschaftsprüfer-Handbuch* 1996, a. a. O., S. 150-152. また，「正規の簿記の諸原則」ならびに「理性的商人の判断」の法性格と位置づけについては，拙著『ドイツ会計規準の探究』森山書店，1998年の第2章，第3章および第7章を参照。

(11) Adolf G Coenenberg, *Jahresabschluß und Jahresabschlußanalyse, Betriebswirtschaftliche, handels-und steuerrechtliche Grundlagen*, 12. Aufl., 1991, S. 21.

(12) *Ebenda*, S. 300-301.「正規の簿記の諸原則」と「真実かつ公正な概観」との関係については，拙著『現代会計の構図』森山書店，1993年の第4章を参照。また，「真実かつ公正なる写像」(商法典第264条第2項) をめぐる議論に関連して，1986年以降の10年間の展開とその位置づけをおこなった文献として，つぎも参照。Heinrich Beisse, Zehn Jahre "True and fair view", in : Wolfgang Ballwieser, Adolf Moxter, Rolf Nonnenmacher (hrsg.), *Rechnungslegung—Warum und Wie*, 1996, S. 28-58.

(13) Vgl., Eugen Herrmann, Das Konzernbilanzrecht in Überblick, in : Karlheinz Küting, Claus-Peter Weber (hrsg.), *Handbuch der Konzernrechnungslegung, Kommentar zur Bilanzierung und Prüfung*, a. a. O., S. 29-42. なお，ドイツの1985年商法典における連結会計規制について，条文内容を中心に検討した文献としてつぎを参照。鈴木義夫著『コンツェルン会計制度論』森山書店，1992年。また，最近のドイツ商法の連結会計規制の改正動向に関しては，つぎも参照。郡司健著『連結会計制度論　ドイツ連結会計報告の国際化対応』中央経済社，2000年。

(14) Vgl., *Wirtschaftsprüfer-Handbuch 1996*, a. a. O., S. 833.

(15) Vgl., *Ebenda*, S. 523.

(16)(17) Vgl., *Ebenda*, S. 550-552.

(18) Vgl., *Ebenda*, S. 649-651.

第5章　商法会計法と基準性原則
～会計国際化と税法会計との関係～

は じ め に

　企業活動からの損益を税務上，把握しようとする場合，一般的に，（ⅰ）どう課税所得を算定するのかを税法が独自に定義する，（ⅱ）商事貸借対照表が変更なくそのまま課税目的にも利用される，（ⅲ）商事貸借対照表が原則的に課税のための基準になるが，しかしその場合に諸領域で税法が修正計算をおこなう，という三つの可能性が考えられる。[1]

　ドイツの場合，このうち，三つ目の選択肢が採用されている。ドイツにおいて，商人の商事貸借対照表（Handelsbilanz）は本来的貸借対照表であり，税務貸借対照表（Steuerbilanz）はそこから誘導されると解釈されている。この場合，商事貸借対照表と税務貸借対照表とのあいだの橋渡しの役割を果たすが，所得税法第5条第1項が指示する「基準性原則（Maßgeblichkeitsprinzip）」である。この基準性原則は，わが国の「確定決算主義」に類した，ドイツにおいて一世紀を超えた歴史を有する固有の「税務原則」[2]であり，この原則を通じて商法会計（あるいは商法上の正規の簿記の諸原則）が税法上の所得算定の基礎におかれている[3]　また，ドイツの基準性原則は，わが国の確定決算主義と同様に，今日，会計の国際的調和化に対する対抗要因としてしばしば問題にされている。そこには，基準性原則の存在によって商法会計が逆に税法会計の影響を強く被っており，資本市場と投資家を指向した情報開示を要請する会計基準の国際的調和化に対して商法会計が十分，応じることのできな

い状況をつくりあげているという批判がある。

　次章で検討するように，1990年代を通じて，ドイツは個別企業の会計次元（個別決算書）においてはこの基準性原則を保持する他方で，企業集団の会計次元（連結決算書）については資本市場指向型の国際化対応の作業を進めてきた。しかし，このドイツ商法会計制度の動向については，連結会計が分岐化され資本市場指向型の国際化に向かっていると捉えられるだけでなく，そうした商法会計制度の転換のなかで利益算定機構としての会計（商法会計）全体の役割が改めて問いかけられてもいる。

　そこでこの章では，前章でおこなった考察を補うという意味からも，国際化対応の時代を迎えたドイツにおける，とくに1990年税法改革以降の商法会計と税法会計との関係の在り方を検討する。そして，そこでの考察を通じて，課税所得算定に対する商法会計法の存在意義を明らかにしてみたい。[4]

1　基準性原則の人的適用領域[5]

　すでにみたように，ドイツの商法典は第238条第1項1文においてすべての商人に対して帳簿記入義務を定めている。また，すべての商人は各営業年度末に決算書の作成も義務づけられている。ここで，商人属性は「商営業を営む者」に与えられ，具体的には形式的商人，任意的商人，義務的商人，必然的商人がこの帳簿記入義務と決算書作成義務を負うことになる。ただしその場合，「すべての商人」とは「商人すべて」を意味するのではなく，小商人を除いた「完全商人」を意味していることもすでに述べた通りである。

　ところで，かかる商法典第238条第1項は1文に続けてつぎの2文と3文を指示している。

　「帳簿記入は，それが専門的知識を有した第三者に対して相当の期間内で営業経過と企業の状態に関して要覧を伝達できるようなものでなければならない。営業経過はその発生および終了まで追跡しうるものでなければならない。」

この規定は租税通則法（AO）第145条第1項とまったく同一のものとなっている。この商法典と租税通則法との密接な結合をもって，商法規定を解釈する場合，税法文献と税務判決が依拠されることになる。

さらに，租税通則法第140条によれば，商法上の帳簿記入義務は課税の利害においてもまた履行されなければならないとされている。租税通則法第140条がつぎのように定めているからである。

「税法以外の法律に基づき，課税にとって重要性を有する帳簿記入および記録をおこなう者は，当該の別の法律により自身に負わせられる義務を課税に対してもまた履行しなければならない。」

ただし，税法は所得税法第5条第1項において，基準性原則の適用を必ずしも商法のいう完全商人のみに限定していない。所得税法第5条第1項1項がつぎのように定めているからである。

「法規定に基づき帳簿を記入し正規の決算をおこなうことの義務づけられる，もしくはかかる義務を伴わずに帳簿を記入し正規の決算をおこなう事業者は，営業年度末に商法上の正規の簿記の諸原則に従い表示されるべき経営財産（所得税法第4条1項1文）を計上しなければならない。利益決定に際しての税法上の選択権は商法上の年度決算書と一致して行使されなければならない。」

この条文の「義務を伴わずに帳簿を記入し正規の決算をおこなう事業者」は商法上，完全商人としての属性を持たない「小商人」を含んでいる。所得税法第5条第1項は，任意の帳簿記入をおこなう小商人もしくは任意の帳簿記入をおこなう商業登記所に登録しない任意的商人にも基準性原則を要請するのである。

したがって，所得税法第5条第1項に基づくと，義務的もしくは任意の商法上の帳簿記入をおこなう事業者の場合，基準性原則に基づいて税務貸借対照表が商事貸借対照表から誘導されることになる。こうした税務貸借対照表は一般的に「派生的税務貸借対照表（derivative Steuerbilanz）」と呼ばれるものである。

しかし一方で，商法上の帳簿記入義務も存在せず，任意の帳簿記入もおこなわない小商人および商業登記所非登録の任意的商人は，それにもかかわらず商法規定から解放されるとも限らない。租税通則法第141条が一定の規模基準を満たす場合，具体的な商法上の会計から切り離した税務上の帳簿記入の「本来的義務」を規定しているからである。その場合，租税通則法第141条が示す規模基準はつぎのようである。

　―免税売上高を含んだ売上高が暦年で500,000マルクを上回るか，もしくは
　―経営財産が125,000マルクを上回るか，もしくは
　―評価法（BeweG）の意味での経済価値を伴う自己調達した農林地が40,000マルクを上回るか，もしくは
　―営業経営からの利益が営業年度で48,000マルクを上回るか，もしくは
　―農林業からの利益が暦年で48,000マルクを上回る場合。

租税通則法第140条に基礎をおく，もっぱら税法に基づき帳簿記入をおこなう事業者は所得税法第5条第1項にそのまま従えば，基準性原則が適用されることはない。しかし，一般に広く認められた見解によれば，こうした場合にもやはり，税務貸借対照表を作成するにあたって，商法規定もしくは正規の簿記の諸原則を遵守すべきだとされている。この解釈はつぎの租税通則法第140条第1項2文からも明らかだといわれる。

　「商法典第238条，第240条～第242条1項および第243条～第256条は，税法から異なることが示されない限り，意にそくして適用される。」

以上から，基準性原則の人的適用領域は図表5-1のように示すことができよう。

2　基準性原則の具体的適用領域

2-1　実質的基準性の適用

さて，基準性原則という場合，税法上別段の定めがない限り，商事貸借対照表が税務貸借対照表の作成の際の基準となることを意味している。この場合，

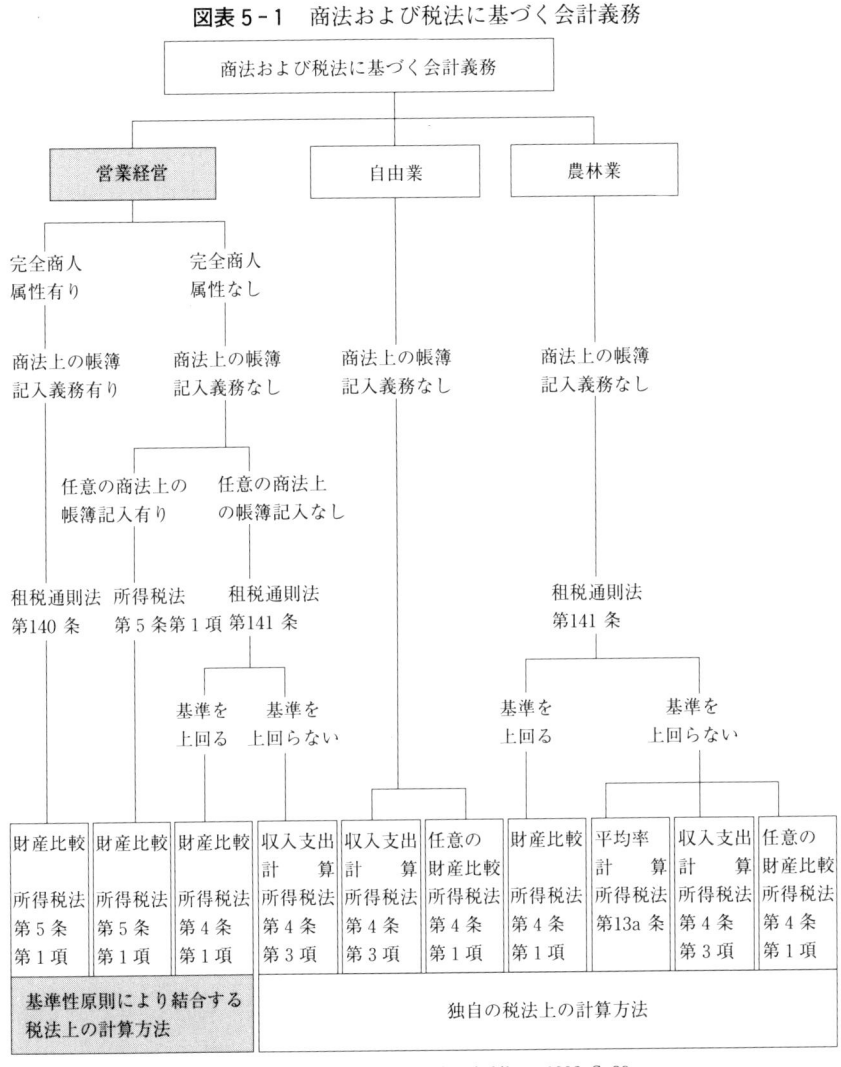

図表 5-1　商法および税法に基づく会計義務

```
                商法および税法に基づく会計義務
        ┌───────────────────┼───────────────────┐
     営業経営                 自由業              農林業
   ┌─────┴─────┐
 完全商人      完全商人
 属性有り      属性なし

 商法上の帳簿  商法上の帳簿   商法上の帳簿        商法上の帳簿
 記入義務有り  記入義務なし   記入義務なし        記入義務なし

           ┌─────┴─────┐
        任意の商法上の  任意の商法上
        帳簿記入有り    の帳簿記入なし

 租税通則法  所得税法     租税通則法              租税通則法
 第140条    第5条第1項   第141条                第141条
                      ┌──┴──┐           ┌──┴──┐
                    基準を  基準を         基準を  基準を
                    上回る  上回らない     上回る  上回らない
```

財産比較	財産比較	財産比較	収入支出計算	収入支出計算	任意の財産比較	財産比較	平均率計算	収入支出計算	任意の財産比較
所得税法第5条第1項	所得税法第5条第1項	所得税法第4条第1項	所得税法第4条第3項	所得税法第4条第3項	所得税法第4条第1項	所得税法第4条第1項	所得税法第13a条	所得税法第4条第3項	所得税法第4条第1項
基準性原則により結合する税法上の計算方法			独自の税法上の計算方法						

出所）　Lutz Schmidt, *Maßgeblichkeitsprinzip und Einheitsbilanz*, 1993, S. 39.

所得税法第5条第1項1文は商法上の正規の簿記の諸原則に基づき表示される経営財産を計上すべきとしている。つまり，税務上の利益算定の実質的な基準となるのは，商法上の正規の簿記の諸原則であり，これを指して「商法上の正規の簿記の諸原則の基準性」ないし「実質的基準性（materielle Maßgeblichkeit）」という。[6] この商法上の正規の簿記の諸原則の基準性原則は，貸借対照表評価（金額に基づく計上）にも，貸借対照表能力（事由に基づく計上）にも妥当する。そのことにより，商事貸借対照表における貸借対照表計上の対象は税務貸借対照表における貸借対照表計上の対象と原則的に一致すると解されている。税法上の正および負の経済財と商法上の財産対象物および負債との原則的同義性が確認されており，それは，基準性原則の基礎には，商法上正規なものは税法上も正規であるという「正規性一致の原則（Grundsatz der übereinstimmenden Ordnungsmäßigkeit）」[7] が存在するためである。

しかし，正規の簿記の諸原則が税務貸借対照表に対して絶対的な基準となるとは限らない。税法上の利益算定原則（課税原則）ないし税法上の計上留保が存在する場合はそれらが優先して適用されるからである。税法は，そうした課税原則としてつぎのものを前提としている。[8]

（ⅰ）課税の公平性（基本法第3条）

（ⅱ）例えば，商事貸借対照表計上が税務上の特別の容認条件を満たさなければ基準性の逆転を導くという分離原則（1989年7月14日付連邦財政裁判所判決）

（ⅲ）所得税法第15条第2項2号および3号から生ずる，共同事業主および株式合資会社員に対する特別の利益算定原則

こうした課税原則と所得税法第5条第2項～第6項にみられる貸借対照表能力と評価に関わる計上留保規定（特別規定）によって基準性原則は制限されることになるが，具体的な貸借対照表計上領域でみれば，まず，貸借対照表能力に関する基準性原則の適用はつぎのようである。[9]

（ⅰ）商法上の計上命令と計上禁止は，基準性原則によれば，税務上の利益算定目的での具体的な計上についても遵守しなければならない。このこ

とは1969年2月3日付連邦財政裁判所の大法廷決定によっても確認されている。
(ⅱ) これに対して，連邦財政裁判所大法廷決定によると，商法上の貸借対照表計上選択権は税務上の利益算定に際して基準とはならない。税務上の利益算定に際し，商法上の消極側計上選択権は消極側計上命令に，商法上の積極側計上選択権は計上禁止となる。これは，債権者を指向する商法において計上が認められるにしても，納税義務者が課税目的に対して乏しい表示をしてはならないからだとされる。

さらに，貸借対照表評価の領域での基準性原則の適用は以下の通りである。(10)
(ⅰ) 商法上の個別規定は正規の簿記の諸原則に基づき一定の価値計上額を義務づけている。したがって，所得税法第5条第1項1文に従い，原則的には税法においても商法上の貸借対照表評価義務は遵守されねばならない。
(ⅱ) 税法上，評価に際して義務規定（別段の定め）が存する場合，商法上は異なる価値計上額が義務づけられているとしても，この税法上，義務づけられる価値計上額が優先して適用される。ただし，評価に対して税法上選択権が存在しているときには，商法が基準となる。商法上の評価選択権に対しては，商法上選択された価値計上額が税法上命令されるが，税法上，評価義務がある場合には税法において命令される価値計上額が適用されることになる。

以上を図示すると，図表5-2のようになる。

2-2　形式的基準性の適用

さて，税務貸借対照表における税法上の利益算定選択権は商事貸借対照表においてそれが行使される限りにおいて許容されると所得税法第5条第1項2文は定めている。この規定内容は，商事貸借対照表において具体的に選択された価値計上額がそれを税法が許容する場合に税務貸借対照表の基準となるとする

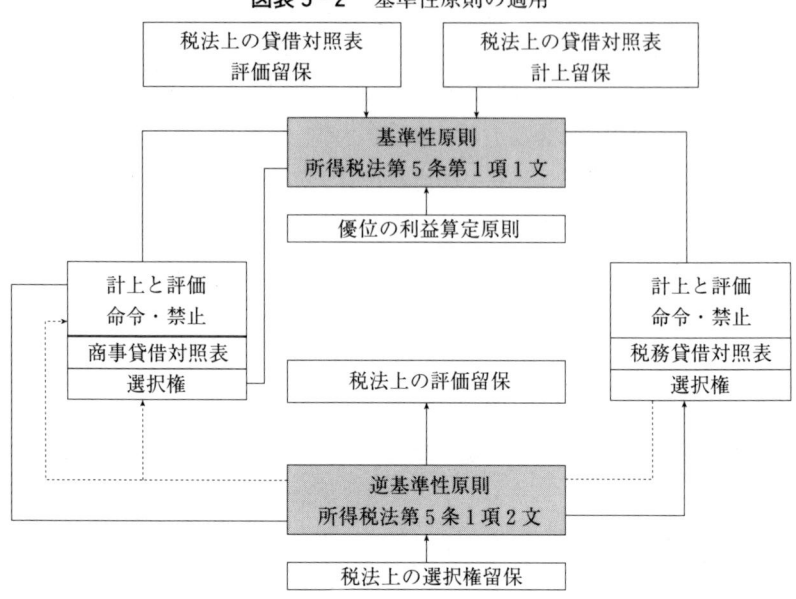

128 第II部 商法会計法の国際化展開

図表5-2 基準性原則の適用

```
┌─────────────────┐   ┌─────────────────┐
│ 税法上の貸借対照表 │   │ 税法上の貸借対照表 │
│   評価留保        │   │   計上留保        │
└─────────────────┘   └─────────────────┘
              ↓              ↓
        ┌──────────────────────┐
        │    基準性原則         │
        │ 所得税法第5条第1項1文 │
        └──────────────────────┘
              ↓
        ┌──────────────────────┐
        │  優位の利益算定原則    │
        └──────────────────────┘
   
┌────────────┐      ┌────────────┐      ┌────────────┐
│ 計上と評価  │      │            │      │ 計上と評価  │
│ 命令・禁止  │      │ 税法上の    │      │ 命令・禁止  │
│ 商事貸借対照表│    │ 評価留保    │      │ 税務貸借対照表│
│ 選択権      │      │            │      │ 選択権      │
└────────────┘      └────────────┘      └────────────┘

        ┌──────────────────────┐
        │   逆基準性原則        │
        │ 所得税法第5条第1項2文 │
        └──────────────────────┘
              ↑
        ┌──────────────────────┐
        │  税法上の選択権留保    │
        └──────────────────────┘
```

出所)　Rudolf Ferdermann, *Bilanzierung nach Handelsrecht und Steuerrecht, Ein Grundriβ der Gemeinsamkeiten, Unterschiede und Abhängikeiten der Einzelabschlüsse mit systematischen Übersuchten und unter besonderer Berücksichtigung der Rechnungslegung von Kapitalgesellschaften,* 8. Aufl., 1990, S. 158. なお，図表において，実線は基準性，点線は逆基準性，矢印は規制関係を表している。

形式上の基準関係を定めている。その意味で，所得税法第5条第1項1文が「実質的基準性」と呼ばれるのに対して，所得税法第5条第1項2文は「形式的基準性（formelle Maßgeblichkeit）」と呼ばれる。また商事貸借対照表において税法の認める計上選択権を予め計上しておかねばならないという意味で，「逆基準性（umgekehrte Maßgeblichkeit）」とも呼ばれる。形式的基準性ないし逆基準性原則は，1990年租税改革法を通じて新たに規定された所得税法第5条第1項2文において明文化され，そのことによって，商法上の正規の簿記の諸原則に合致しない価値計上額も商事貸借対照表に記載されねばならなくなった。[11]

　この所得税法第5条第1項2文によって逆基準性原則が働けば，商法上の具

体的な価値計上額は税法上の選択権が存在する場合，特に税法上の特別償却や免税積立金が存在する場合に税務上の利益算定の基準とならなければならなくなる。商事貸借対照表においてこうした税法上の選択権が行使されなければ，税務上の優遇措置が可能とならないからである。税法の支配的見解は，税務上の優遇規定に関して逆基準性を一般原則化することを前提としており，課税に対する優遇措置の商事貸借対照表への取り込みが可能となったといわれている。[12]

ところで，こうした逆基準性原則（形式的基準性）をもって，商法上の正規の簿記の諸原則の実質的基準性の適用例外とみる見解とそれは形式的には基準性原則の現れであり基準性原則の一部にほかならない（これを広義の形式的基準性という）とする見解[13]がある。しかし，重要なのは，所得税法第5条第1項2文がいう逆基準性の法的基礎を商法会計法においても形成していることにある。

かかる商法典における規定については例えば，つぎのものがある。[14]

—所得税および収益税上の目的のために許容される貸方計上選択権（商法典第247条第3項）

—税法上許容される減額記入とより低い価値での評価選択権（商法典第254条）

—税法が承認する非課税準備金の特別項目としての計上選択権（商法典273条）

—減額記入に対する評価選択権（商法典279条第2項）

—価値回復命令の無視に関する選択権（商法典第280条）

それらの規定では，課税に対する優遇措置の商事貸借対照表に対する実質的支配関係が明らかであって，こうした税法上の措置規定の商法に対する侵食が進行すると商法会計法の空洞化が生じてしまうだろうとの強い懸念がドイツでは生じている。そして，かかる批判のもとで，資本市場に対する情報提供機能を重視する会計の国際化の過程のなかで，今後，商法会計法に対して税法が基準性原則（逆基準性も含めた）を維持すべきか，あるいは放棄すべきかという

議論が提起されているがドイツの現状である。

3 会計国際化と基準性原則

　本書の序章において述べたように，今日，EU諸国における会計は，IASとUS-GAAPの影響のなかで会計のヨーロッパ化（Europäisierung der Rechnungslegung）を棚上げし，EU指令の会計原則をさらに発展させることを断念し，とくにIASCの国際的に認められた会計原則の設定活動を支援する方向に進んでいる。欧州の多国籍企業にとってのアメリカ資本市場の意義の増大と国際化の強制は，近年において，欧州企業がアメリカの証券取引所によって不十分なものと勧告された自国の商法に基づく連結決算書に加えて，IASもしくはUS-GAAPに準拠した連結決算書を作成することを強いられている。ドイツの場合，上場会社に対してそうした二重の連結決算書を作成する負担を回避し，上場会社の国際的競争力を強化する目的で，1998年資本調達容易化法を通じて商法会計法を改正し，新設した商法典第292a条においてドイツ法への準拠を免責し，IASもしくはUS-GAAPに基づく免責連結決算書の代替的な作成を認めるに至っている。

　さて，すでに述べたように，ドイツにおける基準性原則はドイツ会計制度を特徴づける一世紀をこえる歴史を有する税務原則である。このドイツ特有の税務原則は上述のような会計の国際化の展開のなかで，資本市場指向的に転換してきている商法会計法に対して，その存在意義が再検討されてきている。この点，N. HerzigとN. Dautzenbergは論考「会計の国際化の税務会計への影響」において，国際的な会計基準（IAS）との調整による会計の国際化の領域において税法の商法からの連繋解除（Abkoppelung）が，この間，現実的なものとなっているとし，今後の展開に関してつぎのように述べている。

　会計の国際化は連結決算書に対して限定され，個別決算書については引き続き伝統的なドイツの会計諸原則をもっぱら指向することが試みられるだろう。こうした対応に対する判断は，短期的局面と中期ないし長期的局面のあい

だで区分されなければならない。短期的には，こうした戦略によって，会計の伝統的な国内基準を保証し，既存の実質的および形式的基準性が棚上げされることなく，税法を変化から保護するという目標はおそらく達成されることになろう。しかし，長期的にこうした対応が基礎づけられるのか，したがって今後も安定したものであるのかどうかは問題であろう。連結決算書と個別決算書に対して異なる原則を適用することは，解決できない適格問題を引き起こしている。すなわち，連結決算書の中心的関心は複数の法律的に独立した単位の存在から生ずるゆがみを除去し，それにより会計の読者に対して法的に統一したひとつの企業の場合に提供されるような写像を提供する点にある。こうした連結決算書の役割は個別決算書とは異なる規制に基づいて将来の連結決算書が作成される場合，是認されることになろう。しかし，連結決算書が情報提供目的のみに資するものであり，個別決算書は配当測定に利用されるという目的の相違が異なる原則の適用を正当化ないし妥当視することをもって，会計報告の分岐化が正当なものとされなければならなくなる。連結決算書の目的を，複数の法的単位の存在から生ずる歪められた効果を除去する点にのみ求めることができず，配当関連的な特質により歪められない「情報指向的」な企業の状態を提供する点にもみるとするならば，投資家に対するそうした追加的情報基礎としてのIASに一致する追加的決算書への要請がなにゆえにコンツェルン企業に限定されるべきなのかという問題が生ずるだろう。より良い情報のための追加的決算書を統一体企業として組織される大規模企業になによりもまず求めるのは当然のことだろう。しかし他方において，そのことはIAS決算書をコンツェルン企業に対してのみ規定することを根拠づけるのは理論的に困難である。それは個別決算書もまた情報提供目的に資するものであり，情報指向的な正規の簿記の諸原則は個別決算書にも連結決算書にも適用されるからである。こうした観点から，長期的には，IAS決算書が広範囲に一般化するようになると，企業はそうした決算書を統一体企業として任意に作成し公表することが有利だと考えるようになり，企業の与信者も伝統的な決算書に加えてIASを適用して企業の写像を変化させるような情報を獲得することが有利だと考えることに

なる。株主に関しても,投資決定を行ったり自身の配当予測を行う場合,伝統的決算書だけでなくIAS決算書にも依存することが不利でないと考えるようになろう。[15]

したがって,N. HerzigとN. Dautzenbergによると,課税という観点では,大規模企業の場合のIAS決算書が「標準」として,すなわち経済的に適切な利益を算定する事実にかなった方法としてみなされ,IASに依拠する企業は高い利益額を表示し,伝統的な税法規制に基づく企業は税務上明らかに低い利益もしくは損失を申告し,また,こうした経済的成果と税務支払との食い違いが公式の議論となる事態になれば,税務上の利益算定の適格問題の危機を考えざるをえなくなるのだという。N. HerzigとN. Dautzenbergは,それゆえ,IASとの調整を通じた会計の国際化という領域においてもまた,税法の商法からの連繋解除がまず考えられるのであり,それはまったく現実的なことがらである。長期的には,IASおよびUS-GAAPの局面でも,税務会計法をめぐって,ドイツの税務会計法にそれらの個々の規制を受容することができるかどうかという原則論争が考慮されなければならないとするのである。[16]

以上のN. HerzigとN. Dautzenbergの主張は,現在,進行している商法会計法の資本市場指向の改正動向に対して,長期的には税法会計法,したがって基準性原則の連繋解除の道を指示したものである。この方向性は,本書の終章で取上げているドイツ会計基準委員会(DRSC)の会計基準設定審議会(DSR)が表明した2000年12月7日付の「EU第4号指令の改革に対する提案」[17]と同一線上にあるものである。ドイツの場合,「EU指令の現代化(Modernisierung der EU-Richtlinien)」計画の一環として,将来,個別決算書と連結決算書にIASに基づく同一の会計原則を適用するとともに,基準性原則を廃止し,個別決算書と連結決算書に対して統一した計上および評価原則を確立するという目標を追求することが提案されている。[18]

たしかに,税務会計法の商法会計法に対する連繋解除は,一世紀以上に及ぶ基準性原則の存続の可否を中心にドイツ会計制度の法体系の根幹に関わる問題である。それは法的秩序のなかで社会的合意の装置としてはたらく会計制度の

機能をどのように分化させるのかという問題として提起されている。この点は，N. Herzig と N. Dautzenberg が，情報提供機能，配当測定機能，課税機能を分化するとしてもその場合，どのような場面で機能特有の差別化を設定し，その差別化をどのような原則を通じて遵守させ，どのような機関に対して機能特有の規制を一般化および解釈することを委ねるべきなのかを明らかにしなければならないと述べるところである。(18) しかし，ドイツにおけるその解決の道筋は現在までのところ，大枠の方向を指し示すにとどまっているといってよい。

(1) Hannes Streim, *Grundzuge der handels- und steuerrechtlichen Bilanzierung*, 1988, S. 139.
(2) Rudolf Federmann, *Bilanzierung nach Handelsrecht und Steuerrecht, Ein Grundriß der Gemeinsamkeiten, Unterschiede und Abhängigkeiten der Einzelabschlüsse mit systematischen Übersichten und unter besonderer Berücksichtigung der Rechnungslegung von Kapitalgesellschaften*, 8. Aufl., 1990, S. 157. R. Federmann はつぎのように述べている。「基準性原則とその逆転した基準性原則は，商事貸借対照表と税務貸借対照表の関係を規定するものである。この二つの原則の共通の核は具体的かつ現実的に行われる商法上の貸借対照表表示が税務貸借対照表をも規定するという要請である。その原則的性格にもかかわらず，基準性原則は『正規の簿記の諸原則』ではない。もっぱら税務会計法にそれが規定されているのは，そこでむしろ，純粋な税務原則が問題になっていることが明らかである。」(傍点は引用者)。
(3) ドイツにおける基準性原則の歴史に関してはつぎを参照。Stefan Vogt, *Die Maßgeblichkeit des Handelsbilanzrechts für die Steuerbilanz—Reichweite, Rechtfertigung und Perspektiven eines Eckpfeiler unseres Bilanzrecht*, 1991, S. 50-132./Lutz Schmidt, *Maßgeblichkeitsprinzip und Einheitsbilanz, Geschichte, Gegenwart und Perspektiven des Verhältnisses von Handels-und Steuerbilanz*, 1994, S. 17-35. また，ドイツの基準性原則について考察したものとして，拙著『ドイツ会計規準の探究』森山書店，1998年の第5章～第7章を参照。さらに，川口八洲男著『会計指令法の競争戦略』森山書店 2000年，木下勝一著『会計規準の形成』森山書店 1990年，および浦野晴夫著『会計基準と確定決算基準主義』森山書店 1996年も参照。
(4) 以下の論述に際して，所得税法および租税通則法の条文の解釈については主としてつぎのものを利用。Ludwig Schmidt (hrsg.), *EStG Einkommensteuergesetz Kommentar*, 14. Aufl., 1995./Karl Koch, Rolf-Detlev Scholtz, *Abgabeordnung : AO 1977*, 4. Aufl., 1993.

(5) Vgl., Lutz Schmidt, *Maßgeblichkeitsprinzip und Einheitsbilanz*, a. a. O., S. 38-41.
(6) Georg Wörner, *Handels-und Steuerbilanzen nach neuem Recht*, 4. Aufl., 1991, S. 28.
(7) Rudolf Federmann, *Bilanzierung nach Handelsrecht und Steuerrecht*, a. a. O., S. 160.
(8)(9) *Ebenda*, S. 163.
(10) *Ebenda*, S. 160. R. Federmannは，この点について以下のように述べ，所得税法第5条第1項の規定は1990年の税法改革によって，商法会計の税務会計への実質的優位を示す原則規定であると同時に，逆の税法会計の商法会計に対する支配も含んだ包括的な基準性原則を指示しているものと位置づけている。「基準性原則は現実的観点からすると，事由と金額に基づく個々の規定による計上を含んだ具体的な貸借対照表が問題となっているのか（いわゆる形式的基準性），あるいは抽象的な商法規範が結びつくべきかどうか（いわゆる実質的基準性）については議論がある。所得税法第5条第1項1文の文言は抽象的な正規の簿記の諸原則の拘束性を命令している。しかし，現在の広範な法見解と文献意見は納税義務者の具体的な貸借対照表における計上記載をもって，〜それを商法が許す限りにおいて〜基準となるとみなしている。―中略―財政委員会が所得税法第5条第1項2文において意識的に選択した具体的な商法上の年度決算書に関連づけた逆基準性の文言は，いまや確かに『形式的』基準性に同意するものである。」
(11) Thomas Stobe, Offene Problem des Maßgeblichkeitsgrundsätzes nach dem Steuerreformgesetz 1990, in : *DStR.*, 1988, S. 1.
(12) *Ebenda*, S. 5.
(13) Harald Schmidt, *Handels-und Steuerrecht, Bilanzierung und Bewertung nach den Grundsätzen ordnungsmäßiger Buchführung und den Maßgeblichkeitsgrundsätzen unter Berücksichtigung der sreuerrechtlichen Besonderheiten*, 1991, S. 53.
(14) Thomas Stobe, Offene Problem des Maßgeblichkeitsgrundsätzes nach dem Steuerreformgesetz 1990, a. a. O., S. 4./Hannes Streim, *Grundzuge der handels- und steuerrechtlichen Bilanzierung*, a. a. O., S. 163.
(15) Norbert Herzig, Norbert Dautzenberg, Auswirkungen der Internationalisierung der Rechnungslegung der Rechnungslegung auf die Steuerbilanz, in : *BFuP*, 1998 (1/98), S. 33-34.
(16) *Ebenda*, S. 34.
(17) EU-Kommission, Vorschläge der europäischen Parlament und Rates zur Änderung der Richtlinie 78/660/EWG und 83/349EWG im Hinblick auf die im Jahresabschluß bzw. im konsolidierten Abschluß von Gesellschaften bestimmter Rechtsformen zulässigen Wertansätze, *KOM（2000）80*, 2000.
(18) Norbert Herzig, Norbert Dautzenberg, Auswirkungen der Internationalisierung

der Rechnungslegung der Rechnungslegung auf die Steuerbilanz, *a. a. O.*, S. 36. なお，基準性原則の将来課題に関してはつぎも参照。Jochen Sigloch, Ein Valet dem Maßgeblichkeitsprinzip?, in : *BFuP*, 2/ 2000.

第6章　1998年の会計改革と商法改正
～資本市場指向型の二つの会計改革～

は じ め に

　第4章でみてきたように,「商人の基本法」としての商法典は, 会計法体系の中心として, その第三篇「商業帳簿」において企業の会計報告と会計監査に関する法規制を設けている。この会計報告と会計監査に関する商法典の諸規定が数年の審議を経たうえで, 1998年前半における二つの法律の通過によって重要な変更と改訂をとげた。その二つの法律が「資本市場におけるドイツ・コンツェルンの競争能力改善および社員消費貸借の受容の容易化のための法律（KapAEG）」（資本調達容易化法）ならびに「企業領域における統制および透明性に関する法律（KonTraG）」（企業領域統制・透明化法）である。この二つの法律はその規制の内容と重点において相違があるが, しかし, ドイツの資本市場を魅力的なものにし, ドイツ企業に対する法的枠組み条件を国際的標準に接近させを改善することを通じて, 個別決算書（年度決算書）と連結決算書（コンツェルン決算書）の情報能力を高めようとする目標に共通の関連を有しているといわれている。[1]

　それらの成立により, これまで債権者保護を前提に保守主義的な性格を強く有していたドイツ商法会計法は国際化している資本市場の要請に対応するため改革の一歩を大きく踏み出した。ただし, この対応はあくまで上場資本会社の連結決算書レベルに限定され, 個別決算書に対しては従来と同様の会計法が保持される。国際化に対するいわば差別的, 二元的対応をなしているのが1998年

のドイツ会計改革の特徴である。

そこで本章においては，資本調達容易化法および企業領域統制・透明化法の会計法改革を通じて，ドイツの商法会計法がどのように資本市場型の会計規制を整備しようとしたのかについて考察する。その場合，その二つの法律の成立と適用がどのような問題点を内包しているのかということを考察の中心に据えてみよう。そこでの考察は，ドイツにおける会計国際化が担う役割と固有の問題点の解明にもつながると思われるからである。

1 「資本調達容易化法」と商法改正

1-1 「資本調達容易化法」の成立経過

1998年4月に，ドイツの立法者はほぼ2年の審議を経た上で，会計実務の国際的進展に応じて資本調達容易化法を施行し，それを通じて，商法会計法を一部，改正した。資本調達容易化法は，まず1996年6月に連邦法務省により発案され，この法務省案がさらに公聴会等による各界の意見聴取を得て修正され，同年12月の閣議による連邦政府法案として承認の後，その政府法案が1997年1月に連邦参議院において意見決定をみ，ついで連邦参議院の意見に対する連邦政府の見解を添えて同年3月に連邦議会に提出，その後，大幅に変更された修正法案がドイツ版ビッグバンを進める「第三次金融市場促進法案」とともに連邦議会での審議のうえ，1998年2月13日付で可決，3月27日に連邦参議院決議を経て，4月20日付をもって施行されるに至った。[(2)]

1-2 「資本調達容易化法」における主要な商法改正点

資本調達容易化法は，「雇用および投資のためのアクション・プログラム」の一部として位置づけられており，主として商法の一部改正を通じて，外国企業と比較して会計法制上，差別的状況にあるドイツ・コンツェルンの負担を軽減し，もって国内外の資本市場におけるドイツ・コンツェルンの資本調達面での競争条件を改善すること，つまり資本調達の容易化にその役割が期待されて

いる。すなわち，この法律の目的は，1996年の連邦政府法案の目標設定において，「外国の資本市場での資本調達を目的に，国際的会計諸原則もしくは外国法に基づく連結決算書を作成しなければならないドイツ・コンツェルンの負担軽減に資する」[3] と述べられるように，商法会計法の一部改正によって，ドイツ・コンツェルンの親企業で外国の資本市場に上場し，国際会計基準（IAS）もしくは外国会計基準，特にアメリカの一般に認められた会計原則（US-GAAP）に準拠した連結決算書を作成するものについて，一定の条件のもとで，ドイツ商法に準拠した連結決算書の作成義務を免責する点にあった。さらに，この法律は，立法化の最終段階で外国だけでなく国内の資本市場に上場するコンツェルン親企業にまでその免責範囲を拡張させたが，それらの措置により，ドイツ・コンツェルンの会計法上の不利益と過度の負担を回避し，「国際的に認められた会計原則（international anerkennte Rechnungslegungsgrundsätze）」に依拠した投資家向けの連結決算書を通じて国内外の資本市場において競合関係にある外国企業に対する自国コンツェルンの競争能力を高めて，現在，必ずしも充足し得ていない資本供給をより円滑化することに，その立法の目的があるといえよう。

したがって，資本調達容易化法の中心的構成要素は商法典第292a条にある。[4] この条項の新設によって，取引所上場のドイツ・コンツェルン親企業はドイツ商法に基づく連結決算書および連結状況報告書の作成と開示の義務を一定条件のもとで免責され，国際的に認められた会計原則を適用することが選択可能となった。ドイツ・コンツェルンの国際市場における競争能力の利害に資するため，ドイツの連邦法務省は，ドイツの親企業の連結決算書における国外の会計原則の適用を容認し，個別決算書と連結決算書に対する会計規定の差別化を一時的に，意義あるものとしたのだという。[5]

この場合，商法典第292a条に基づけば，国際的に認められた会計原則に準拠した連結決算書は，つぎの場合に国内規定の免責効果を得ることになる。

（ⅰ）　作成親企業とその子企業を商法典第295条および第296条の連結集団規制にかかわりなく包括するとき。

（ii）　ドイツ語およびドイツマルクないしユーロで作成されるとき。
（iii）　商法典第325条および第328条に従い公示されるとき。
（iv）　利用される会計規制がEU第7号指令の諸規制と一致し，金融機関と保険企業に対しても商法典第291条2項2文で示される指令と一致するとき。

さらに，EU指令との一致のほか，つぎの要件も要請される。

（v）　免責連結決算書および免責状況報告書の情報能力が商法典に基づき作成された決算書の情報能力と等価値であること。
（vi）　適用される会計原則が連結附属説明書あるいは連結決算書に対する説明において指示されていること。
（vii）　ドイツ法から離反した計上，評価，連結の方法が説明されていること。
（viii）　免責書類が商法典第318条の指示する経済監査士（Wirtschaftsprüfer）によって監査されること。
（ix）　免責の条件を満たしているかどうかが経済監査士によって確認されること。

　第2章でも述べたように，ドイツの場合，うえに述べた免責条項が適用される上場企業は特に公式市場と規制市場に関連をもっている。1997年に創設されたフランクフルトの取引セグメントである新規市場についても，つねに規制市場におけるのと同等の形式認可を必要とするため，この市場セグメントに上場する企業も第292a条の免責条項の適用対象である。これに対して，自由市場において株式が取引される企業にとって，免責条項は適用されることはない。ドイツ連邦議会法務委員会の見解によれば，2004年12月31日までの期限付きの規制緩和によって，企業は「最大限の弾力性（Höchstmaß an Flexibilität）」[6]を保持することになる。この規制緩和条項は，ドイツの親企業が自身の連結決算書と連結状況報告書を商法典の代わりに他の規制に基づいて作成するという意味において「開放条項（Öffnungsklausel）」として理解されるものであり，商法典第292a条に基づく免責条項の選択権は，国内外の取引所に上場するす

第6章　1998年の会計改革と商法改正　*141*

べてのドイツ・コンツェルンの親企業に適用されることになった。[7]

1-3　「資本調達容易化法」を適用するうえでの諸問題

さて，資本調達容易化法は，その発効まで2年という比較的短期の議論を経て成立したにもかかわらず，その立法経過のなかで，改革の中心となった商法典第292a条をめぐって様々な問題が提起された。ここで，指摘された問題点の代表的なところを挙げればつぎのようになろう。

（1）　適用される企業の範囲

立法者の見解によれば，国際的に認められた会計原則は，商法典第298条第1項に基づくところの慎重性原則により特徴づけられる連結決算書と比較して，株主に対してより情報能力（für Aktionäre informativer）がある。しかし，商法典第292a条第1項の示す適用範囲は「コンツェルン親企業である上場資本会社」に限定されている。たしかに，該当する企業集団は当初の政府法案と比較すれば，国外だけでなく国内の取引所に上場するすべての親企業にまで拡張された。それに対して，非上場の親企業はドイツ商法に準拠した連結決算書の作成がそのまま強制的に規定されている。そのことは，他人資本調達のために資本市場を利用するか，もしくはその子企業が取引所に上場されている親企業にもあてはまる。なるほど，取引所上場の子企業は，自身が部分コンツェルンの頂点にあり，商法典第291条第3項により商法上の部分連結決算書の作成を義務づけられるときには，商法典第292a条を要請することが可能である。しかし，コンツェルン頂点企業が連結会計に対する商法典第290条以下を考慮すると免責されることはない。[8]

国際的に認められたコンツェルンの会計規制が，情報伝達任務に関して商法上の諸規制よりも上位にあるという立法者の価値判断からは，商法上の最低基準に基づく代わりに任意により上質の会計データを公開する非上場の企業がなぜ拒絶されるのかを明確にすることが困難である。すべての利害関係者（Stakeholder）が国際的な連結決算書を選好するなら，かれらは国際的に認められた会計原則の適用を要請するだろう。すべてのドイツ親企業が各々の費用便益

分析に基づいて商法典第292a条の免責可能性を要請することが可能となれば，広範な弾力性が達成されることになろう。しかし，立法者が強制的に適用範囲を限定したことは，最終的に，慎重性原則に合致した債権者保護を指向するドイツの連結会計が，非上場の企業のすべての利害関係者の情報要求に対応しているという観念を持っていることになる。立法者は，場合によっては，国際的会計原則に基づいて連結決算書を作成し，ないしは商法典第298条第1項に公式化され，EU指令にも基礎づけられている個別決算書と連結決算書との関係を基本的に示していないような非上場親企業を市場の圧力から守ろうとしているのかもしれない。[9]

（2）　国際的に認められた会計原則

　商法典第292a条第2項2号によれば，免責要件の前提は，当該の連結決算書と連結状況報告書とが，国際的に認められた会計原則に基づいて作成されることにある。その場合，どのような会計原則が「国際的に認められた」という概念に該当するのかが問題となる。商法典第292a条の免責規定を利用するにあたって，目下のところ，IASとUS-GAAPがその実践的可能性を圧倒的に有していると考えられている。その他に，他国のコンツェルン会計システムも免責効果を有するものかは前もって明らかにされていない。アメリカの基準設定機関の公開するUS-GAAPが国際的に容認されたものなのかどうかもさらに問うことができる。資本調達容易化法の立法過程においてすでに，ドイツ側としてはUS-GAAPの基準設定プロセスよりもIASCの作業に多くの影響を行使するため，ドイツの商法典（HGB）はもっぱらIASに対してのみ開放されるという提案がなされている。EU委員会とフランスの立法者も，IASに対してのみ欧州会計法を開放することを優先するとしている。しかし，US-GAAPはIASや他の国内会計規範に対して先行機能を有しており，そのため，「国際的に認められた」会計原則として分類しうるものである。こうした考えをドイツの立法者も擁護して，IASだけでなくUS-GAAPも国際的に認められた会計原則に加えている。他方，立法者の目標設定は，ドイツ・コンツェルンの国際資本市場における競争能力を促進させることにある。その場合，

アメリカにおける資本市場の利用は，ニューヨーク証券取引所に上場する場合，US-GAAP 連結決算書ないしはドイツの連結決算書との調整計算書（Überleitung）を要請しているために，限定的に達成されるにすぎない。したがって，商法典が IAS のみを指向するかどうかは，IAS が IOSCO と SEC によって基本的に容認される場合には，法期限としての2004年末までの経過のなかで議論されなければならないことがらである。[10]

（3） 経済監査士の役割

　国際的に認められた会計原則に準拠した連結決算書は，商法典第318条が指示するように経済監査士（Wirtschaftsprüfer）によって監査されねばならないが，その場合，商法典第292a 条第2項5号に基づいて，経済監査士に対しては，国際的に認められた会計原則に基づく連結決算書と HGB との等価性，とくに EU 第7号指令との一致性を監査し，確認することが要請されることになる。考えられる合憲性の問題を度外視すれば，経済監査士の業務は監査されるべき連結決算書が EU 法に合致する場合，それが HGB と等価となるために，EU 指令との一致性の監査に集中する。ただし，立法理由書に述べられた，IAS あるいは US-GAAP が EU 指令と一致するという主張は監査人にとって具体的個別事例を監査するうえでそれ以上のことを示していない。[11] EU の諮問委員会や経済監査士協会がすでに実施した調査によれば，HGB と IAS との間にはコンフリクトがあることが示されているのに対して，US-GAAP に対する EU 指令の一致については目下のところ，包括的な調査は存在しない。そのなかで，経済監査士は商法典第292a 条の適用前提がどの程度，満たされているのかを個々の事例において判断しなければならない。さらに，IAS と US-GAAP における既存の選択権が欧州法の境界を犯すことになるのかを確認しなければならない。またさらに，たとえ IAS と US-GAAP が義務的規定を設けていないにしても，連結決算書において EU 指令の要請するすべての記載がなされているのか否かが監査されなければならない。[12]

1-4 「資本調達容易化法」の課題

　さて，資本調達容易化法は，以上のような適用上の諸問題があるとはいえ，即座の解決と実効性にその長所があるといわれている。欧州の大陸法系の諸国において，フランス，イタリア，ベルギーもすでに同様の免責規定を設定しているところでもある。[13] しかも，そこでの免責規制は，一定の限定されたグローバル・プレーヤーにとって意義を持つだけでなく，コンツェルン度の高さや新たに開設された新規市場の諸条件からみて，多くの中小規模の企業もまた免責条項の適用領域となってくるために[14]，この法律効果は少なくないと考えられている。

　しかし，結論的にいうなら，資本調達容易化法それ自体は，ドイツの商法会計法制を根底から変革させるものではない。ドイツ固有の商法会計法を保持して，資本市場に上場される一部のコンツェルン親企業の連結決算書に対してのみ特例的にドイツ法の適用を免除し，もって自国企業の不利益を解除することにその力点がある。しかも，その立法経過において，ドイツ法対アングロサクソン流の IAS ないし US-GAAP という構図のなかで，グローバリゼーションに対する適応の錯綜した状況もみられる。初期の法務省案の段階で，それがドイツの立法権限に抵触する内容を含むのか，慎重性原則，税務上の利益算定に対する商事貸借対照表の基準性原則に影響を及ぼし，ドイツ固有の保守主義的利益確定規範の変革を迫るものなのか，等に関して各界から厳しい批判が提起され，法務省案の修正を経て，結果的に必要最小限に線引きされた商法改正案へと収斂していった経緯がある。[15]

　また，他方において，立法の最終局面に至って，連邦議会の修正により資本調達容易化法の免責条項（商法典第292a条）が2004年までの暫定的な時限立法とされ，IAS に適応させるべく連結会計領域における商法会計法の抜本的な改正が予定されるなど将来をにらんだ大きな軌道修正もみられる。ただし，法務委員会の決議勧告も示すように，資本調達容易化法は，IASC との国際的基準設定への共同作業に対するドイツの影響力を強めるため，審議を重ねてきた民間ないし法務省下の「会計委員会（Rechnungslegungsgremium）」の創設の

ための法規制を早急に整備することを求めた。そこで，議会の任期満了を控えた法務委員会はこの会計委員会に対する法的解決策を企業領域統制・透明化法に委ねることになったのである。(16)

2 「企業領域統制・透明化法」と商法改正

2-1 「企業領域統制・透明化法」の成立経過

　資本調達容易化法と同時並行的に審議の重ねられ，ほぼ4年の歳月を経て1998年4月27日に企業領域統制・透明化法が成立した。この法律は株式会社の監査役会と決算書監査人の監督とも関連した1990年代はじめに生じたセンセーショナルな企業批判を契機に，連邦経済省と連邦法務省の共同指揮下で組織された作業部会の「企業領域・銀行におけるコントロールと透明性」を土台に，1996年11月22日付で第一次連邦政府法案が提出され，それが社会民主党 (SPD) の作成した「ドイツ経済における透明性の改善および権力集中の制限に関する法案」とともに1997年1月の法務委員会公聴会での討議を経て，1997年11月6日付の第二次連邦政府法案が閣議にて承認，その後，この政府法案が連邦議会と連邦参議院においてそれぞれ1998年の3月5日と3月27日に決議のうえ，同年5月1日をもって施行された。

　この企業領域統制・透明化法は，ドイツ株式法のもとでの監督システムの不安の増大と取引所上場企業にとっての国際資本市場の重要性の高まりを背景に，株式法，商法等の関連法規を改正し，もって内部および外部の企業監視統制を改善し，また，すべての領域における資本市場参加者に対して企業内容を透明化することに目的を有している。(17)

2-2 「企業領域統制・透明化法」における主要な改正点

　企業領域統制・透明化法が成立されたことによって商法上の会計報告，開示および監査に関する規定の多くの変更が施行された。このうち監査を除いて，会計報告・開示に関わる主要な改正点を挙げればつぎのとおりである。

（1） 資本流動計算書とセグメント報告の導入

　まず，商法典第297条第1項が補完され，上場親企業は連結附属説明書において連結資本流動計算書を含めることが要請された。すなわち，商法典第297条第1項の2文として，「取引所上場の親企業の法定代理人は，資本流動計算書（Kapitaflußrechnungen）およびセグメント報告（Segmentberichter-stattung）を追加して，連結附属説明書を拡張しなければならない」の文が加えられた。また，商法典第289条第1項において，「その場合，将来の発展に対するリスクも取り上げねばならない」の挿入句が付加され，全体で，つぎのような規定に変更された。「状況報告書においては，少なくとも資本会社の営業経過および状態を実質的諸関係を伝達するように示されなければならない。その場合，将来の発展に関するリスクもまた組み入れられなければならない。」

　それによって，国際的には，少なくとも上場企業に一般的な資金情報，セグメント情報あるいはリスク情報に関して連結附属説明書と連結状況報告書の報告と開示の拡張が図られ，それを通じて，投資家ないし資本市場指向的な国際的標準への適応が鮮明に打ち出されたといってよい。資本流動計算書（キャッシュ・フロー計算書）は英米諸国では，IASとUS-GAAPに従い，すでに長期にわたって年度決算書の義務的構成要素に数えられてきており，そこで形式的および内容的形成は詳細に規定されている。しかし，法務委員会によると，商法典第297条1項は，資本流動計算書とセグメント報告の作成に関して個別の前提を規定することを断念しているという。これはつぎに述べる会計委員会の任務であり，そのことをもって国際的標準（例えばIAS）に対応することが可能になるとしている。[18]

（2） 会計委員会および会計審議会の導入

　企業領域統制・透明化法は，資本調達容易化法から引き継いだ私的会計委員会の創設のための法的基礎も生み出した。新設の商法典第三篇第五章「私的会計委員会；会計審議会（privat Rechnungslegungsgremium；Rechnungslegungs-beilat）」がそれである。[19]

　新設された商法典第342条において，連邦法務省に対して協約を通じて私法

上，組織された施設を会計委員会として承認し，以下に挙げる任務を委任する可能性が開かれることになった。

（ⅰ）　連結会計に関する諸原則の適用に関する勧告の開発
（ⅱ）　会計規定に立法措置を講ずる場合の連邦法務省への助言
（ⅲ）　国際的な会計基準設定委員会におけるドイツ連邦共和国の代表

　商法典第342条第1項においては，委員会の職能領域を確認するうえで，連邦法務省は，定款に応じて独立した会計人（Rechnungsleger）が代表する私的機関をのみを容認し得るものとし，企業のような法人およびその他の組織が構成員となる場合であっても，会計人のみがそれを代表しなければならず，さらに，委員会の定款において，利害関係を有する公衆が意思決定過程に参加することが確保されるものとされている。また，商法典第342条第2項に基づけば，会計委員会がおこなう勧告は，連邦法務省による公示を経て，許諾されることになる。[20]

　さらに，同じく新規に創設された商法典第342a条は，その第1項において連邦法務省が商法典第342条に基づく私的会計委員会を承認しない場合，二次的に，連邦法務省のもとに会計審議会を設置できることを規定している。また，商法典第342a条第2項によって，会計審議会が会計委員会と同様の任務を持つものされ，その構成員として連邦法務省・連邦財務省の代表者のほか，4名の企業代表，4名の経済監査の職業人，2名の大学教授が予定されている。なお，会計審議会の全構成員は連邦法務省より任命され，独立した無報酬の会計人のみがその構成員になれるとしている。[21]

　ところで，法務委員会によれば，こうした商法典第342条および第342a条において会計委員会ないし会計審議会の導入を図ったのはつぎの背景によるという。すなわち，今日，会計領域では標準化（Standardisierung）が国際的な慣行となっているが，その場合，標準の設定は通常，アメリカにおける財務会計基準審議会（FASB）や国際会計基準委員会（IASC）などの民間が担っている。ドイツではそうした民間の手による標準（基準）設定機関は存在せず，国際的な標準化のプロセス，とくにIASCの活動にドイツの影響が及ばないと

いう批判が高まっている。また，IASC自身もドイツの国内標準化委員会との共同作業を強化する構想を打ち出したため，ドイツにおいて会計委員会をすみやかに創設することが求められている。会計委員会の創設が民間主導で実現されるなら，IASCへの影響という意味でもドイツにとって大きなメリットであり，立法者は経済界自らが主導してそうした機関を設立することを期待し，民間委員会の設立のための枠組み条件のみを定めた。そして，もしこの期待に反して，委員会の設立を民間が担うことにならない場合，それに代替するものとして，商法典第342a条は法務省に会計審議会を設置することを定めたのだと。[22]

ドイツではこのうち商法典第342条の新規定を受けて，IASC，FASBに対等しうる「ドイツ会計基準委員会（Deutsche Rechnungslegungs Standards Committee；DRSC，英文表記はGerman Accounting Standards Committee；GASC）なる機関が1998年3月に創設されている。このドイツ会計基準委員会の創設は，ドイツの立法主権と商法会計法の特質（保守主義と基準性原則）を維持しながら，通貨換算，リース取引，セグメント，キャッシュ・フロー，デリバティブといった未解決の会計問題に対してIAS，US-GAAPという会計基準の利用を委員会の勧告・助言を通じて迂回的に適用させる点に積極的意味を有している。なお，法務委員会によれば，会計基準委員会の勧告・開発はIASCの国際的な標準化作業と密接に関連しているが，それは明確に連結決算書に限定され，目下のところ，ドイツでは特に取引所上場企業にとって意味を有するにすぎないとされている。[23]

2-3 「企業領域統制・透明化法」を適用するうえでの諸問題

企業領域統制・透明化法を適用する場合，やはり多くの問題が指摘されている。つぎに主要なものと思われる問題点について取上げてみよう。
（1）適用される企業の範囲

資本調達容易化法にみられた上場親企業に対する商法典第292a条の限定的適用と同様に，立法者が上場個別企業に対して連結資本流動計算書の作成を要

請しないことが問題の一つとして挙げられている。すでに，取引所上場認可命令第23条第1項2号は個別企業および親企業が有価証券を公式の取引所取引で認可する場合，そこで形式的，実質的作成規定を欠いてはいるが，目論見書において運動貸借対照表もしくは資本流動計算書を要請している。したがって，コンツェルンへの帰属性とは関わりなく，すべての上場企業について資本流動計算書が要請されるべきだろうし，そのことはEU第4号指令第2条6号とも合致することである。同様のことは，上場親企業へのセグメント報告の記載義務の限定にも当てはまる。[24]

(2) 会計人の定義

商法典第342条第1項において，会計委員会のなかに独立の「会計人」の専属的職務が要請されている。同様のことは商法典第342a条第2項～第4項によって，会計審議会にも該当する。ここで，会計人という名称はかなり広範囲に解釈されうる。会計の作成や監査に直接関わる個人ならびに修業した会計と監査の領域で活動する個人が考えられ，その集団には，大学教授，その他の国家公務員ならびに確実に相応の活動を行う組合代表者，フィナンシャル・アナリストが加わることになる。こうした定義づけは一方で，純粋な「実務家委員会」を問題とするが，他方において会計実務家以外の専門知識者の組み入れを可能にする。これによって，立法理由書が繰り返し述べている主張にもかかわらず，すべての利害関係者（Stakeholder）を指向するために資本市場利害に対して連結会計を全面的に装備することが回避されている。商法典第342条第1項が要請する専門的利害を有する公衆を基準設定に参画させることは，その限りでは一貫している。問題なのは，一定の利害集団にもっぱら帰属する「会計人の独立性（Unabhängigkeit der Rechnungsleger）」の要請にある。適切な選択方法，特に資金的確保，その他の職業活動の禁止は，この場合，会計人の独立性を強化するし，ロビー活動の発生頻度を削減する。このことは他国の私的会計基準設定機関の長い経験，例えばアメリカのFASBの前身のCAPおよびAPBの経験が示しているところだという。[25]

（3） 開発された連結会計原則と正規の簿記の諸原則（GoB）との関係

GoBはこれまで，法形態特有に分離されることはなく，また，個別決算書と連結決算書に関して実質的にも原則的にも一致すると解釈されてきた。今後，連結会計に関する諸原則がGoBの一部としてみなされる限り，それは個別決算書にも，基準性原則を保持すれば税務貸借対照表にも遡及して影響し得ることになる。[26]

会計委員会の作成する勧告を連邦法務省が公示することによって，衆知化された勧告と連結会計に該当するGoBとの一致を生みだすところの法的な「秩序性推定（Ordnungsmäßigkeitvermutung）」が与えられている。このことによってどの程度，勧告の拘束度が与えられるのかは現在のところ不確定である。勧告とは離反する会計がGoBに一致するものとみなされるのかどうかという問題も存在する。最終的にこの種の問題は裁判所によってのみ解答が出されなければならないが，委員会の勧告を通じて裁判所の決定に影響が及ぼされるかもしれない。[27]

（4） 勧告される連結会計原則の役割

商法典第342条第1項が指示している，会計委員会による連結会計に関する諸原則の適用のための勧告の開発は，極めて重要な任務であると同時に，最も不明確でかつ論争ある任務といえる。具体的な立法審議の場合，立法者がどの程度，自らの基準設定者としての役割を後退させ，会計委員会に対してどのような任務を課すのが問題になるだろう。既存の法律が今後も進展する場合には，委員会の勧告は，既存の法律の枠組みのなかで見捨てられることを回避することはほとんどできないかもしれない。しかし，外貨換算，ストックオプションの会計等のようなこれまで法規制のない事実関係に関して，コンメンタールの文献ないし利害関係団体の意見書が提示してきた解釈に委ねられることも考えられる。ドイツ経済監査士協会（IdW）は，会計委員会ないし会計審議会の任務について，国際的会計規範を解釈し，特殊なドイツの状況に適応させることを主張している。[28]

2-4 「企業領域統制・透明化法」の課題

　企業領域統制・透明化法の立法理由は、企業の内部・外部の監督体制を強化し、市場の透明性を確保するための株式法および商法等の関連法規の整備にある。主として企業統治の視点から、監査役会（Aufsichtsrat）と取締役会（Vorstand）、銀行の議決権、株式の自己取得、ストックオプション計画の認可、等に関わる法規定が株式法を中心に改正された。[29] しかも、企業領域統制・透明化法によって、ドイツの会計法の進展にとって「場合によっては意義ある前進」[30] が生み出された。すでにみてきたように、ドイツの立法者は商法典第342条および第342a条において、連結会計に限定されるとはいえ、ドイツの立法方式とは馴染まないアングロサクソン型の会計基準設定機関を導入する法的枠組みを用意した。次章において述べるように、この法的枠組みのなかでドイツは、商法典第342条に基づく私的会計委員会として、「ドイツ会計基準委員会（DRSC）」もすでに創設した。しかし、このドイツ会計基準委員会がドイツの商法会計法に対してどのような影響力を果たすのかは、上述の適用上の諸問題も含めて、今後の課題である。それは資本調達容易化法が指示した商法典第292a条の免責条項が失効した後の2005年を目指す商法会計法（連結会計法）の抜本的改正の行方のなかで定まってくるといえるだろう。

むすびに代えて

　ドイツにおいては、取引所上場のドイツ・コンツェルンの親会社に対して資本市場での競争能力を高めるため、商法会計法の二つの改正が1998年に相次いで実現した。他方、本書の第3章でみたように、ドイツでは、すでに1986年にEU域内での資本流通の自由な活性化を目的に取引所法の改正が実施されていて、1998年の商法改正もかかる取引所法の発行開示規制と密接に絡み合って進行しているのが特徴である。しかし、それはあくまで、連結決算書に関わる商法会計法のレベルの変化であり、個別決算書に関しては従来の法と変わるところはない。いわば二元的対応がドイツにおける会計国際化の特徴である。

たしかに，ドイツはIASの改訂作業の完了を見込んで，連結商法会計法に関して2004年末を目安に抜本的改正を予定し，国際標準に向かって全面的対応の方向に歩みだしている。しかし，その場合であっても，憲法上の立法主権は侵害されず，ドイツ固有の慎重性原則あるいは税務上の利益算定に対する商事貸借対照表の基準性原則（商法確定決算基準）も保持されると立法者は力説している。しかし，こうした方向性に対して学会でも実務界でも大きな疑念と批判が投げかけられている。とくに，今回創設されたドイツ会計基準委員会（DRSC）によって資本市場指向型の国際基準（IAS）が導入された場合，そこに保守主義的な特質を持つドイツ固有の会計規範たる正規の簿記の諸原則との整合性をどう保ちうるのかが議論の中心になってくるだろう。いまのところ，1998年の会計改革とそれによる商法会計法の改正は資本市場に対する情報提供目的のみに資するものといわれる。しかし，会計が利益算定機構として機能している以上，その改正は利益決定になんらかの含意をもつはずである。利益算定規範である正規の簿記の諸原則との関連が問われることによってこの内容が明らかになってくるものと思われる。[31]

いずれにせよ，会計は社会制度として存在している。ドイツにおける社会制度としての会計制度が今後，国際的・国内的に社会的合意の機能をどうつくりあげていくのか，21世紀に向けての大きな課題となっていることは間違いない。

(1) Ernst Christoph, Überblick über die Änderungen der Handelsgesetzbuch zu Rechnungslegung und Abschlußprüfung, in : Dietrich Dörner, Dieter Menold, Norbert Pfitzer (hrsg.), *Reform des Aktienrechts, der Rechnungslegung und Prüfung—KonTraG—KapAEG—EuroEG—StückAG*, 1999, S. 323.

(2) 資本調達容易化法の立法経過に関してはつぎを参照。Deutscher Bundestag, *BT-Drucksache 13/7141 vom 06. 03. 1997*, Gesetzentwurf der Bundesregierung, Entwurf eines Gesetzes zur Verbesserung der Wettbewerbsfähigkeit deutschen Konzerne an internationalen Kapitalmärkten und zur Erleichterung der Aufnahme von Gesellschafterdarlehen (Kapitalaufnahmeerleichterungsgesetz— KapAEG), 1997./Deutscher Bundestag, *BT-Drucksache 13/9909 vom 12. 02.*

第6章　1998年の会計改革と商法改正　153

　　　1998, Beschlußempfehlung und Bericht des Rechtsausschusses zu dem Gesetzentwurf der Bundesregierung-Drucksach13/7141, Entwurf eines Gesetzes zur Verbesserung der Wettbewerbsfähigkeit deutschen Konzerne an internationalen Kapitalmärkten und zur Erleichterung der Aufnahme von Gesellschafterdarlehen (Kapitalaufnahmeerleichterungsgesetz—KapAEG), 1998./Deutscher Bundesrat, *Drucksache 137/98 vom 13. 02. 1998*, Gesetzesbeschluß der Deutschen Bundestages, Gesetz zur Verbesserung der Wettbewerbsfähigkeit deutscher Konzerne an Kapitalmärkten und zur Erleichterung der Aufnahme von Gesellschafterdalehen (Kapitalaufnahmeerleichterungsgesetz—KapAEG), 1998.
（3）　Vgl., Deutscher Bundestag, *BT-Drucksache 13/7141 vom 06. 03. 1997*, a. a. O., S. 1.
（4）　商法典第292a条の内容はつぎのようである。
「第292a条　作成義務の免責
第1項　コンツェルンの親企業である取引所上場の企業は，第2項の要件に合致する連結決算書および連結状況報告書を作成しかつそれを第325条，第328条に従い，ドイツ語およびドイツマルクで公示しているときには，本節の規定に基づく連結決算書および連結状況報告書を作成する必要はない。免責される書類を公示する場合，ドイツ法に基づき作成されていない連結決算書および連結状況報告書を対象としていることが明示的に指摘されねばならない。
第2項　連結決算書および連結状況報告書は，つぎの各号に該当する場合には作成を免責される。
　　1．作成を免責される連結決算書に，親企業およびその子企業が第295条，第296条に抵触することなく組み入れられたとき，
　　2．連結決算書および連結状況報告書が
　　　a）国際的に認められた会計原則に基づき作成されたとき，
　　　b）指令83/349/EWG，および場合によっては信用機関および保険企業に対して第291条第2項第2段で掲げられた指令と一致しているとき，
　　3．それにより作成された書類の表明能力が，本節の規定に基づいて作成された連結決算書および連結状況報告書の表明能力と等価であるとき，
　　4．附属説明書または連結決算書に関する説明に，以下の記載が含まれる場合
　　　a）用いられた会計原則の名称，
　　　b）ドイツ法から離脱する貸借対照表計上方法，評価方法，連結方法に関する説明，および
　　5．免責される書類が，第318条に定められた決算書監査人により監査されかつ加えて当該決算書監査人により，免責の条件が備わっていることが確認されたとき，
第3項　連邦法務省は，第2項3号にもとづき等価になるために，親企業の連結決算書

154 第II部 商法会計法の国際化展開

およひ連結状況報告書かとの条件を個別に満たさなけれはならないのか,連邦財務省および連邦経済省との協議のうえ,法規命令によって決定することができる。これは,適用すれは等価性か与えられる会計原則を指示する様式でもおこなうことができる。」
(5)(7) Bernhard Pellens, *Internationale Rechnungslegung*, 3. Aufl., 1999, S. 531.
(6) Deutscher Bundestag, *BT-Drucksache 13/9909 vom 12. 02. 1998*, a. a. O., S. 10.
(8) *Ebenda*, S. 533-534.
(9) *Ebenda*, S. 534.
(10) *Ebenda*, S. 536-537.
(11) (13) Ernst Christoph, *a. a. O.*, S. 335
(12) Bernhard Pellens, *a. a. O.*, S. 537.
(14) *Ebenda*, S. 539.
(15) この点に関してつきを参照。稲見亨稿「国際会計基準(IAS)とドイツ商法改正提案～1996年6月7日付の『資本調達容易化法』法務省案をめぐって～」『商学論集』(西南学院大学)44巻3・4合併号,1998年。
(16) Deutscher Bundestag, *BT-Drucksache 13/9909 vom 12. 02. 1998*, a. a. O.
(17) 以下,コントロール・透明化法の立法経過に関してはつぎを参照。Deutscher Bundesrat, *Drucksache 203/98 vom 06. 03. 1998*, Gesetzesbeschluß des Deutschen Bundestages, Gesetz zur Kontrolle und Transparenz im Unternehmensbereich (KonTraG), 1998./Deutscher Budestag, *BT-Drucksache 13/10038 vom 04. 03. 1998*, Beschlußempfehlung und des Rechtsausschusses (6. Ausschuß) zu dem Gesetzentwurf der Bundesregierung-Drucksache 13/9712-Entwurf eines Gesetzes zur Kontrolle und Transparenz im Unternehmensbereich (KonTraG), 1998.
(18) Bernhard Pellens, *a. a. O.*, S. 540-541
(19) 商法典第342条ならひに第342a条の規定はつきの通りである。
「第342条 私的会計委員会
第1項 連邦法務省は,私法上組織された機関を協定により承認しかつその機関につきの任務を委ねることができる。
　　1.連結会計の諸原則を適用させるための勧告の開発
　　2.会計規定に関する立法手続きに際しての連邦法務省への助言,および
　　3.国際的な標準設定委員会におけるドイツ連邦共和国の代表。
　　しかし,かかる機関は,その定款に基つき,当該の勧告が独立的でかつ専ら会計人により,専門的利害を有する公衆が参加する手続きのなかで開発され,かつ決議されることの確保されるもののみが認められる。企業または会計人の組織がかかる機関の構成員であるかぎり,構成員の権限は会計人によってのみに行使されうる。
第2項 連邦法務省により公示された,第1項1文に基つき認められる機関の勧告が遵守されるときに限り,連結会計に関わる正規の簿記の諸原則が遵守されているものとみ

なされる。」
「第342a条　会計審議会
第1項　連邦法務省のもとに第9号を留保のうえ，第342条第1項1文に従う任務を有する会計審議会が設けられる。
第2項　会計審議会は以下のものから構成される。
　　1．議長としての連邦法務省の代表者1名ならびに連邦財務省および連邦経済省の代表者各1名，
　　2．企業の代表者4名，
　　3．経済監査をおこなう職業人の代表4名，
　　4．大学教授の代表者2名。
第3項　会計審議会の構成員は連邦法務省より任命される。会計人のみが構成員として任命されなければならない。
第4項　会計審議会の構成員は独立しかつ指示に縛られない。当審議会での活動は無報酬である。
第5項　連邦法務省は審議会に対して職務規程を公布することができる。
第6項　審議会は特定の専門領域に関して専門委員会および作業部会を設定することができる。
第7項　審議会，その専門委員会および作業部会は会員の少なくとも3分の2の出席により決議をおこなうことができる。採決には過半数の得票，可否同数の場合には議長の投票により決定される。
第8項　会計審議会の勧告については第342条2項が準用される。
第9項　連邦法務省が第342条1項に基づく機関を認める限り，本条第1項に基づく会計審議会は設けられない。」

(20)(21)　Bernhard Pellens, *a. a. O.*, S. 539-540.
(22)(23)　Vgl., Deutscher Budestag, *BT-Drucksache 13/10038 vom 04. 03. 1998*, a. a. O.
(24)　Bernhard Pellens, *a. a. O.*, S. 540.
(25)(26)　*Ebenda*, S. 541.
(27)(28)　*Ebenda*, S. 542.
(29)　Vgl., Ulrich Seibert, Das Gesetz zur Kontrolle und Transparenz im Unternehmensbereich (KonTraG)—Die Akienrechtlichen Regelungen im Blick, in : Dietrich Dörner, Dieter Menold, Norbert Pfitzer (hrsg.), *Reform des Aktienrechts, der Rechnungslegung und Prüfung—KonTraG—KapAEG—EuroEG—StückAG*, 1999, S. 1-26.
(30)　Ernst Christoph, *a. a. O.*, S. 336.
(31)　この点に関する議論についてはつぎを参照。Klaus Kuhn, Die Grundsätze der ordnungsmäßiger Buchführung und der Maßgeblichkeitsgrundsatz unter dem

Aspekt des Entwurf eines Kapitalaufnahmeerleichterungsgesetzes, in : Wolfgang Dieter Budde, Adolf Moxter, Klaus Offenhaus (hrsg.), *Handelsbilanzen und Steuerbilanzen*, 1977, S. 299-313./Wolfgang Dieter Budde, Konzernrechnungslegung nach IAS und US-GAAP und ihre Rückwirkungen auf den handelsrechtlichen Eizelabschluß, in : Wolfgang Dieter Budde, Adolf Moxter, Klaus Offenhaus (hrsg.), *Handelsbilanzen und Steuerbilanzen*, 1977, S. 105-121.

第7章 2005年会計改革へ向けてのシナリオ
～ドイツ会計基準委員会の設置とその進路～

は　じ　め　に

　ドイツにおける1998年は，多くの法改革がやつぎばやに実施された年である。第三次金融市場促進法（Drittes Finanzmarktförderungsgesetz），資本調達容易化法（KapAEG），企業領域統制・透明化法（KonTraG），ユーロ導入法（EuroEG），商法改革法（HRefG），輸送法改革法（TRG）などが，国際化（Internationalisierung）と規制緩和（Deregulierung）を謳って相次いで議会を通過した。[(1)]

　そのうち，会計制度にとって，とくに重要な意味を持つのがすでにみた資本調達容易化法（KapAEG）と企業領域統制・透明化法（KonTraG）である。この二つの条項法の成立を通じて，ドイツの商法典における会計と監査に関わる規定は資本市場を指向して大きく転回した。二つの法改革の共通した目標は，会計の規制緩和を通じて資本市場における投資家の情報要求と統制要求に応じることにあったが，それに際して，立法者がとくに重視したのが上場された資本会社に対する規制である。ここで，「上場された（börsennotiert）」という用語の定義は，商法典にはなく，株式法（第3条第2項）あるいは改革法の立法理由書にみることができる。それによると，「国が容認した機関により規制され，監督され，正規に存在し，公衆に対して直接的・間接的に開放されている市場」において株式が認可される資本会社が上場された資本会社である。公式市場，規制市場，新規市場において株式が認可された資本会社は，この意味で

の上場された資本会社に該当する。ドイツの立法者は資本市場の要請に過度に対応することを回避し，この上場された資本会社に対する会計規制に限定して非上場資本会社との間の差別化をおこなった。さらに，公式市場に株式上場された資本会社については，特別の補完的な監査規定が設けられることになったため，商法典は今後，会計と監査に関してつぎの四つの規制領域を持つことになったのである。[2]

（ⅰ）　すべての商人に適用される規制
（ⅱ）　資本会社にのみ適用される規制
（ⅲ）　上場資本会社にのみ適用される規制
（ⅳ）　公式市場において株式が上場認可される上場資本会社にのみ適用される規制

こうして商法典における会計規定が差別化されたのは，ドイツの立法者が個々の企業の部分的利害に屈したためだといわれている。立法者は，会計調和化に適応し，国境のない資本市場活動を透明化するために，アメリカと同様に，もっぱら上場会社の法適用を考慮した。そのことによって，商法典（HGB）あるいは取引所法（BörsG）ないし取引所上場認可命令（BörsZulV）に直接，相応の規定を統合することが可能となったが，その結果，ドイツ会計は二つの規制のなかで分離された状態にあるという。この分離状態は将来，ドイツの企業をも二分することにもなる。一方で，多くの上場企業は連結決算書（コンツェルン決算書）における自身の会計報告を情報機能に矛盾なく適用させ，また，他の公開企業との世界規模での調和化を進め，新しい情報経路と情報媒体を背景とした情報要求に即応することになる。これに対して，多くの非上場企業は，基準性原則（Maßgeblichkeitsprinzip）に基づく商法会計と税法会計との統一体の思考と個別決算書（年度決算書）と連結決算書の一体性とを保持することになる。[3]

しかし，ドイツ会計の将来は会計の目標設定課題によって特質づけられるだけでない。企業領域統制・透明化法の成立によって私的な会計基準設定機関の設立が容認されたため，今後，この基準設定機関によってドイツの会計がどの

ように展開されるべきなのかという技術的な問題も投げかけられているといわれる。私的な会計基準設定機関はドイツの法思考には基本的に馴染まないし，社会経済的環境のなかに統合することも難しい。また，私的な会計基準設定機関として現実に創設されたドイツ会計基準委員会（DRSC）には立法者（連邦法務省）との役割分担が明確にされておらず，法律的にも多くの問題が生じているとされるのである。(4)

そのほかにも，ドイツ会計の展開は，今後，外的な要因によっても規定されるといわれている。ドイツの展開は一連のEU会計諸指令によって規定され，ドイツの立法者とDRSCはそのなかで活動が制約される。また，通貨連合の創設によって統合された欧州統一市場の方向には一層の進展がみられ，そのため会計についての欧州統一の進展も判断されねばならない。欧州が合意した対応策として，とくに，国際会計基準委員会（IASC）や証券監督者国際機構（IOSCO）といった国際的組織に対するEUの影響力を高めることを根拠づけるような政策論議も必要である。しかし，異なる伝統，社会経済的な環境条件，競争分割問題は欧州のコンセンサスとさらに進んだ欧州の会計調和化を困難なものにしている。ドイツ会計の分離した状態はその限りで欧州にもその根源を有しているともいわれるのである。(5)

さて，こうした状況のなかで，ドイツでは商法会計法の一層の改革が模索されている。すでに述べたように，資本調達容易化法は，国内外の資本市場において上場されたコンツェルン親会社に対して，連結決算書に限定してドイツ商法に準拠した作成義務を免責し，「国際的に認められた会計原則」（IASないしUS-GAAP）に準拠することを可能とした。ただし，これは2004年末までの時限立法であり，この期限を目安に，連結決算書に関する商法会計法の抜本的な改革が予定されている。しかも，法的秩序と法的安定性を求めるドイツの場合，この改革は連結決算書の領域にとどまらない。個別決算書の会計をも含めた新たな法体系をどう構築するのかが，ドイツの緊急の課題となっている。

そこで本章では，ドイツ会計が1998年の会計法改革を経て，今後，どのような方向に進もうとするのかについて，とくにDRSCの役割に関連づけて考察

してみよう。以下，はじめに B. Pellens の論考に依拠しながら，ドイツの DRSC が担っている現在の制度課題を明らかにする。その上で，1998年以降のドイツ会計の新しい改革動向にも触れながら，ドイツの会計制度の将来に関して若干の展望を試みること，それが本章の目的である。

1 ドイツ会計基準委員会の機構と役割

1998年のドイツにおける商法会計法改革に関して，また，ドイツ会計制度の将来について考察する場合，とくに注目すべきことは，私的な会計基準設定機関が創設されたことであろう。

その法的基礎を形成したのが企業領域統制・透明化法である。この法律の成立を通じて，商法典第三篇第五章「私的会計委員会；会計審議会（privat Rechnungslegungsgremium; Rechnungslegungsbeirat)」が導入され，その法改正に基づき，私的会計委員会と会計審議会という基準設定機関の択一的な設置が可能となった。新設された商法典第342条はその第1項において，連邦法務省が，私法上組織された機関を協定により承認し，この機関に対して，（ⅰ）連結会計の諸原則を適用させるための勧告の開発，（ⅱ）会計規定に関する立法手続きに際しての連邦法務省への助言，（ⅲ）国際的な標準設定委員会におけるドイツ連邦共和国の代表，の任務を委ねることができると規定した。また，商法典第342条第2項においては，連邦法務書により公示された第342条第1項に基づく機関の勧告が遵守されるときに限り，連結会計に関わる正規の簿記の諸原則（GoB）が遵守されているものとみなされるとした。これは制定法支配のドイツにあって，プライベートセクターに会計基準設定の役割を委ねる画期的な法改正であった。さらに，同じく新設された商法典第342a条は，連邦法務省のもとに，商法典第342条がいう私的会計員会と同様の任務を有する「会計審議会」が設けられる旨を規定した。この会計審議会は連邦法務省が任命する会計人（Rechnungsleger）から構成され，その構成員として，議長としての連邦法務省の代表1名，連邦財務省ならびに連邦経済省の代表各1名，企業の代表4

第7章 2005年会計改革へ向けてのシナリオ　*161*

名，経済監査を行う職業人の代表4名，大学教授の代表2名が指示された。そして，この会計審議会の勧告については商法典第342条2項が準用され，また，この会計審議会は，連邦法務省により商法典第342条第1項に基づく私的会計委員会が設置されたときには，設けられないとされたのである。(6)

ドイツではこの新規定に即座に対応し，「ドイツ会計基準委員会（Deutsche Rechnungslegungs Standards Committee, DRSC，英文表記は German Accounting Standards Committee, GASC）なる機関が1998年3月に創設された。連邦法務省がこの DRSC を商法典第342条に基づく私的会計委員会として承認したことによって，立法者が第二の解決策としてみた商法典第342a条に基づく会計審議会は実践的意義を失った。この DRSC は，過去においても会計法規制に重要な影響を及ぼしてきた利害集団である企業代表者と経済監査士とによって登記済社団（eingetragener Verein）として設立されたところの私法上の組織である。DRSC はとりわけ国際会計基準委員会（IASC）のような国際的会計委員会においてドイツを代表する任務を有している。また，この DRSC はアングロアメリカンの先例に模したものとして理解され，明らかに財務会計基準審議会（FASB）や IASC と似た組織構成を採用している（図表7‐1を参照）。

DRSC の機構の中心に位置するのが，連結会計に関する諸原則を適用するための勧告を開発する役割を担う会計基準設定審議会（Standardisierungsrat; DSR）である。7名の構成員からなるこの審議会は会計規定の立法を措置する場合，連邦法務大臣に審査される。また，この会計基準設定審議会によって確定される基準は，「ドイツ会計基準（DRS）」と名づけられる。

DRSC には，IASC と同様に，すでにいくつかの作業グループ（Arbeitsgruppe）が存在する。それは問題別に設定され，資本流動計算書，セグメント報告，金融商品等の特殊なテーマに関して会計勧告を準備しなければならない。(7) ここで作成された勧告については基準設定審議会に決定が委ねられるが，この場合，企業代表者，経済監査士，フィナンシャル・アナリスト，大学教授，その他の利害関係ある人的集団がこの基準設定プロセスにどのように関与するのかについては，必ずしも明らかでない。IASC の諮問グループに模し

162 第Ⅱ部 商法会計法の国際化展開

図表7-1 ドイツ会計基準委員会（DRSC）の組織構成

```
┌─────────────────────────────────────────────┐
│ 会員総会                                      │
│ すべての社団構成員から構成される。通常，年1回，それ以外に臨時の年次総  │
│ 会が開催され，3分の2の多数をもって定款の改正。また，決算書監査人の選  │
│ 抜をおこなう。                                  │
└─────────────────────────────────────────────┘
    │ 任命；任期3年           │ 任命；任期3年
    ▼                        ▼
┌──────────────┐ 管理委員会の長 ┌──────────────┐
│ 理事会         │ ───────→    │ 管理委員会     │
│ 4名の構成員    │              │ 委員長としての理事およ│
│ ・理事長 ・理事長代理│◄── 必要に応じて，交│ び14名の委員で構成。基│
│ ・会計員 ・その他の構成員│ 替構成員を選抜 │ 本的には単純多数の決議。│
│ 内外へ対する社団の代表。事業│              │ DRSCの任務を確定。  │
│ 管理者を指揮し，帳簿を作成す│              │                │
│ る。単純多数で決議。│              │                │
└──────────────┘              └──────────────┘
    │ 任命        4分の3の多数で選抜    │     5名まで
    │                                 │     の構成員
    │                         委員長は諮問委員│     の補充
    │                         会の構成員を指名│
    ▼                ▼                ▼
┌──────────┐ ┌──────────┐ 助言 ┌──────────┐
│ 主要業務管理者│ │ 基準設定審議会│ ───→│ 諮問委員会   │
│ 事務総長の肩書│ │ 7名の構成員  │委員長は│ 構成員は，会計領│
│ きで活動，場合│ │ ・委員長    │諮問委員│ 域からのすべての│
│ によりそれ以外│ │ ・副委員長   │会の会議│ 職業および利害関│
│ の業務管理者も│業務の│ ・その他5名の委員│を指揮 │ 係者の代表が可能。│
│ 任命可能   │指導 │              │      └──────────┘
│        │ │ ドイツ会計基準（DRS）│ 決定の
│        │ │ の確定と解釈 │ 準備  ┌──────────┐
│ 社団の事業を指導│ │ 単純多数で決議│ ───→│ 作業グループ  │
└──────────┘ └──────────┘      │ （恒常的もしくは適宜）│
                   │              │ 構成員は，会計領│
                   │ 2名までの構  │ 域からのすべての│
                   │ 成員の補充   │ 職業および利害関│
                   │              │ 係者の代表が可能。│
                   │      設置   └──────────┘
```

いわゆる社団の機関

出所） Bernhard Pellens, *Internationale Rechnungslegung*, 3. Auflage, 1999, S. 546.

た，会計基準設定審議会における専門的観点からの審査をおこなうとされる諮問委員会（Konsultationsrat）の具体的役割もまた不明である。その構成員は，ドイツ財務分析・投資コンサルタント協会（DVFA），経済監査士協会（IdW），シュマーレンバッハ協会，経営経済学教授団体，等の職業代表者や利害代表者が予定されているが，その構成員がどのような基準によって選任され

るのかも留保されたままである。

　理事会（Vorstand）は毎年，開催される会員総会と管理委員会（Verwaltungsrat）とともに，本来の意味での社団機関を形成する。DRSC の業務執行は，社団の理事会が任命し監督する事務総長（Generalsekretar）の手中にある。管理委員会は DRSC の活動に対する諸規則を確定する。管理委員会は特に基準設定審議会の構成員の選抜と任命に責任を負う。しかし，管理委員会は，その活動を独立して行わなければならない基準設定審議会とその構成員に対して指図をおこなうことはできないとされている。[8]

　ところで，こうした FASB と IASC に模した機構はたしかに，DRSC が国際的な承認を得るうえで重要とされている。ただし，数十年の経験から基準設定の領域で世界の権威として存在するアメリカの FASB と比較して DRSC は明らかな相違を有するという。現在の FASB の構成員は専門職的活動に従事しているに対して，ドイツの会計基準設定審議会の構成員の活動は広範に名誉職的なものとなっている。この専門職的活動と名誉職的活動とを混同させる危険性は，企業取締役，経済監査士，フィナンシャル・アナリストが広く積極的な活動をおこなわければ解消されうるが，そのことについて国際的信頼が得られるか否かは不確定であるという。また，DRSC が少なくとも，その活動を開始する時点ですでに多くの未解決の問題と直面している点も FASB との重要な相違であるという。そうした未解決の問題として，とくに，DRS の拘束性，立法者の役割，DRS の明確でないフレームワーク（方向性）が挙げられる。将来，こうした問題に対する解答がどのように示されるのかは，DRSCが FASB と対等な独立した専門集団として存在し，国内的な，そしてとくに国際的な承認を見いだすことができるかどうか，その当初の活動いかんにかかっているとされるのである。[9]

2　会計フレームワーク策定のシナリオ

　さて，B. Pellens はこうした DRSC の今後の活動に期待し，その活動基盤

として，ドイツの立法者が会計の新しい方向づけをなしうるフレームワークを構築する必要性を説いている。[10] しかし，その場合，商法典第342条が規定するように，DRSCが連結決算書のみをもって国際基準に適合させるという任務を前提とすれば，連結決算書と個別決算書との分離が重要かどうかを明確にしなければならないという。連結決算書が資本市場の利害を完全に指向して，個別決算書がその目標設定を未変更のままとした場合，個別決算書についての計上と評価の法規範が連結決算書の基準となるとしているEU指令にも合致した商法典第298条が棚上げされることになる。商法典第342条が規定するように，DRSCはもっぱら，連結決算書と連結状況報告書における計上と評価，連結基準ならびに追加的公開義務にシフトするだろう。そのとき，商法上の個別決算書と税務貸借対照表の会計法規範の今後の発展は，立法者の競合領域にのみとどまることになる。しかし他方において，多くの小規模の上場企業が法律的にも経済的にも独立した個別企業として存在しているという事実は，そうした差別化を疑いあるものにさせている。小規模の上場個別企業は，伝統的な商事貸借対照表とともに資本市場指向的な連結会計基準に基づく決算書を開示することを求めるかもしれない。B. Pellensは，ドイツの会計の三つの軌道（税務決算書，伝統的年度決算書，資本市場指向的年度決算書）を回避するためには，今後，ドイツの会計がどう進むべきなのか，その基本的方向が検討されなければならないとするのである。[11]

B. Pellensは，その方向づけのためのフレームワークを策定する場合，つぎのような四つのシナリオを描いている（図表7-2を参照）。

(ⅰ) 会計が今後，情報提供機能と所得算定機能により特徴づけられるような，すべての企業に対する法的に定められたフレームワーク

(ⅱ) 会計が今後，情報提供機能と所得算定機能によって特徴づけられるような，上場企業に対する法的に定められたフレームワーク

(ⅲ) 資本市場指向的な会計という意味で情報提供機能を中心に置いた，すべての企業に対する法的に定められたフレームワーク

(ⅳ) 資本市場思考的な会計というの意味で情報提供機能を中心に置く，上

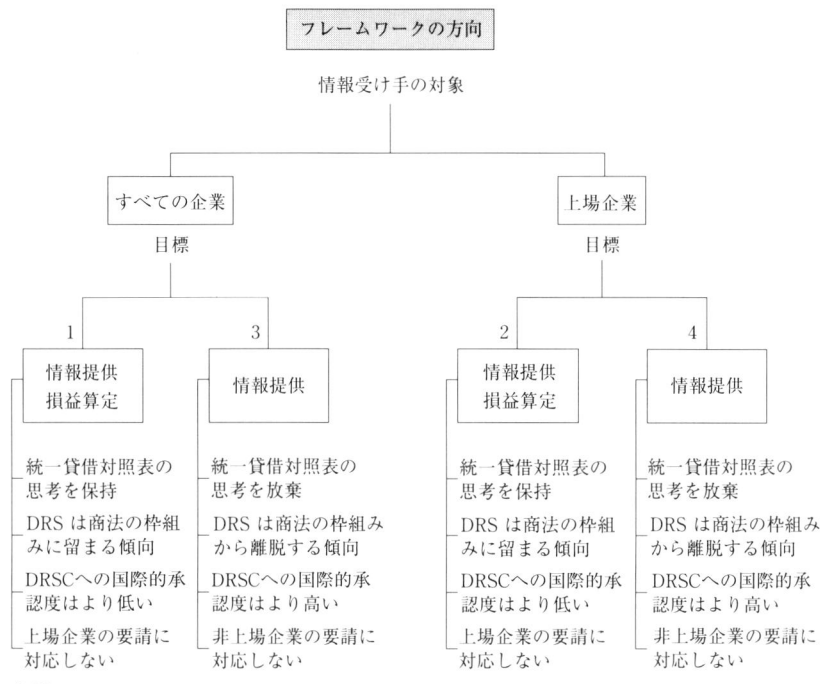

第7章 2005年会計改革へ向けてのシナリオ　165

図表7-2　ドイツ会計のフレームワークの選択肢

```
                    フレームワークの方向
                            │
                       情報受け手の対象
                    ┌───────┴───────┐
                すべての企業          上場企業
                    目標              目標
                ┌───┴───┐         ┌───┴───┐
                1       3         2       4
            情報提供  情報提供   情報提供  情報提供
            損益算定            損益算定
```

1	3	2	4
統一貸借対照表の思考を保持	統一貸借対照表の思考を放棄	統一貸借対照表の思考を保持	統一貸借対照表の思考を放棄
DRSは商法の枠組みに留まる傾向	DRSは商法の枠組みから離脱する傾向	DRSは商法の枠組みに留まる傾向	DRSは商法の枠組みから離脱する傾向
DRSCへの国際的承認度はより低い	DRSCへの国際的承認度はより高い	DRSCへの国際的承認度はより低い	DRSCへの国際的承認度はより高い
上場企業の要請に対応しない	非上場企業の要請に対応しない	上場企業の要請に対応しない	非上場企業の要請に対応しない

出所）　Bernhard Pellens, *Internationale Rechnungslegung*, a. a. O., S. 557.

場企業に対する法的に定められたフレームワーク

　まず，第一のケースは，現在の状態とほとんど変わるところはない。DRSは既存の商法典の法規範とGoBを指向することになろう。ここでは，とくに上場企業の会計はDRSCによって，情報提供機能と利益算定機能のあいだの境界領域に永久におかれる。貸借対照表選択権を削減するような簡単な修正は可能であるが，しかし，その多元的目標設定のためにこのフレームワークは規範的に正当化しうるものでない。統一貸借対照表の思考は保持され，配当についても今後，商法上の会計データを指向することができる。しかし，この種のフレームワークは，ドイツ商法の国際的開放を限定的に進めるにとどまっている。利益処分目的のための利益算定は詳細情報を公開することが強制されない

ので，情報提供機能と所得算定機能とのあいだに生ずる多様なコンフリクトは，貸借対照表計上と貸借対照表評価が情報提供機能を指向し，調整計算の枠組みのなかで附属説明書において金額が注記されることをもって解消されることになる。それに代替する方法としては，会計のこの二面性は，ドイツ的意味での実現された正味利益を配当基礎として用いるという新解釈にたった包括利益構想（Comprehensive-Income-Konzept）によって解消されることになろう。その場合に生ずる並立的な会計の形式は，一方では DRSC によって，他方で商法と税法の立法者によって進展することになろう。こうした処理方法が資本市場指向的な会計の現在と将来における要請を満足させ得るのかどうかは留保されたままである。おそらく，上場企業は2004年末における規制緩和の期限満了後は，国内外の資本市場参加者の情報要求に応ずるため，再び，まったく分離した並行的会計報告をおこなわなければならなくなろう。[12]

第二のケースの場合，上場企業についての事態は実質的に変わることはない。このケースにおいて立法者が DRSC の活動を上場企業にのみ限定させる場合，矛盾ない資本市場指向的会計を生み出せないという問題を生ぜしめることになる。非上場の企業は何の変化もなく，多様な商法上の貸借対照表選択権を今後も行使していくだろう。多元的目標設定のために，このケースでも第一のケースと同様，DRSC による選択権の制限は規範的にほとんど正当化しうるものでない。[13]

第三のケースにおいて，すべての企業の会計に対して情報提供機能が重視されるとすれば，このことは多数の非上場企業とりわけ中規模企業の利害と一致するものでない。そうした中規模企業の会計は従来，広範囲に税考慮によって特徴づけられており，さらに利益処分決定の基礎としても利用されてきた。なにゆえ，非上場の企業が将来においてより厳格となる国内外の資本市場参加者の情報要求に強制的に従わなければならないのかが明確でない。この種の企業に対しては，むしろ，規制緩和の枠内で既存の開示義務の厳しい規制から開放されえないのか否かが考えられなければならないだろう。[14]

かくして，結果として示されるのが第四のケースである。

第四のケースの場合，第三のケースと同様，会社法に対して広範囲の影響を及ぼすが，それは一定の企業集団に限定される。情報提供機能を指向して，究極的に資本市場法に傾斜したフレームワークは，上場企業に対して，商事貸借対照表ないし「資本市場貸借対照表（Kapitalmarktbilanz）」の税務貸借対照表に対する基準性という課題を導く。それ以外の会計報告データから導出される法帰結，例えば，株式法第254条における利益処分規制，株式法第150条における準備金の基金化，株式法第254条の利益処分決議取消請求，等は必要に応じて検討され，新たに規制し直される。また，商法上の会計と関連する従来の法帰結は，今後，最終修正された税務貸借対照表と結びつくことになる。つまり，一方では将来の国際資本市場の要請を充足し，他方で所得算定機能の要請をも考慮するという，分離した二元的な会計システムが確立されることになる。収益税ないし利益配当が導出される利益算定計算はその詳細内容が強制的に開示されないために，企業公開は資本市場指向的会計データに限定される。資本市場指向的損益データと配当可能利益とあいだの調整計算は附属説明書で考慮され得る。これに対して，非上場企業は多くの場合，その収益税目的と商法目的のための統一貸借対照表を作成することができる。並行的に実施された会計に基づいて，強力に情報志向的な年度決算書データが公開される可能性は，そうした非上場企業の場合にはその裁量に委ねられている。しかし，存在する法改革の枠内で，債権者と労働者の効率的な保証が市場の力によっても実現できないのか否か，非上場企業に対して既存の公開義務を若干なりとも免除させ得るのか否かということが熟考されなければならない。[15]

さて，以上紹介したB. Pellensの主張は，もとより会計の規制緩和に向けたいわば積極論者のシナリオにすぎない。したがって，ドイツの立法者が今後，第四のフレームワークの道を選択するとは限らないだろう。しかし，ドイツ会計の将来像についてB. Pellensの描いたシナリオは，今日のドイツが抱える問題点を簡潔に表しており，ドイツの将来を展望するうえで一定の説得力をもつ見解といえよう。

3 ドイツ会計基準委員会の課題

ところで，B. Pellensは，ドイツ会計の将来の方向づけが決定されるとすれば，それに基づいてフレームワークは会計報告の数量的要件，構成要素，最小分類の程度，価値計上額の範囲，資本維持構想をも確定しなければならないという。資本調達容易化法と企業領域統制・透明化法はその点での第一歩をしるしたものと評価できるし，ドイツの立法者はDRSCと協力して，その明確な方向性を指示しなければならない。また，そうした方向性を示す期限として，商法典第292a条におけるドイツ商法準拠からの免責条項の期限，すなわち2004年12月31日が存在するのだとしている。[16]

しかし，B. Pellensは，目下のところ，DRSCの活動に対するフレームワークがなく，DRSを作成するにあたって規範的な判断基礎をどのように見いだすのかという問題があり，そのためDRSCは短期的に困難な競争状態にあるという。すなわち，DRSCは，会計システムの魅力と相関した利用の増大に基づいて，世界的規模でまたドイツにおいても普及している会計システム（IASとUS-GAAP）を無視することはできず，資本市場指向的な会計に対する要請が高まる限り，IASもしくはUS-GAAPを自身の勧告のなかに転換するほかに選択の道はほとんどない。ここでDRSCがIASやUS-GAAPを模倣するだけなら，DRSCはそれらの翻訳者もしくは基準解釈者としてみなされる短期的危険が生ずるのだという。また，仮に，DRSCが資本市場指向的会計にとっての最良の実務という尺度に基づいて，利用可能なIASとUS-GAAPからの選択をおこなうならば，市場が一層，規制緩和されたときDRSの実践的意義はほとんどなくなるだろう。これまで戦略的もしくは資本市場法的理由からIASもしくはUS-GAAPを選択したすべての企業は，立法者が商法典第292a条を通じてそのことを許容する限り，自身の国際的連結決算書をDRSではなく，IASもしくはUS-GAAPを適用して作成するからである。さらに，DRSCがその基準のなかに貸借対照表選択権を通じてIASおよびUS-GAAPとの一致を実現しようとするときには，すべての（上場）ドイツ企業は

二元的な HGB-IAS 決算書ないし HGB-US-GAAP 決算書を作成することが可能となろう。この場合，短期間のうちに，DRSC に対する国内外の承認を得ることが可能であるかどうかは疑わしい。というのは，ドイツの商法会計は国際比較の上でその選択権の多様さのためにしばしば批判の的にされているからであるという。[17]

したがって，DRSC の現在の出発状況はパラドックスにある。DRSC は，それ自身問題提起をおこなうことなく，IAS と US-GAAP を強く指向しなければならず，IASC もしくは FASB に対する競争者として現れることはほとんどない。この二つの基準設定機関は会計システムに関する国際的な指導者として数十年間の経験を有してきており，資本市場指向的会計の点でも DRSC との比較において競争優位にある。しかし，DRSC のこうした困難な出発状況は，ドイツの立法者が会計システムの競争を遮断する規制を通じて改善され得るだろう。DRSC のおこなう勧告が，現在の方向づけとは異なり，企業に強制的に規定されれば，そのことによって，DRS は競争回避的な市場参入遮断機を通じて支えられるだろうとしている。[18]

他方，B. Pellens は，DRSC の活動余地が欧州法の限界によってもまた制約されることを指摘している。欧州法の会計規制緩和は EU 指令の緩和によって期待することができない。そこで，なぜ，直接に「欧州―基準設定機関（ein europaische Standard Setter）」が確立されないのかという疑問が生ずる。この欧州―基準設定機関が設立されれば，欧州の規制担当者の申し合わせによって相応の変更をおこなうか，ないし欧州の会計規制を直接，開発することができるはずである。この場合，DRSC は独立した会計設計者としてドイツに特有の事態をもっぱら議論し，それ以外に，欧州―基準設定機関においてドイツの利害を代表することになる。ここに，まさに，DRSC の長期的存在意義が考えられるのだという。しかし，このことが欧州の強制力によって，あるいは DRS が国際的な競争能力を持たなくなるという理由で問題だとするならば，DRSC は各種の会計システムの競合のなかで，少なくとも，欧州会計の設計者としてあるいは IASC を介して会計発展に影響を及ぼし，ドイツの利害を

結集して代表することも可能である。アメリカのFASBとは異なり，そうした国際的委員会（IASCのような）はまさに，国家的加盟組織に国際的に調和化した会計を形成する場合の協力を可能にする。DRSCは，決定委員会に国家の代表を送り込み，そこで専門的協力をおこない，コメントレターを書くことができる。このように，すべての国際的委員会におけるドイツの利害の競争的代表者としてDRSCを考えることは，現行法と関連を有している。商法典第342条1項のもとで導入された三つの任務のなかでの重点の移動が生ずることになる。商法典第342条第1項1号に導入された，連結会計の諸原則に関する勧告を開発するという任務の代わりに，商法典第342条第1項3号のもとでの国際的会計委員会においてドイツを代表するという任務が前面に押し出てくるのだとしている。[19]

こうしたPellensの指摘は，本書の序章で取り上げた欧州委員会が1995年11月に発表した「会計領域の調和化；国際的調和化への新戦略」[20]の公式意見書における戦略構想におおかた沿ったものとみることができる。欧州委員会は，その公式意見書においてEUが，IASCとの協調路線をとることによって，IASCを中心とする会計の国際的調和化のプロセスにおけるEUの影響力を高め，EU指令とIASとを両立させる戦略構想を指示している。ただし，この構想のなかで，EU自身も計画した「欧州－基準設定機関」の設定は見送られている。[21] しかも，それぞれの国の伝統と個別的経済状況に応じているEU各国の会計基準の設定機関は，EUにおけるその活動を必ずしも一枚岩にしていない。そこに，B. Pellensがいう会計国際化に向けてのドイツとパラドックス状況におかれたDRSCの対応の困難さがあるものと思われる。

4 ドイツ会計の最近の改革動向

さて，DRSCはその創設後，活動を活発にし，これまで以下のようなDRS（およびDRS草案）を公表している（2001年5月時点）。

DRS第1号「商法典第292a条に基づく免責連結決算書（一般部分および特殊

部分）」（2000年7月22日施行）

DRS 第2号「資本流動計算書」（2000年5月31日施行）

DRS 第2-10号「金融機関における資本流動計算書」（2000年5月31日施行）

DRS 第2-20号「保険企業における資本流動計算書」（2000年5月31日施行）

DRS 第3号「セグメント報告」（2000年5月31日付）

DRS 第3-10号「金融機関におけるセグメント報告」（2000年5月31日施行）

DRS 第3-20号「保険企業におけるセグメント報告」（2000年5月31日施行）

DRS 第4号「コンツェルン決算書における企業評価」（2000年12月30日施行）

DRS 第5号「リスク報告」（2001年5月29日施行）

DRS 第5-10号「金融機関，金融サービス給付機関におけるリスク報告」（2000年12月30日施行）

DRS 第5-20号「保険企業のリスク報告」（2001年5月29日施行）

DRS 第6号「中間報告書」（2001年2月13日施行）

DRS 第7号「コンツェルン自己資本とコンツェルン全体損益」（2001年4月26日施行）

DRS 第8号「連結決算書における関連企業の社債の評価」（2001年5月29日施行）

DRS 第9号草案「連結決算書における共同企業の社債の評価」（2001年2月13日付）

　こうしたDRSCの活動は資本調達容易化法，企業領域統制・透明化法に基づく商法改正に際してすでに折込済みであったといえよう。1998年の会計改革の時点において，免責連結決算書，資本流動計算書（キャッシュ・フロー計算書），セグメント情報，リスク情報の新規定が商法に導入されたが，それらの新規定の価値充填と具体化の方法も含めた免責連結決算書の作成と開示に関する内容は，DRSCの勧告・開発する会計基準に委ねられていた。DRSCはそうした課題に対応すべく，IASを前提としたドイツ会計基準（DRS）の開発を急ピッチで進めてきている。[22]

　他方，ドイツにおいては，こうしたDRSCの活動と並行して1998年以降に

おいても，法改革が実施されている。

　1999年12月16日，連邦議会は第三読会において「資本会社および無限責任社員・指令法」(KaPCoRiLiG) を決議し，連邦参議院は2000年2月4日付でこれを承認した。(23) この法律の成立によって，EUの計画に沿って，有限責任の法人が無限責任社員である組織体である"&Co"のすべてに対して，従来，資本会社にのみに適用された商法典第264条以下の個別決算書ならびに連結決算書の作成義務が課せられることになる。"&Co"事例の大部分は有限責任会社および無限責任社員・合資会社によって構成される。ドイツにおけるこの形態の会社数は10万社ないしそれ以上であり，全体経済売上高のほぼ5分の1の割合を有しているといわれる。(24) したがって，この法律により影響の及ぶ範囲は小さくない。

　「資本会社および無限責任社員・指令法」のなかで，とくに注目されるのは，商法典第292a条が改正された点である。「資本会社および無限責任社員・指令法」における条項1の9を通じて，商法典第292a条第1項はつぎのように補完された。まず，第1文において，「コンツェルンの親企業である取引所上場企業」の文句は，「有価証券取引法第2条第5項の意味での組織化された市場に自身もしくはその子企業が発行する有価証券取引法第2条第1項の意味での有価証券を上場する親企業」に置き換えられた。また，第1文のあとにつぎの第2文が新たに挿入された。「第1文は組織化された市場での取引について認可が申請されるときにも適用される。」(25) この法改正によって，資本調達容易化法で導入された国際的に認められた会計原則の連結会計への容認は，いまや，有価証券取引法の広義の意味での組織化された市場において上場される企業にまで拡大した。商法典第292a条の掲げる免責条項は，株式会社（株式合資会社を含む）だけでなく，有限責任会社もしくは"&Co"事例に対しても開かれることになったのである。(26) また，それだけでなく，上場企業に加えて組織化された市場において有価証券取引の認可される企業にも関連づけられることになった。こうした「資本会社および無限責任社員・指令法」の法対応は資本調達容易化法が1998年に想定した「上場された」資本会社の枠組みを拡大す

るものであり，先に示したDRSCの活動とともに，IAS（あるいはUS-GAAP）の適用をより拡大する資本市場指向型改革の進展を意味するものといえよう。

さらに，1999年3月24日には「租税軽減法（Steuerentlastungsgesetz, StEntlG）」が成立した。「租税軽減法」は，所得税率，法人税率の引き下げと利益算定の客観化を通じて，企業課税改革を実行するという目的で，予定された租税免除に対する補塡措置として，部分価値償却，価値回復，引当金および債務に関する計上と評価等の領域において，税務上の利益算定に関わる多くの規定を変更した。また，この法改正を通じて，1997年10月29日付企業課税改革継続法が所得税法第4a条に導入した，偶発損失引当金の税務貸借対照表における計上禁止も同様に適用されることになった。

この租税軽減法と企業課税改革継続法において，立法者は意識的に，新規制のいくつかを基準性原則から分離させ，商法上の計上額と税法上の計上額を将来において，切り離そうとした。この展開は，従来のドイツで採用されてきた統一的利益算定のシステムを疑わせるに足るものだと指摘されている。すなわち，商法典第249条第1項によれば，未決取引から生ずる偶発損失引当金には貸方計上義務がある。しかし，租税改革を通じて，立法者は所得税法第4a条において偶発損失引当金を計上禁止としたことで，商法上の計上義務項目は税務貸借対照表から除去されることになった。また，商法上は，流動資産については，商法典第253条第3項に基づく厳格な低価主義の適用によって，継続的価値減少が認められる場合により低い附すべき価値での評価義務が存在する。金融固定資産については，商法典第279条第1項によりこの状況では価値切り下げ選択権がある。この点，従来，税法上も，価値減少が継続する場合の部分価値償却が許容され，あるいはその根拠が消滅した場合の価値留保選択権が認められてきた。しかし今後は，所得税法第6条第1項1号（および2号）に基づき，税務貸借対照表における部分償却は固定資産においても流動資産においても予想される継続的価値減少が証明されうる場合に限り，許容（および留保）されることになり，したがって，ここでもまた商事貸借対照表と税務貸借対照

表のあいだで明確な相違が生じることになった。さらに，所得税法第6第1項3号および3a号の新規制によっても，基準性原則との離反が生じている。商法典第253条1項2文によれば，商事貸借対照表において債務はその返済額で計上され，利子依存的に評価されてはならない。また，引当金の割引計算は引当金を基礎づける債務が利子部分を含む場合にのみ許容されるにすぎない。これに対して，税法上は，将来，債務と引当金は原則として5.5%の利子率での割引計算がおこなわれることになったのである。[27]

このように1998年以降のドイツでは，「資本会社および無限責任社員・指令法」の成立により資本市場指向型の商法改正が拡大的に進行するとともに，他方においては，「租税軽減法」の成立によって，商事貸借対照表と税務貸借対照表における分離した展開が鮮明になり，そのことから商事貸借対照表（あるいは商法上の正規の簿記の諸原則）の税務貸借対照表に対する基準性原則の将来が疑問視されている。この動向からすれば，先に考察したB. Pellensの第四のシナリオ，つまり企業会計と税務会計の分離・並立した会計システムへの移行のシナリオも現実味を帯びてくる。しかし，「資本会社および無限責任社員・指令法」や「租税軽減法」の会計改革によって，今後，一層複雑な問題が提起されることも指摘されている。そうした問題として，経済的に独立した非上場の中小企業に対して，商事貸借対照表と税務貸借対照表との分離は多大な追加的費用を発生させること，連結決算書に組み入れられる企業の個別決算書の情報機能もまた問題となること，コンツェルン親企業および100%子企業の個別決算書の配当測定機能が純粋に経済的観点から問題となること，等があげられている。[28]

したがって，1998年以降のドイツ会計の新しい改革動向は，資本市場を指向した情報提供目的にシフトしていくかのようにもみえる。しかし，そこでもまた，従来から存在する配当測定・利益測定機能という中心的な会計機能との整合性をどう保持するかがドイツでは大きな課題として残っている。その意味で，DRSCの創設など国際的対応に向けてのドイツの会計改革はわが国と比較して着実に進行しているかのようにみえるけれども，2004年末を目指したド

イツの改革の道筋は，現時点において，すでに定まっているともいえないのである。(29)

（1） Ulrich Seibert, Das Gesetz zur Kontrolle und Tranzparenz im Unternehmensbereich (KonTraG)―Die aktienrechtlichern Regelungen im Überblick―, in : Dietrich Dörner, Dieter Menold, Norbert Pfitzer (hrsg.), *Reform des Aktienrechts, der Rechnungslegung und Prüfung, KonTraG―KapAEG―EuroEG―StückAG*, 1999, S. 3. ドイツにおける1998年の会計改革の内容に関しては，本書第5章を参照。なお，第5章のベースとなった論考として，拙稿「ドイツにおける1998年の商法会計法改革」『法政研究』（静岡大学）第5巻3・4号，2001年も参照。
（2） Vgl. Hans-Joachim Böcking, Auswirkungen der neuen Rechnungslegungs-und Prüfungsvorschriften auf die Erwartungslücke, in : Dietrich Dörner, Dieter Menold, Norbert Pfitzer (hrsg.), *Reform des Aktienrechts, der Rechnungslegung und Prüfung, KonTraG―KapAEG―EuroEG― StückAG*, 1999, S. 726.
（3） Vgl. Bernhard Pellens, *Internationale Rechnungslegung*, 3. Aufl., 1999, S. 522.
（4）（5） *Ebenda*, S. 558-559.
（6） Vgl., Deutscher Bundestag, *BT-Drucksache 13/10038 vom 04. 03. 1998*, Beschlussempfehlung und Bericht des Rechtausschusses (6. Ausschuss) zu dem Gesetzentwurf der Bundesregierung-Drucksach 13/9712-Entwurf eines Gesetzes zur Kontrolle und Transparenz im Unternehmungsbereich (KonTraG), 1998. なお，ドイツ会計基準委員会（DRSC）の設置にあたって，連邦法務省と締結した「基準設定協約（Standardisierungsvertrag）」の内容については，つぎを参照。木下勝一稿「『ドイツ会計基準委員会』の設立の現代的意義」『會計』第157巻2号，2000年。
（7） 現在，この作業グループは，銀行，貸借対照表計上および評価方法，EU諮問委員会，金融商品，無形財産，資本流動計算書，連結会計，潜在的租税，リース，収益認識，リスク報告，セグメント報告，ストック・オプションの諸課題について組織されている。この点については，ドイツ会計基準委員会（DRSC）のホームページ（http://www. drsc. de）を参照。
（8） Bernhard Pellens, *Internationale Rechnungslegung*, a. a. O., S. 545-547.
（9） *Ebenda*, S. 547.
（10） *Ebenda*, S. 553. この場合，B. Pellensは，ドイツの立法者が商法典第342条で選択した私的会計委員会の設置という協調的解決は，連結会計を新たに形成して資本市場の効率性の増加に役立たせるだけでなく，経済生活のその他の領域にも影響し，一般の福祉に資するというドイツの思考方法に沿うものであり，その準備はプライベート・セクターに委ねるのでなく，伝統的に国家の任務であるから，ドイツの立法者はDRSCの活動の基盤としてフレームワークを確定して重要な枠条件ないし最低条件

を法典化しなければならないのだという。また，そうした枠組みのなかで直接的な戸惑いを削減したDRSC自身はドイツ会計基準（DRS）を開発し得るし，また，フレームワークから導出されるDRSも具体的な会計問題に関連する基準になるとしている。

(11)(12) *Ebenda*, S. 556.
(13) *Ebenda*, S. 556-557.
(14) *Ebenda*, S. 557-558.
(15)(16) *Ebenda*, S. 558.
(17)(18) *Ebenda*, S. 558-559.
(19) *Ebenda*, S. 559-560.
(20) EU-Kommission, Mitteilung der Kommission, Harmonisierung auf dem Gebiet der Rechnungslegung : Eine neue Strategie im Hinblick auf die internationale Harmonisierung, *KOM95*（*508*）, 1995.
(21) *Ebenda*, S. 6-7 (par., 4. 1-4. 6). 欧州委員会は，公式意見書の戦略構想において，資本市場を指向した国際的調和化への欧州の対応策として，EU指令の適用領域から上場企業を除外すること，決算書の相互承認についてアメリカと合意すること，従来，取り扱われなかった多様な会計テーマに関して会計指令の現代化を図ること，欧州の会計基準設定機関（europäische Normungseinrichtung für die Rechnungslegung）を創設することの四つを掲げたが，第四の欧州の会計基準設定機関の創設については，法的手続きを要する機関の創設と包括的な欧州会計基準の設定には多くの期間を必要とし，また，多くの加盟国が追加的な会計原則の作成に後ろ向きであることから見送られた。なお，この意見書に関して紹介・論説したものとしてつぎを参照。倉田幸路稿「会計基準の国際的調和化へのEUの対応」『立教経済学研究』第51巻第3号，1998年，および川口八洲男著『会計指令法の競争戦略』森山書店，2000年，第5章。
(22) 本章で示したDRSの作成状況は，2001年5月時点のものであり，DRSの策定作業は加速的に進展しているようである。最新の状況については，DRSCのホームページ（http://www.drsc.de）を参照のこと。また，DRSCの活動状況と将来課題に関して，つぎも参照。Jörg Baetge, Jürgen Krumnow, Jenifer Noelle, Das "Deutsche Rechnungslegungs Standards Committee" (DRSC), in : DB. 54Jg.., 2000./ Rudolf Niehus, Die Zukunft der Standards des DRSC, in : DB, 15/2001.
(23) Deutscher Bundestag, *BT-Drucksache 14/2353 vom 14. 12. 1999*, Gesetz zur Durchführung der Richtlinie des Rates der Europäischen Union zur Änderung der Bilanz-und Konzernbilanzrichtlinie hinsichtlich ihres Anwendungsbereichs（90/605/EGW）, zur Verbesserung der Offenlegung von Jahresabschlüssen zur Änderung anderer handelsrechtlicher Bestimmunen (Kapitalgesellschaften-und Co-Richtlinie-Gesetz—KapCoRiLiG）．この「資本会社および無限責任社員・指令法（Kap-

CoRiLiG)」を取上げた論考としてつぎを参照。稲見亨稿「資本会社&Co 指令法 (KapCoRiLiG)にみるドイツ会計制度国際適応~商法典第292a条の修正に焦点を当てて~」『西南学院大学商学論叢』第47巻第1号, 2000年。森美智代「ドイツにおける会計制度の動向と企業の動き~中小規模資本会社の会計制度を中心として~」『會計』第158巻第2号, 2000年。

なお, 本法律が成立した問題背景に関して, 法務委員会の決議勧告および報告ではつぎのように述べられている。「欧州裁判所は, 条約違反措置 (C-191/95) として, ドイツの資本会社の年度決算書の開示義務が十分履行されていないために, 1998年9月29日付でEC条約ならびにEECの指令 (68/151, 78/660) から生ずる義務規定にドイツが違反していることを確定した。もうひとつの措置として, ドイツは欧州裁判所から1999年4月22日付で, EECのいわゆる『有限責任会社および無限責任社員指令 (90/605)』を所定の時期に転換しなかったため判決を下された。その他に, 取引所上場のドイツ企業に対して, 一定の条件のもとで国際的に認められた会計原則に基づく自身の連結決算書を開示することを許容する商法典第292a条の適用領域を拡張するという要請も生じていた。」Deutscher Bundestag, *BT-Drucksache 14/2353 vom 1999. 12. 14*, Beschlussempfehlung und Bericht des Rechtausschusses (6. Ausschuss) zu dem Gesetzentwurf der Bundesregierung-Drucksach 14/1806 —Entwurf eines Gesetzentwurf zur Durchführung der Richtrinie des Rates der Europäischen Union zur Änderung der Bilanz-und der Konzernbilanzrichtrinie hinsichtlich ihres Anwendungsbereichs (90/605/EWG), zur Verbesserung der Offenlegung von Jahresabschlüssen und zur Änderung anderer handelsrechtlicher Bestimmungen (Kapitalgesellschaften-und Co-Richtlinie-Gesetz—KapCoRiLiG), S. 1.

(24) Wilheim Strobel, Die Neuerungen der KapCoRiLiG für den Einzel-und Konzern-abschluss, in : *DB*, 2/2000, S. 53.

(25) Vgl. Deutsche Bundestag, *BT-Drucksache 14/2353 vom 14. 12. 1999*, a. a. O., S. 11 (Zusammenstellung).

(26) Wilheim Strobel, Die Neuerungen der KapCoRiLiG für den Einzel- und Konzern-abschluss, *a. a. O.*, S. 59.

(27) Vgl., Arbeitskreis Externe Unternehmungsrechnung der Schmalenbach-Gesellschaft für Betriebswirtschaft e. V., Einfluß ausgewählter steuerrechtlicher Änderungen auf die handelsrechtliche Bilanzierung, in : *DB*, 14/2000, S. 681-682.

(28) *Ebenda*, S. 684.

(29) ただし, 最近の動向として, 欧州委員会は2000年6月13日に公表した「EUの会計戦略 ; 将来措置」において, 2005年の統一資本市場の達成という目標にたって, IASを欧州共通の会計基準に想定したEU指令の現代化を図ることを表明しており, ドイツをはじめEU加盟国は共同して, 資本市場型の会計制度改革を進める方向にある。

Vgl. EU-Kommission, Mitteilung der Kommission an den Rat und das es Parlament, Rechnungslegungsstrategie der EU: Künftiges Vorgehen, *KOM（2000）359*, 2000. この点については本書の序章を参照。

終章　ドイツにおける会計国際化の方向と問題
～「EU 指令の現代化」に対するドイツの対応～

1　証券取引開示規制と商法会計法との調整

　われわれは誰もが将来を語ることはできても，将来を確固としたものとして予測することはできない。しかし，将来が過去と現在の延長線上にあることは確かで，会計制度をとりまく現在の環境は，その将来を語らせずにはいられないほど十分にダイナミックな様相を呈している。今日の会計を取り巻く環境は，グローバリゼーションという流れのなかでダイナミックに変化し，各国の会計制度も国際化した資本市場を中心に再構成されつつある。もちろん，このことはドイツにおいても例外ではない。ドイツの会計制度は，EU の資本市場統合の枠組みのなかで，国際資本市場に適合するためアングロサクソン的な投資家指向の会計制度の方向へと急速にシフトされてきている。しかし，ことがらは単純ではない。ドイツの会計制度の転換は，ドイツが長い歴史を通じて形成してきた既存の会計制度の個性とアングロサクソン的個性との「調和と対抗」という構図のなかで，独自の問題をそこに含んでいることに注意しなければならない。

　本書において検討してきたように，ドイツの会計国際化は，商法会計法と取引所法の二つの局面で取り組まれてきた。その中心が，商法と取引所法制に関わる二つの会計法改革である。ドイツにおいては，EU 会社法指令のうち，会計関連の基礎指令を一括して「会計指令法（Bilanzrichtlinien-Gesetz）」に転換させ，この会計指令法を通じ1897年商法典（HGB）以来，ほぼ一世紀を経た

商法の一大改革を1985年に実施した。また，それと並行して，資本市場に関わるEU指令をも国内法に転換させ，1896年取引所法（BörsG），1910年取引所上場認可命令（BörsZulV）の改革を1986年に実施した。その後，1985年商法と1986年取引所法はEUが資本市場統合を推し進めるなかで，会計と開示に関わるEU指令を転換させ，部分改正されて今日に至っている。しかも，こうしたドイツの会計改革は，ECがEUへと移行した1990年代においても，EUが欧州の通貨統合と並行させて，国際的競争力を有し，より深化した資本市場の統合を目指すなかで進展をみせている。それは，本書の第Ⅰ部で検討したように，1986年以降の取引所法の数度の改正や1994年に成立した有価証券取引法（WpHG）あるいは1997年に新設された新規市場規則（RWNM）における証券取引開示規制の強化という局面でまず見られる。そして，その展開に呼応して，証券取引開示規制の実体的法基盤を形成する商法会計法においても資本市場を指向したより一層の改革が導かれてきている。

　ただし，本書の第Ⅱ部で考察したように，こうした近年におけるドイツの会計制度の変化は，商法会計法の局面では二重の意味で，二元的対応をみせていることに注目しなければならない。そのひとつは，連結会計と個別会計に対する会計規制の峻別にあり，もうひとつは，上場資本会社とその他の会社との会計規制の差別化である。ドイツの会計改革の特徴は，上場資本会社の連結会計に限定して，商法会計の国際化対応を展開している点である。上場資本会社に対して，連結決算書のドイツ商法への準拠を免責し，「国際的に認められた会計原則（international anerkennte Rechnungslegungsgrundsätze）」として想定するIASもしくはUS-GAAPの適用を容認することによって，国際資本市場への脱皮を図るドイツ資本市場の取引所法開示規制との結合を強めているのがドイツの近年における会計改革の特徴をなしているといってよい。したがって，取引所法の規制対象外である非上場資本会社と資本会社以外の法形態を採る会社に対しては，従来の保守主義にたった慎重性原則と債権者保護に支えられた商法会計のドイツ的個性は目下のところ保持されている。[1]

　図表終-1は，現時点におけるドイツの会計制度の在り様を会計システムの

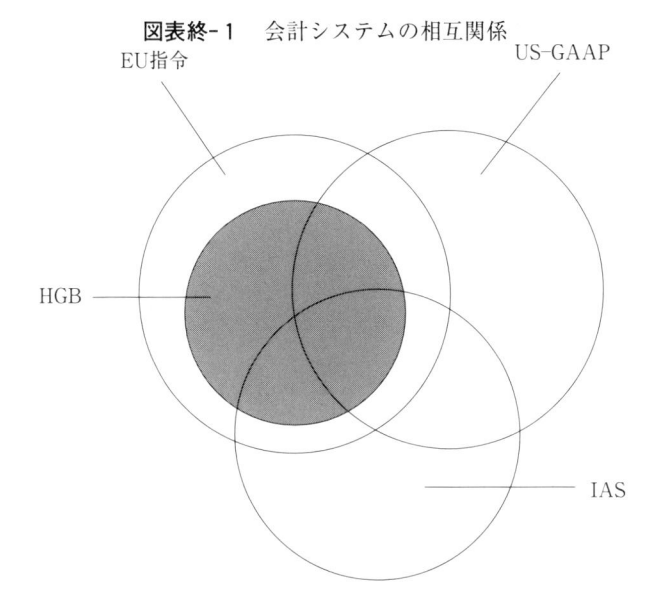

図表終-1 会計システムの相互関係

EU指令　　　US-GAAP

HGB

IAS

出所) Karlheinz Küting und Sven Hayn, Unterschiede zwischen den Rechnungsvorschriften von IASC und SEC/FASB vor dem Hintergrund einer internationalen Rechnungslegung in Deutschland, in : *DStR*, 33jg., 1995, S. 1601.

相互関係として図式化したものである。図表において網掛けで示された部分が，ドイツ会計制度の根幹部分としての商法会計制度を意味している。この部分はEU指令あるいはIAS, US-GAAPと共有する部分を有しているが，EU指令あるいはIAS, US-GAAPと一致するものではない。この20年間に及ぶドイツの会計国際化の歴史は，ドイツ商法（HGB）とEU指令との等価性，EU指令とIAS（あるいはUS-GAAP）の等価性を標榜して，異なる会計システムと間でいかにして共有部分を作り上げていくのかというプロセスであったといえる。しかし，ドイツの商法を基軸とした会計制度に変わりはないし，個別会計レベルでは依然として債権者保護にたつ配当可能利益の算定に会計目的の重点がおかれている。また，基準性原則（商法確定決算基準）を介した商法会計と税法会計との関係も基本的に崩していない。ドイツの場合，連結会計に関しては，資本市場の要求に応えいわゆるアングロサクソン型の情報開示を重

視した会計システムにシフトしてきている。しかし，会計国際化への対応は現在までのところ，税や配当の決定に影響する会計領域については除外して，ドイツの伝統的個性を保持してきているのが現時点の状態である。会計制度の伝統的個性を保持しつつ，それと同時に，資本市場の情報要請という国際化課題に対しても積極的に取り組んでいるのがドイツの現状といってよい。

2　ドイツ会計制度のパラダイム転換

さて，ドイツにおける1998年の会計改革は，「資本調達容易化法 (KapAEG)」を成立させることにより，「国際的に認められた会計原則」(IASもしくはUS-GAAP)を連結会計のみに適用可能としたことは，本書第5章で述べた通りである。しかし，そのことは少なくとも国際的な競争状態にある企業の会計全体にとってひとつの「パラダイム転換 (Pradigmawechsel)」を導くことになるとして，W. Busse von Colbe はつぎのように述べている。

「ドイツにおいて従来，慎重性原則と債権者保護に特徴づけられてきた会計の配当測定と税算定という機能が，意思決定関連性を指向する投資家保護の情報機能に押しのけられ，少なくとも強力に制限されるだろう。その際に，こうした企業の商法上の個別決算書もまた，従来のままでありえない。それとともに，近年において益々，空洞化してきいる基準性原則の現在の形態は時代遅れとなろうし，あるいは租税立法者は，税測定基礎として国際的に認められた会計原則を指向した個別決算書を部分的には組み入れるかもしれない。ともかく多数の破産という観点からの債権者保護に対して外部会計を通じて影響を与えうる限りにおいて，立法者は制度的保証から情報的保証へと移行することもあるかもしれない。その場合には，アメリカで慣行になっているのと同様に，従来以上に，債務者と債権者の契約，とくに配当制限に関する協定により補完がなされるだろう。」[2]

たしかに，ドイツの会計制度は1998年の会計改革を通じて，連結会計の国際的適応という課題に向かって大きく転回した。しかし，この転回は他方で，本

終章　ドイツにおける会計国際化の方向と問題　183

書の第6章で考察したように，上場資本会社とそれ以外の会社に対する商法会計規制に分岐化し，また，商法会計実務の二極分解を招来せしめてきている。この分岐化状態が今後，どのような展開をみせるのかに関しては，ドイツの立法者とドイツ会計基準委員会（DRSC）が構築するであろう会計制度のフレームワークに掛かっている。そして，そのフレームワークの提示される期限が商法会計法の抜本的改正が予定される2005年ということであろう。

　ところで，1998年の会計改革はさらに「企業領域統制・透明化法（KonTraG）」の成立によっても，問題を生じさせている。ドイツでは「企業領域統制・透明化法」によって「私的会計委員会」設置のための法的根拠（商法典第342条）が生み出され，それに基づいて，1998年3月に「ドイツ会計基準委員会（DRSC）」が創設された。このDRSCは，ドイツを代表しIASCを中心とする「国際的に認められた会計原則」の作成に参画する任務とともに，連結会計原則を勧告・開発し，会計規定の立法化に際しての連邦法務省へ助言するという任務を有している。この場合，問題の焦点になっているのが正規の簿記の諸原則（GoB）とDRSCが勧告・開発するドイツ会計基準（DRS）との関係である。ドイツのGoBは，商法上の一般条項として指示されることによって，配当可能利益と課税所得の算定の指導原理として働き，配当と租税という経済現象の決定に社会的合意を与えるうえで不可欠の法概念として機能する制度的な装置である。GoBは，上場・非上場にかかわりなくすべての法形態の会社に適用される。これに対して，DRSは上場資本会社の連結会計に限定的に適用される会計基準（accounting standards）である。DRSそれ自体に法的拘束力はないが，それを連邦法務省が承認し，一般に衆知化させる公示をおこなうことによって，DRSはGoBとの一致が確認され，その法規効力が付与される。しかし，こうした法的解決は問題を投げかけている。それは，連邦法務省がDRSをGoBとして認知した場合，GoBがすべての会社に適用される一般条項であるだけに，DRSが連結決算書だけでなく個別決算書における配当可能利益の算定と基準性原則に基づく税務上の課税所得の算定にどう影響するのかという問題である。[3] 目下，DRSとそれに基づく連結決算書は情報提供

課題のみに資するものと位置づけられているが,DRS＝GoBという図式が今後,ドイツの伝統的な利益算定機構にどう波及して影響するのか,国際資本市場に対応した会計変革はGoBを機軸としたドイツの会計制度の根幹に関わる問題をも提起しているといってよいだろう。そして,この問題への対応もやはり2005年の商法会計法改革が予定されている。

3　EU指令の現代化構想とドイツ会計の将来

　さて,序章でも述べたように,EUは2005年の金融・資本市場統合の実現にあわせて,「EU指令の現代化（Modernisierung der EU-Richtlinien）」を計画している。また,欧州委員会はその達成のためのアクションプランとして「EUの会計戦略：将来計画」を2000年6月に公表した。このアクションプランは,EUの資本市場とりわけ証券市場の統合に際して,EU共通の会計基準としてIASを想定し,「EU指令の現代化」を通じてIASの形成に影響を及ぼしながら,IASをEUにおける上場企業はもとより,非上場企業に対してまで適用させようとするものである。[4] ドイツは,この欧州委員会のアクションプランに基本的に合意し,その計画に沿って2005年の会計改革案についての基本問題をこの間,議論してきた。その経過のなかでDRSCの会計基準設定審議会（DSR）が表明したのが,2000年7月24日付の「EU第7号指令の改革に対する提案」[5] ならびに2000年12月7日付の「EU第4号指令の改革に対する提案」[6] である。この「EU指令の現代化」に対する二つの提案は,2000年2月24日付で欧州委員会が加盟国に示していた「EU第4号指令および第7号指令の修正指令提案」[7] に応答したものである。

　このうち,「EU第4号指令の改革に対する提案」はドイツの将来における会計制度改革の方向性を窺ううえで極めて重要な論点が含まれているといっていいだろう。以下,この提案の基本方針（Grundsätzliche Empfehlungen）において列挙された九つの論点を要約して示せばつぎのとおりである。[8]

　1．EU指令とIASとの一致を生み出そうとするEU委員会の意図に同意

する。国際的に認められた会計原則（IASもしくはUS-GAAP）に対してEU域内の会計を適合するうえで抑制であった既存の法的条件を解除し，EU指令の改革は統一した国際会計に貢献するだろう。その場合，EU第4号指令は会計に対する枠組み規定を形成し，規制の詳細設定は会計基準に委ねることをもって，国際的に認められた会計原則との一致が追求されることになる。

2．EUもしくは国内局面において会計規定を詳細化することは会計の国際的調和化の目的に合致するものでない。国際的に認められた会計原則とEU指令の間の現在あるの不一致は，既存の規定の削減もしくは弾力的規定の導入によって解消されるべきである。

3．EU第4号指令における計上と評価の規定は，基本的に資本市場指向的資本会社だけでなくそれ以外の資本会社（有限責任の人的会社を含む）に対する枠組みを示すものでなければならない。

4．資本会社の利益算定に関して，同一の計上および評価規定が適用されるべき一方で，利益処分については国内の規制が許容されるべきである。債権者保護の利害から，例えば，公正価値評価（fair value Bewertung）の際の実現可能もしくは未実現の利益に対する配当制限が規定されることになろう。

5．DSRは，個別決算書と連結決算書にIASに基づく同一の会計原則を適用するという見解にたっている。ただし，EU加盟国のいくつかが個別決算書が利益課税の基礎にある原則（基準性原則）を保持している点などの理由から，DSRは個別決算書をIASかあるいは既存のEU指令のどちらかによって作成することを加盟国が許容ないし規定しうるような選択権をさしあたり勧告する。また，DSRはEUにおいて基準性原則を廃止し，個別決算書と連結決算書に対して統一した計上および評価原則を確立するような目標を追求することも勧告する。これらの勧告は従来のEU委員会の会計戦略に沿ったものである。

6．コンツェルンと結合しないが資本市場指向的な企業の場合，5の選択権

は適用されず，連結決算書における資本市場指向的な親会社と同様にIASが適用されるべきである。

7．基準性原則は個別決算書に対して国際的な会計原則を完全な受入れることに対立する。DSRは，ドイツについて，個別決算書にIASを適用できるようにするため，商法典第三篇第二節（第242条～第256条）に倣って税務会計に対する独立した法的基礎をつくり，基準性原則に代替することを勧告する。

8．個別決算書における国際的に認められた会計原則の適用には，基準性原則が独立した税法規制によって置き換えられるまでの移行期間が必要である。

9．5で述べた一般的選択権を設定する場合，資本市場指向的でない企業および連結決算書に組み入れられない子企業に関して，そうした企業が個別決算書において従来のEU指令を適用し，税務貸借対照表と広範囲に一致した個別決算書を作成できるような加盟国選択権が準備されるべきである。

本書の第4章で考察したように，ドイツの会計制度の特徴は「商人の基本法（Grundgesetz des Kaufmann）」と呼ばれる商法を中心にして会計法体系の法的安定性と法的秩序を保持してきたところにある。しかし，1990年代の改革を通じて，商法会計法の体系は上場資本会社に対する規制緩和を通じて分岐化し，会計実務に対する法的不安定性をもたらしている。また，一世紀以上の歴史を持つ基準性原則（商法確定決算基準）にも揺らぎが生じてきているのも事実であろう。こうした状況下にあって，「EU指令の現代化」に対してDSRの示した基本方針はドイツ会計法制の「聖牛（heilige Kuh）」とすらいわれる基準性原則を廃止し，連結決算書だけでなく個別決算書にも「国際的に認められた会計原則」の適用を認めようとするものである。たしかに，ドイツは1990年代を通じて，EU資本市場統合を実現するという大きな目標の枠組みのなかで，資本市場の情報要求と統制要求に対応するための資本市場指向型の会計改革を加速的に進めてきた。ただし，EUとドイツの会計制度の将来をたやすくその延

長線上にみれるほど，ことがらは単純ではないように思われる。

　うえに示したDSRの基本方針は資本市場指向型の企業に対して会計の情報課題を先行させる道を示すと同時に，債権者保護の目的に立つドイツ商法の配当測定機能を保持するための措置（配当制限措置）を講ずることを要求する。また，資本市場指向的でない中小規模の企業群に対して，既存のEU指令とIASとの選択適用を許容する加盟国選択権を要請している。さらに，DSRの場合，基準性原則を廃して独立した税務会計原則を構築すること，また，「EU指令の現代化」とそのドイツ国内法への転換を想定して，商法会計法の抜本的改革を資本調達容易化法で予定した2005年の期限を大幅に延長して，2010年をひとつの目安と考えているようである。こうしたDSRの基本方針はそれ自体は，EUにおける資本市場統合の求める会計の情報提供課題に応える会計制度の再構築の道筋を示している一方で，そこからは税や配当の測定に対して決定的役割を果たすうえで，社会的合意の施設としての会計制度の再構成が21世紀を迎えたドイツのおおきな課題となっていることをも察知し得るように思われる。

　今日，ドイツに限らず，世界各国において，国際化と規制緩和というおおきな波のなかで，国際化した資本市場の効率性と透明性を求めて会計の情報開示機能が重視されていることは周知のことがらである。しかし，現前する会計制度を考察する場合，情報開示の側面だけでなく，税や配当に対する社会的合意の施設として会計制度の果たす役割というものに絶えず目を払いながら，会計の目的と会計の機能を改めて問い直すことが問題となろう。EUとその主要な加盟国たるドイツの会計国際化の動向は，そうした会計制度が存立する基盤の再検討が強く求められる重要な時期にわれわれが直面していることを示唆しているといえよう。

（1）　ドイツの場合，1985年の会計指令法の成立に際して，（ⅰ）会計報告の法形態および規模依存性とそれに伴う税務上の利益算定に対する商事貸借対照表の基準性原則の保持，（ⅱ）重複規定の回避，（ⅲ）中規模経済への不当な負担の回避，（ⅳ）EU第4号指

令の税務中立的履行，(ⅴ)会計報告の弾力性の維持という五つの立法選択権を提示し，これら立法選択権を行使しながらEU指令を自国の会計制度の個性と抵触しないように転換したが，1990年代の会計改革においてもこの基本方針は貫かれているといってよいだろう。

(2) Busse von Colbe Walter, Der befreienden Konzernabschluß nach international anerkannten Rechnungslegungsgrundsätzen, in : Dieter Dörner, Dieter Menold, Norbert Pfitzer (hrsg.), *Reform des Aktienrechts, der Rechnungslegung und Prüfung, KonTraG—KapAEG—EuroEG—StückAG*, 1999, S. 420.

(3) この点については，つぎを参照。Klaus Kuhn, Die Grundsätze ordnungsmäßiger Buchführung und der Maßgeblichkeitsgrundsatz unter dem Aspekt des Entwurf eines Kapitalaufnahmeerleichterungsgesetzes, in : Wolfgang Dieter Budde, Adolf Moxter, Klaus Offerhaus (hrsg.), *Handelsbilanzen und Steuerbilanzen*, 1997. また，問題は若干異なるが，商法の免責条項に基づいてDRSCの解釈勧告を通じて連結決算書にIASを適用することとGoBとの関係について論じたものとして，つぎも参照。Herbert Biener, Können die IAS als GoB in das deutsche Recht eingeführt werden?, in : Jörg Beatge (hrsg.), *Rechnungslegung, Prüfung und Beratung-Herausforderungen für den Wirtschaftsprüfer*, 1996.

(4) Vgl., EU-Kommission, Mitteilung der Kommission an den Rat und das europäisches Parlament, Rechnungslegungsstrategie der EU : Künftiges Vorgehen, *KOM (2000) 359*, 2000. こうしたEUの会計戦略について，それが「EU-GAAP」を形成し，IAS, US-GAAPとの間で会計の三極構造を生み出すおそれがあるとの批判がある。この点に関してはつぎを参照。Commission sparks fears of EU GAAP creation (Paul Rogerson), in : *Accountant*, Issue 5959, June 2000.

(5) Vgl., Deutsches Rechnungslegungs Standards Committee, Deutscher Standardisierungsrat, *Vorschläge zur Reform der 7. EG Richtlinie*, Stand 24. Juli, 2000.

(6) Vgl., Deutsches Rechnungslegungs Standards Committee, Deutscher Standardisierungsrat, *Vorschläge zur Reform der 4. EG-RL*, Stand 7. Dezember, 2000.

(7) Vgl., EU-Kommission, Vorschläge der europäischen Parlament und Rates zur Änderung der Richtlinie 78/660/EWG und 83/349EWG im Hinblick auf die im Jahresabschluß bzw. im konsolidierten Abschluß von Gesellschaften bestimmter Rechtsformen zulässigen Wertansätze, *KOM (2000) 80*, 2000.

(8) Deutsches Rechnungslegungs Standards Committee, Deutscher Standardisierungsrat, *Vorschläge zur Reform der 4. EG-RL*, a. a. O., S. 2-4 (Grundsätzliche Empfehlungen).

略 語 一 覧

AAF	Accounting Advisory Forum	会計諮問フォーラム
AG	Aktiengesellschaft	株式会社
AktG	Akitiengesetz	株式法
AO	Abgabenordnung	租税通則法
APB	Accounting Principles Board	会計原則審議会
BB	Betriebs-Berater	(雑誌名)
BFuP	Betriebswirtschaftliche Forschung und Praxis	(雑誌名)
BMF	Bundesministerium der Finanzen	連邦財務省
BMJ	Bundesministerium der Justiz	連邦法務省
BörsG	Börsengesetz	取引所法
BörsO	Börsenordnung	取引所規則
BörsZulV	Börsenzulassungsverordnung	取引所上場認可命令
CAP	Committee on Accounting Procedure	会計手続委員会
DAI	Deutsches Aktieninstitut e.V.	ドイツ株式協会
DB	Der Betrieb	(雑誌名)
DBAG	Deutsche Börse Aktiengesellschaft	ドイツ取引所株式会社
DBW	Die Betriebswirtschaft	(雑誌名)
DRS	Deutsche Rechnungslegungsstandards	ドイツ会計基準
DRSC	Deutsches Rechnungslegungs Standards Committee e.V.	ドイツ会計基準委員会
DSR	Deutscher Standardisierungsrat	ドイツ会計基準設定審議会
DStR	Deutsches Steuerrecht	(雑誌名)
DVFA	Deutsche Vereinigung für Finanzanalyse und Anlageberatung e.V.	ドイツ財務分析・投資コンサルタント協会
EC	Europian Communities	欧州共同体
EStG	Einkommensteuergesetz	所得税法
EStDV	Einkommensteuer-Durchführungsverordnung	所得税法施行命令
EStR	Einkommensteuer-Richtlinien	所得税準則
EU	Europäische Union	欧州連合
EuroEG	Euro-Einführungsgesetz	ユーロ導入法
FASB	Financial Accounting Standards Board	財務会計基準審議会
FWB	Frankfurter Wertpapierbörse	フランクフルト有価証券取引所

GAAP	Generally Accepted Accounting Principles	一般に認められた会計原則
GASC	German Accounting Standards Committee	ドイツ会計基準委員会
GmbH	Gesellschaft mit beschränkter Hafutung	有限責任会社
GmbH& Co.KG	Gesellschaft mit beschränkter Hafutung & Co. Kommanditgesellschaft	有限責任および無限責任社員・合資会社
GmbHG	Gesetz betreffend die Gesellschaften mit beschrankter Hafutung	有限責任会社法
GenG	Genossenschaftsgesetz	協同組合法
GoB	Grundsätze ordnungsmäßiger Buchführung	正規の簿記の諸原則
GoK	Grundsätze ordnungsmäßiger Konzernrechnungslegung	正規の連結会計の諸原則
HRefG	Handelsrechtsreformgesetz	商法改革法
HGB	Handelsgesetzbuch	商法典
IAS	International Accounting Standard	国際会計基準
IASC	International Accounting Standards Committee	国際会計基準委員会
IBIS	Integriertes Börsenhandels- und Informationssystem	取引所オンライン統合取引・情報システム
IdW	Institut der Wirtschaftsprüfer in Deutschland e.V.	経済監査士協会
IOSCO	International Organisation of Securities Commissions	証券監督者国際機構
KapAEG	Kapitalaufnahmeerleichterungsgesetz	資本調達容易化法
KapCoRiliG	Kapitalgesellschaften- und Co-Richtlinie-Gesetz	資本会社および無限責任社員・指令法
KG	Kommanditgesellschaft	合資会社
KGaA	Kommanditgesellschaft auf Aktien	株式合資会社
KonBefrV	Entwurf einer Verordnung über befreiende Konzernabschlüsse	連結決算書免責法規命令
KonTraG	Gesetz zur Kontrolle und Transparenz im Unternehmensbereich	企業領域統制・透明化法
KWG	Kreditwesengesetz	信用制度法
NASDAQ	National Association of Securities	ナスダック

	Dealer Automated Quotation System	
OHG	Offene Handelsgesellschaft	合名会社
PublG	Publizitätsgesetz	開示法
RechKredV	Verordnung über die Rechnungslegung der Kreditinstitute	信用機関の会計に関する法規命令
RechVersV	Verordnung über die Rechnungslegung von Versicherungsunternehmen	保険会社の会計に関する法規命令
RWNM	Regelwerk Neuer Markt	新規市場規則
SEC	Securities and Exchange Commission	証券取引委員会
StEntlG	Steuerentlastungsgesetz	租税軽減法
StuW	Steuer und Wirtschaft	(雑誌名)
TRG	Transportrechtsreformgesetz	輸送法改革法
US(A)	United State (of America)	アメリカ合衆国
VAG	Versicherungsaufsichtsgesetz	保険監督法
WpDIR	Wertpapierdienstleistungsrichtlinie	有価証券サービス指令
WPg	Die Wirtschaftsprüfung	(雑誌名)
WpHG	Wertpapierhandelsgesetz	有価証券取引法
ZfB	Zeitschrift für Betriebswirtschaft	(雑誌名)
ZfbF	Zeitschrift für betriebswirtschaftliche Forschung	(雑誌名)

参　考　文　献

【ドイツ議会の立法資料】

Bundesministerium der Justiz, *BMJ-3507/17 vom 27.11.1996*, Entwurf eines Gesetzes zur Verbesserung der Wettbewerbsfähigkeit deutscher Konzerne an internationalen Kapitalmärkten und zur Erleichterung der Aufnahme von Gesellschafterdarlehen (Kapitalaufnahmeerleichterungsgesetz—KapAEG)

Deutscher Bundesrat, Gesetzentwurf der Bundesregierung, *Drucksache 967/96 vom 20.12.1996*, Entwurf eines Gesetzes zur Verbesserung der Wettbewerbsfähigkeit deutscher Konzerne an internationalen Kapitalmärkten und zur Erleichterung der Aufnahme von Gesellschafterdarlehen (Kapitalaufnahmeerleichterungsgesetz—KapAEG).

Deutscher Bundesrat, Gesetzesbeschluß des Deutschen Bundestages-*Drucksache 137/98 vom 13.02.1998*, Gesetz zur Verbesserung der Wettbewerbsfähigkeit deutscher Konzerne an Kapitalmärkten und zur Erleichterung der Aufnahme von Gesellschafterdarlehen (Kapitalaufnahmeerleichterungsgesetz—KapAEG).

Deutscher Bundesrat, Beschluß des Bundesrates—*Drucksache 279/98 vom 27.03.1998*, Gesetz zur Verbesserung der Wettbewerbsfähigkeit deutscher Konzerne an Kapitalmärkten und zur Erleichterung der Aufnahme von Gesellschafterdarlehen (Kapitalaufnahmeerleichterungsgesetz—KapAEG).

Deutscher Bundesrat, Gesetzesbeschluß des Deutschen Bundestages—*Drucksache 203/98 vom 06.03.1998*, Gesetzes zur Kontrolle und Transparenz im Unternehmensbereich (KonTraG).

Deutscher Bundestag, *BT-Drucksache 13/7141 vom 06.03.1997*, Gesetzentwurf der Bundesregierung, Entwurf eines Gesetzes zur Verbesserung der Wettbewerbsfähigkeit deutscher Konzerne an internationalen Kapitalmärkten und zur Erleichterung der Aufnahme von Gesellschafterdarlehen (Kapitalaufnahmeerleichterungsgesetz—KapAEG).

Deutscher Bundestag, *BT-Drucksache 13/9909 vom 12.02.1998*, Beschlußempfehlung und Bericht des Rechtausschusses zu dem Gesetzentwurf des Bundesregierung-Drucksache 13/7141—Entwurf eines Gesetzes zur Verbesserung der Wettbewerbsfähigkeit deutscher Konzerne an internationalen Kapitalmärkten und zur Erleichterung der Aufnahme von Gesellschafterdalehen (Kapitalaufnahmeerleichterungsgesetz—KapAEG)), 1998.

Deutscher Bundestag, *BT-Drucksache 13/10038 vom 04.03.1998*, Beschlußempfehlung und Bericht des Rechtausschusses zu dem Gesetzentwurf des Bundesregierung-Drucksache 13/9712—Entwurf eines Gesetzes zur Kontrolle und Transparenz im Unternehmensbereich (KonTraG).

Deutscher Bundestag, *BT-Drucksache 14/2353 vom 14.12.1999*, Beschlussempfehlung und Bericht des Rechtausschusses (6. Ausschuss) zu dem Gesetzentwurf der Bundesregierung-Drucksach 14/1806—Entwurf eines Gesetzes zur Durchführung der Richtlinie des Rates der Europäischen Union zur Änderung der Bilanz-und der Konzernbilanzrichtlinie hinsichtlich ihres Anwendungsbereichs (90/605/EWG), zur Verbesserung der Offenlegung von Jahresabsch lussen und zur Änderung anderer handelsrechtlicher Bestimmungen (Kapitalgesellschaften-und Co-Richtlinie-Gesetz —KapCoRiLiG).

【ドイツ会計基準委員会の公表資料】

Deutsches Rechnungslegungs Standards Committee : Deutscher Standardisierungsrat, *Vorschläge zur Reform der 7. EG Richtlinie*, Stand 24. Juli, 2000.

Deutsches Rechnungslegungs Standards Committee : Deutscher Standardisierungsrat, *Mitteilung der Kommission an den Rat und das EP über eine neue Rechnungslegungsstrategie der EU : Künftiges Vorgehen*, Stand 21. September 2000.

Deutsches Rechnungslegungs Standards Committee : Deutscher Standardisierungsrat, *Fragenkatalog der Regierungskommission, "Corporate Governance— Unternehmensführung—Unternehmenskontrolle—Modernisierung des Aktienrecht"*, Stand 21. September 2000.

Deutsches Rechnungslegungs Standards Committee : Deutscher Standardisierungsrat, *Vorschläge zur Reform der 4. EG-RL*, Stand 7. Dezember 2000.

Deutsches Rechnungslegungs Standards Committee(hrsg), *Deutsche Rechnungslegungs Standards (DRS), German Accounting Standards (GAS), Deutsch-Englisch*, Stand 12/2000.

【EU の公式意見書等】

EU-Kommission, Mitteilung der Kommission, Harmonisierung auf dem Gebiet der Rechnungslegung : Eine neue Strategie im Hinblick auf die internationale Harmonisierung, *KOM95 (508)*, 1995.

EU-Kommission, Mitteilung der Kommission zu Auslegungsfragen im Hinblick auf bestimmte Artikel der Vierten und der Siebenten Richtlinie des Rates auf dem Gebiet der Rechnungslegung, *ABl. C016*, Stand 20.1.1998

EU-Kommission, Mitteilung der Kommission, Finanzdienstleistungen : Abstecken eines Aktionsrahmens, *KOM (1998) 625*, 1998.

EU-Kommission, Mitteilung der Kommission, Finanzdienstleistungen : Umsetzung des Finanzmarktrahmens : Aktionplan, *KOM (1999) 232*, 1999.

EU-Kommission, Mitteilung der Kommission an den Rat und das europäisches Parlament, Rechnungslegungsstrategie der EU : Künftiges Vorgehen, *KOM (2000) 359*, 2000.

EU-Kommission, Vorschläge der europäischen Parlament und Rates zur Änderung der

Richtlinie 78/660/EWG und 83/349EWG im Hinblick auf die im Jahresabschluß bzw. im konsolidierten Abschluß von Gesellschaften bestimmter Rechtsformen zulässigen Wertänsatze, *KOM (2000) 80*, 2000.

Kontaktausschuss für Richtlinien der Rechnungslegung, Eine Überprüfung der Konformitat der Internationalen Rechnungslegungsgrundsätze (IAS) mit den europäischen Richtlinien der Rechnungslegung (Dokument), Stand 01. April 1996.

【法規・コンメンタール・ハンドブック類（外国語）】

Adler, Hans/Düring, Walter/Scmaltz, Kurt, *Rechnungslegung und Prüfung der Unternehmen, Kommentar zum HGB, AktG, GmbHG, PublG nach den Vorschriften des Bilanzrichtlinien-Gesetz*, 6. Aufl., Teilband 1, 1994; Teilband 2, 1995; Teilband 5, 1997; Teilband 7, 1999.

Bankrecht, Die Gesetzestexte des Deutschen Bundesrechts, Stand 3. März 1997, 1. Aufl., 1997.

Beck'scher Bilanz-Kommentar, *Handels-und Steuerrecht—§§ 238 bis 339 HGB—*, 3. Aufl., 1995

Biener, Herbert/Berneke, Wilhelm, *Bilanzricht-linien-Gesetz, Textausgabe des Bilanzrichtlinien-Gesetz vom 19.12.1985 (Bundesgesetzbl. IS. 2335) mit Bericht des Rechtsausschusses des Deutschen Bundestages, Regierungsentwürfe mit Begründung, EG-Richtlinien mit Begründung, Entstehung und Erläuterung des Gesetzes*, 1986.

Deutsche Börse AG, *Regelwerk der Neuer Markt*, Stand 15.09.1999.

Eberhard, Schwark, *Börsengesetz, Kommentar zum Börsengesetz und zu den börsenrechtlichen Nebenbestimmungen*, 2. Aufl., 1994.

Koch, Karl/Scholtz, Rolf-Detlev, *Abgabeordnung : AO 1977*, 4. Aufl., 1993.

Küting, Karlheinz/Weber, Claus-Peter, *Handbuch der Rechnungslegung, Kommentar zur Bilanzierung und Prüfung*, 3, Aufl., 1990.

Küting, Karlheinz/Weber, Claus-Peter, *Handbuch der Rechnungslegung, Kommentar zur Bilanzierung und Prüfung*, Band I a, 4. Aufl., 1995.

Küting, Karlheinz/Weber, Claus-Peter, *Handbuch der Konzernrechnungslegung, Kommentar zur Bilanzierung und Prüfung*, 1989.

Küting, Karlheinz/Weber, Claus-Peter, *Handbuch der Konzernrechnungslegung, Kommentar zur Bilanzierung und Prüfung*, Band II, 2, Aufl., 1998.

Schmidt, Ludwig (hrsg.), EStG Einkommensteuergesetz Kommentar, 14. Aufl., 1995.

Wirtschaftprüfer-Handbuch 1985/86, Handbuch für Rechnungslegung, Prüfung und Beratung, Band I, 9. Aufl., 1985.

Wirtschaftprüfer-Handbuch 1985/86, Handbuch für Rechnungslegung, Prüfung und Beratung, Band I, 9. Aufl., 1986.

Wirtschaftprüfer-Handbuch 1996, Handbuch für Rechnungslegung, Prüfung und Beratung, Band I, 11. Aufl., 1996.

Wirtschaftprüfer-Handbuch 1998, Handbuch für Rechnungslegung, Prüfung und

Beratung, Band II, 11. Aufl., 1998.

【外国ホームページ（アドレス）】

Bundesregierung, http://www.bundesregierung.de
DAI (Deutsches Aktieninstitute e.V.), http://www.dai.de
Deutsche Bundesbank, http://www.bundesbank.de
Deutsche Börse AG, http://deutsche-boerse.com
Deutsche Börse AG/Neuer Markt, http://www.neuermarkt.com
DRSC (Deutsche Rechnungslegungs Standards Committee), http://www.drsc.de
EU (Europäische Union), http://europa.eu.int
IASC (International Accounting Standards Committee), http://www.iasc.org.uk
Institut für Kapitalmarktforschung, http://www.ifk-cfs.de
IOSCO (International Organisation of Securities Commissions), http://www.iosco.org
SEC (Securities and Exchange Commission), http://www.sec.gov
Statistisches Bundesamt, http://www.statistik-bund.de

【著書・論文（外国語）】

Arbeitskreis "Externe und Interne Überwachung der Unternehmung" der Schmalenbach-Gesellschaft für Betriebswirtschaft e.V., Auswirkungen des KonTraG auf die Unternehmensüberwachung, KonTraG und Vorstand—KonTraG und Interne Revision—KonTraG und Aufsichtrat—KonTraG und Wirtschaftsprüfer, in: *DB*, Beilage Nr. 11/2000, S. 1ff.

Arbeitskreis Externe Unternehmungsrechnung der Schmalenbach-Gesellschaft für Betriebswirtschaft e.V., Einfluss ausgewählter steuerrechtlicher Änderungen auf die handelsrechtliche Bilanzierung, in: *DB*, 14/2000, S. 681ff.

Arbeitskreis Externe Unternehmungsrechnung der Schmalenbach-Gesellschaft für Betriebswirtschaft e.V., Die Zukunft der Rechnungslegung aus Sicht von Wissenschaft und Praxis-Fachprogramm des Arbeitskreises Externe Unternehmungsrechnung in Ramen des 54. Deutschen Betriebswirtschafter-Tages, in: *DB*, 4/2001, S. 160 ff.

Baetge, Jörg, *Bilanzen*, 4. Aufl., 1996.

Baetge, Jörg, *Konzernbilanzen*, 4. Aufl., 2000.

Baetge, Jörg/Krumnow, Jürgen/Noelle, Jenifer, Das "Deutsche Rechnungslegungs Standards Committee" (DRSC)-Standortbestimmung und Zukunftsperspektiven der Konzernrechnungslegung, in: *DB*, 15/2001, S. 769ff.

Baetge, Jörg/Thiele, Stefan/Plock, Marcus, Die Restrukturierung des International Accounting Standards Committee—Das IAS auf dem Weg zum globalen Standardsetter?, in: *DB*, 21/2000, S. 1033ff.

Ballwieser, Wolfgang, Grundsätze ordnungsmäßiger Buchführung und neues Bilanzrecht, in: *Beiträge zum Bilanzrichtlinien-Gesetz, Das neue Recht in Theorie und Praxis* (ZfB-Erganzungsheft), 1/1987, S. 3ff.

Beisse, Heinrich, Zehn Jahre "True and fair view", in: Wolfgang Ballwieser, Adolf Moxter, Rolf Nonnenmacher (hrsg.), *Rechnungslegung—Warum und Wie*, 1996, S. 27ff.

Biener, Herbert, Können die IAS als GoB in das deutsche Recht eingefuhrt werden?, in: Jörg Beatge, Dietrich Börner, Karl-Heinz Forster, Lothar Schruff (hrsg.), *Rechnungslegung Prüfung und Beratung—Herausforderung für den Wirtschaftprüfer* —, 1996, S. 85ff.

Bitter, Bernhard/Grashoff Dietrich, Anwendungsproblem des Kapitalgesellschaftn-und Co-Richtlinie-Gesetzes, in: *DB*, 17/2000, S. 833ff.

Böckem, Hanne, Die Durchsetung von Rechnungslegungsstandards in Deutschland—zur Notwendigkeit institutionaller Neuerungen—, in: *DB*, 24/2000, S. 1185ff.

Böcking, Hans-Joachim, Auswirkungen der neuen Rechnungslegungs-und Prüfungsvorschriften auf die Erwartungslücke, in: Dietrich Dörner, Dieter Menold, Norbert Pfitzer (hrsg.), *Reform des Aktienrechts, der Rechnungslegung und Prüfung, KonTrG—KapAEG—EuroEG—StückAG*, 1999, S. 717ff.

Born, Karl, *Rechnungslegung international, Konzernabschlüsse nach IAS, US-GAAP, HGB und EG-Richtlinien*, 1997.

Budde, Wolfgang Dieter, Müssen die Börsennotierten Gesellschaften eigene Wege gehen, in: Wolfgang Ballwieser, Adolf Moxter, Rolf Nonneumacher (hrsg.), *Rechnungslegung—Warum und Wie*, 1996, S. 81ff.

Budde, Wolfgang Dieter, Konzernrechnungslegung nach IAS und US-GAAP und ihre Rückwirkungen auf den handelsrechtlichen Einzelabschluss, in: Wolfgang Dieter Budde, Adolf Moxter, Klaus Offenhaus (hrsg.), *Handelsbilanzen und Steuerbilanzen*, 1997, S. 105ff.

Busse von Colbe, Walter, Der befreienden Konzernabschluß nach international anerkannten Rechnungslegungsgrundsätzen, in: Dieter Dörner, Dieter Menold, Norbert Pfitzer (hrsg.), *Reform des Aktienrechts, der Rechnungslegung und Prüfung, KonTraG—KapAEG—Euro-EG—StückAG*, 1999, S. 401ff.

Coenenberg, Adolf G, *Jahresabschluß und Jahresabschlußanalyse, Betriebswirtschaftliche, handels-und steuerrechtliche Grundlagen*, 12. Aufl., 1991.

d'Arcy, Anne/Leuz Christian, Rechnungslegung am Neuen Markt—Eine Bestandsaufnahme, in: *DB*, 8/2000, S. 385ff.

Deutsches Aktieninstitut, *DAI-Factbook 1999*, Stand 10/1999.

Ernst, Christoph, Überblick über die Änderungen der Handelsgesetzbuch zu Rechnungslegung und Abschlußprüfung, in: Dietrich Dörner, Dieter Menold, Norbert Pfitzer (hrsg.), *Reform des Aktienrechts, der Rechnungslegung und Prüfung—KonTraG—KapAEG—EuroEG-Stück-AG*, 1999, S. 321ff.

Federmann, Rudolf, *Bilanzierung nach Handelsrecht und Steuerrecht, Ein Grundriß der Gemeinsamkeiten, Unterschiede und Abhängig-keiten der Einzelabschlüsse mit* systematischen Übersichten und unter besonderer Berücksichtigung der Rechnungslegung von Kapitalgesellschaften, 8. aktualisierte Aufl., 1990.

Federspieler, Christian, Zwischenberichtspublizität in Europa, Der Informationsgehalt der Zwischenberichterstattung deutscher, britischer und französischer Unternehmen, 2000.

Förschle, Gerhart/Glaum, Martin/Hof, Udo Mandler, Gesetz zur Kontrolle und Transparenz im Unternehmensbereich: Umfrage unter Führungskräften börsennotierter Unternehmungen, in: BB, 18/1998, S. 889ff.

Großfeld, Bernhard, Wirtschaftprüfer und Grobalisierung: Zur Zukunft des Bilanzrecht, in: WPg, 3/2001, S. 129ff.

Hayn, Sven, Internationale Rechnungslegung, Ursachen, Wirkungen und Lösungsansätze zur Überwindung internationaler Rechnungslegungsdivergenzen, 1997.

Heintges, Sebastian, Bilanzkultur und Bilanzpolitik in den USA und in Deutschland, Einflüsse auf die Bilanzpolitik börsennotierter Unternehmen, 2. Aufl., 1997.

Herrmann, Eugen, Das Konzernbilanzrecht in Überblick, in: Karlheinz Küting, Claus-Peter Weber(hrsg.), Handbuch der Konzernrechnungslegung, Kommentar zur Bilanzierung und Prüfung, 1989.

Herzig, Norbert/Dautzenberg, Norbert, Auswirkungen der Internationalisierung der Rechnungslegung der Rechnungslegung auf die Steuerbilanz, in: BFuP, 1/1998, S. 24 ff.

Hütten, Christoph/Brakensiek, Sonnja, "Deutsche US-GAAP" ohne eine SEC—Auto ohne Bremse?, BB, 17/2000, S. 870ff.

IASC, Recommendation on Shaping IASC for the Future, 1999.

Kloos, Gerhard, Die Transformation der 4. EG-Richtlinie(Bilanzrichtlinie) in den Mitgliedstaaten der Europäischen Gemeinschaft, Eine Analyse der verbliebenen Rechnungslegungsunterschiede aufgrund von nationalen Wahlrechtsausnutzungen, 1993.

Kreekämper, Heinz, IASC—Das Trojanische Pferd der SEC?, in: Wolfgang Ballwieser (hrsg.), US-Amerikanische Rechnungslegung, Grundlagen und Vergleiche mit dem deutschen Recht, 3. Aufl., 1997, S. 351ff.

Kreekämper, Heinz/König, Sibylle, Die Internationalisierung der deutschen Rechnungslegung, in: DStR, 13/2000, S. 569ff.

Kußmaul, Heinz/Klein, Nicole, Überlegungen zum Maßgeblichkeitsprinzip im Kontext sowie internationaler Entwicklungen, DStR, 13/2001, S. 546ff.

Küting, Karlheinz, Europäisches Bilanzrecht und Internationalisierung der Rechnungslegung, in: BB, 2/1993, S. 30ff.

Küting, Karlheinz, Die Rechnungslegung in Deutsland an der Schwelle zu einem neuen Jahrtausend, in: DStR, 1/2000, S. 38ff.

Küting, Karlheinz/Hayn, Sven, Der internationale Konzernabschluß als Eintrittskarte zum weltweiten Kapitalmarkt, in: BB, 13/1995, S. 662ff.

Kuhn, Klaus, Die Grundsätze ordnungsmäßiger Buchführung und der Maßgeblichkeitsgrundsatz unter dem Aspekt des Entwurf eines Kapitalaufnahmeerleichterungsgesetzes, in: Wolfgang Dieter Budde, Adolf Moxter, Klaus Offerhaus (hrsg.), *Handelsbilanzen und Steuerbilanzen*, 1997, S. 299ff.

Moxter, Adolf, Deutsche Rechnungslegung Standards Committee: Aufgaben und Bedeutung, in: *DB*, 29/1998, S. 1425ff.

Moxter, Adolf, Die Zukunft der Rechnungslegung?—Anmerkungen zu den Thesen eines Arbeitskreises der Schmalenbach-Gesellschaft, in: *DB*, 12/2001, 605ff.

Niehus, Rudolf, Die Zukunft der Standards des DRSC, in: *DB*, 2/2001, S. 53ff.

Ordelheide, Dieter, Dieter Pfaff, *European Financial Reporting, Germany*, 1994.

Peemäller, Volker/Finsterer, Hans, Bilanzierung von Unternehmen des Neuermarkt nach IAS und US-GAAP, in: *BB*, 21/1999, S. 1103ff.

Pellens, Bernhard, *Internationale Rechnungslegung*, 3. Aufl., 1999.

Pellens, Bernhard/Fülbier, Rolf Uwe/Ackermann, Ulrich, international Accounting Standards Committee: Deutscher Einfluß auf Arbeit und Regelungen, in: *DB*, 6/1996, S. 285ff.

Rogerson, Paul, Commission sparks fears of EU GAAP creation, in: *Accountant*, Issue 5959, June 2000, pp. 17-19.

Schanz, Kay, *Börseneinführung Recht und Praxis des Börsengangs*, 2000.

Schildbach, Thomas, Internationale Rechnungslegungsstandards auch für deutsche Einzelabschlüsse?, in: Wolfgang Ballwieser, Hans-Joachim Böcking, Jochen Druckarczyk, Reinhard H. Schmidt (hrsg.), *Bilanzrecht und Kapitalmarkt*, 1994, S. 699ff.

Schlefflerr, Eberhard, Der Deutsche Standardisierungsrat-Struktur, Auggaben und Kompetenzen, in: *BFuP*, 4/1999, S. 407ff.

Schmidt, Harald, *Handels-und Steuerrecht, Bilanzierung und Bewertung nach den Grundsätzen ordnungsmäßiger Buchführung und den Maßgeblichkeitsgrundsätzen unter Berücksichtigung der sreuerrechtlichen Besonderheiten*, 1991.

Schmidt, Lutz, *Maßgeblichkeitsprinzip und Einheitsbilanz, Geschichte, Gegenwart und Perspektiven des Verhältnisses von Handels-und Steuerbilanz*, 1994.

Schmidt, Matthias, *Konzept einer kapitalmarktorientierten Rechnungslegung*, 2000.

Schruff, Wienand/Nowark, Eric/Feinendegen, Stefan, Ad-hoc-Publizitätspficht des Jahresergebnisses gemäß §15 WpHG: Wann muss veröffentlicht werden?, in: *BB*, 14/2001, S. 719ff.

Seibert, Ulrich, Das Gesetz zur Kontrolle und Tranzparenz im Unternehmensbereich (KonTraG)—Die aktienrechtlichern Regelungen im Überblick—, in: Dietrich Dörner, Dieter Menold, Norbert Pfitzer (hrsg.), *Reform des Aktienrechts, der Rechnungslegung und Prüfung, KonTraG—KapAEG—EuroEG—StückAG*, 1999, S. 1ff.

Sigloch, Jochen, Ein Valet dem Maßgeblichkeitsprinzip?, in: *BFuP*, 2/ 2000, S. 157ff.

Statistische Bundesamt, *Statistische Jahrbuch*.

Stobe, Thomas, Offene Problem des Maßgeblichkeitsgrundsätzes nach dem Steuerreformgesetz 1990, in: *DStR.*, 20/1988, S. 1ff.

Streim, Hannes, *Grundzuge der handels-und steuerrechtlichen Bilanzierung*, 1988.

Strobel, Wilhelm, Die Neuerungen der KapCoRiLiG für den Einzel-und Konzernabschluss, in: *DB*, 2/2000, S. 53ff.

Vogt, Stefan, Die *Maßgeblichkeit des Handelsbilanzrechts für die Steuerbilanz— Reichweite, Rechtfertigung und Perspektiven eines Eckpfeiler unseres Bilanzrecht*, 1991.

Wöhe, Günter, *Bilanzierung und Bilanzpolitik, Betriebswirtschaftlich-Handelsrechtlich-Steuerrechtlich*, 8. Aufl., 1992.

Wörner, Georg, *Handels-und Steuerbilanzen nach neuem Recht*, 4. Aufl., 1991.

Zitzelsberger, Siegfried, Überlegungen zur Einrichtung eines nationalen Rechnungslegungsgremiums in Deutschland, in: *WPg*, 7/1998, S. 246ff.

【著書・論文（日本語）】

新井清光（編）『会計基準の設定主体』中央経済社，1993年．

五十嵐邦正『現代静的会計論』森山書店，1999年．

井上康男『西ドイツ法人税会計論』白桃書房，1988年．

稲見亨「ドイツにおける会計基準設定主体の成立と国際資本市場対応～1997年11月27日付の報告書『資本市場コンセプト』の検討を中心に」『西南学院大学商学論集』第46巻3・4号，2000年，229-243頁．

稲見亨「資本会社&Co指令法（KapCoRiLiG）にみるドイツ会計制度国際適応～商法典第292a条の修正に焦点を当てて～」『西南学院大学商学論集』第47巻第1号，2000年，19-37頁．

浦野晴夫『確定決算基準会計』税務経理協会，1994年．

浦野晴夫『会計原則と確定決算基準主義』森山書店，1996年．

遠藤一久『現代の会計』森山書店，1991年．

遠藤一久『現代ドイツの銀行会計』森山書店，1998年．

岡田依里『日本の会計と会計環境　国際的調和化の観点から』（改訂版），同文舘，1999年．

海外情報「ドイツ第二次資本市場振興法案の概要」『商事法務』No.1335，1993年，46-47頁．

海外情報「ドイツにおける時価主義会計等の動向―ドイツ金融関連法令の最近の動き―」『商事法務』No.1409，1995年，34-35頁．

海外情報「ドイツの監査役会と会計監査人の権限強化―会社法改正草案のポイント―」『商事法務』No.1447，1997年，38-39頁．

海外情報「ドイツにおける金融機関の国際会計基準の採用」『商事法務』No.1423，1996年，44-45頁．

海外情報「ドイツ商法改正草案の概要」『商事法務』No.1439，1996年，40-41頁．

海外情報「EU指令に合わせたドイツの証取法改正」『商事法務』No.1464，1997年，38-39頁．

海外情報「国際会計基準導入のためのドイツにおける商法改正」『商事法務』No.1488，1998年，48-49頁．

加藤盛弘『一般に認められた会計原則』森山書店，1994年．

加藤盛弘（編）『将来事象会計』森山書店, 2000年.
加藤泰彦（編）『多国籍企業経営とEC会社法指令』同文舘, 1988年.
加藤泰彦（編）『EUにおける会計・監査制度の調和化』中央経済社, 1998年.
川口八洲男『会計指令法の競争戦略』森山書店, 2000年.
企業財務制度研究会『ドイツにおける会計制度と関係法令』（諸外国における企業会計制度と関係法令等実態報告 No.3）, 1993年.
企業財務制度研究会（本多潤一）『ドイツにおける開示制度と開示内容』, 1992年.
木下勝一『会計規準の形成』森山書店, 1990年.
木下勝一「『ドイツ会計基準委員会』の設立の現代的意義」『會計』第157巻2号, 2000年, 65-78頁.
木下勝一「ドイツにおける会計基準の国際的調和化論」『JICPAジャーナル』第458号, 1993年, 63-68頁.
倉田幸路「会計基準の国際的調和化へのEUの対応」『立教経済学研究』第51巻第3号, 1998年, 47-70頁.
倉田幸路「会計基準の国際的調和の動向とEUの会計戦略」『立教経済学研究』第54巻第4号, 2001年, 107-126頁.
倉田幸路「近年におけるドイツ会計基準委員会によるEU会計戦略への対応」『産業経営研究』（日本大学経済学部産業経営研究所）第23号, 2001年, 21-32頁.
黒田全紀『解説 西ドイツ新会計制度―規制と実務―』同文舘, 1987年.
黒田全紀『EC会計制度調和化論』有斐閣, 1989年.
黒田全紀（編）『ドイツ財務会計の論点』同文舘, 1993年.
黒田全紀・テイアナ・ラフディナリヴ「フランス・ドイツにおける連結財務諸表法規制の改革動向」『商事法務』第1455号, 1997年, 9-14頁.
黒田全紀・テイアナ・ラフディナリヴ「フランス・ドイツにおける会計基準設定主体の動向」『COFRIジャーナル』No.33, 1998年, 62-79頁.
郡司健『現代会計報告の理論』中央経済社, 1998年.
郡司健「ドイツにおける会計基準の国際化対応とその現状」『国際会計研究学会年報』（1998年度版）, 1999年, 15-29頁.
郡司健『連結会計制度論 ドイツ連結会計報告の国際化対応』中央経済社, 2000年.
慶応義塾大学商法研究会『西独株式法』慶応通信, 1969年
後藤紀一『ドイツ金融法辞典』信山社, 1993年.
佐藤誠二『現代会計の構図』森山書店, 1993年.
佐藤誠二『ドイツ会計規準の探究』森山書店, 1998年.
佐藤誠二「ドイツ商法会計法の構造と意義」『経済研究』（静岡大学）第3巻3号, 1998年, 157-196頁.
佐藤誠二「ドイツの証券取引開示規制と商法改正～国際的証券市場への対応とその問題について～」『経済研究』（静岡大学）4巻3号, 2000年, 1-18頁.
佐藤誠二「ドイツの1998年会計改革とその後の展開」『産業経理』第60巻3号, 2000年, 32-41頁.
佐藤誠二「ドイツの会計国際化とEU金融・資本市場統合～欧州委員会のアクションプランに関連して～」『會計』第158巻第6号, 2000年, 13-26頁.

佐藤誠二「ドイツ商法会計法における将来予測の導入」『将来事象会計』(加藤盛弘編著),森山書店, 2000年, 157-170頁.
佐藤誠二「ドイツにおける会計の国際的調和化」『現代会計の諸現象についての研究』(同志社大学, 大学院高度化推進研究計画報告書), 2000年, 29-47頁.
佐藤誠二「ドイツにおける1998年の商法会計法改革」『法政研究』(静岡大学) 第5巻3・4号, 2001年, 515-538頁.
佐藤誠二「ドイツ会計国際化の環境要因としての証券市場状況」『経済研究』(静岡大学) 第5巻4号, 2001年, 97-118頁.
佐藤誠二・稲見亨「『資本調達容易化法』によるドイツ商法会計の改正について」静岡大学『経済研究』3巻2号, 1998年, 131-141頁.
佐藤誠二・稲見亨「国際資本市場へのドイツ商法会計の対応(1)―取引所法,資本調達容易化法,企業領域統制・透明化法との関連で―」『會計』154巻4号, 1998年, 48-57頁.
佐藤誠二・稲見亨「国際資本市場へのドイツ商法会計の対応(2)―取引所法,資本調達容易化法,企業領域統制・透明化法との関連で―」『會計』第154巻5号, 1998年, 75-84頁.
佐藤博明『ドイツ会計制度』森山書店, 1989年.
佐藤博明 (編)『ドイツ会計の新展開』森山書店, 1999年.
白鳥栄一「国際化に動き出したドイツ会計」『企業会計』第47巻第9号, 1995年, 120-123頁.
鈴木義夫『ドイツ会計制度改革論』森山書店, 2000年.
鈴木義夫『コンツェルン会計制度論』森山書店, 1992年.
醍醐聰「確定決算基準と逆基準性」『JICPAジャーナル』第6巻第5号, 1994年, 41-45頁.
高橋俊夫 (編)『コーポレート・ガバナンス―日本とドイツの企業システム―』中央経済社, 1995年.
田沢五郎『ドイツ政治経済法制辞典』郁文堂, 1990年.
徳賀芳弘『国際会計論 相違と調和』中央経済社, 2000年.
中川一郎 (編)『西ドイツ所得税法法文集』税法研究所, 1983年.
日本証券経済研究所『西ドイツの金融・証券制度―「銀行構造委員会報告」を中心に―』1989年.
日本証券経済研究所『図説ヨーロッパの証券市場』(2000年版).
日本証券経済研究所『EUの証券市場』(1999年版).
野村健太郎 (編)『連結会計基準の国際的調和』白桃書房, 1999年.
平松一夫「『IASCの将来像』の内容と我が国への影響」『JICPAジャーナル』No.524, 1999年, 72-76頁.
平松一夫「フランスとドイツにおける会計基準設定機関の国際化対応」『會計』第154巻第3号, 1998年, 1-11頁.
松本剛『ドイツ商法会計用語辞典』森山書店, 1990年.
森川八洲男「国際会計基準への対応～ドイツ会計の視点から～」『国際会計研究学会年報』(1995年度版), 1996年, 21-35頁.
森川八洲男 (編)『会計基準の国際的調和化』白桃書房, 1998年.
森美智代『貸借対照表能力論の展開―ドイツ会計制度と会計の国際的調和化との関連において―』中央経済社, 1997年.

森美智代「ドイツにおける会計制度の動向と企業の動き～中小規模資本会社の会計制度を中心として～」『會計』第158巻第2号，2000年，39-54頁．
宮上一男・W. フレーリックス（監修）『現代ドイツ商法典』（第2版）森山書店，1993年．
村上淳一，H. P マルチュケ『西ドイツ法入門』有斐閣，改訂第4版，2000年．
山本征二『ドイツの金融・証券市場』東洋経済新報社，1991年．
吉田波也人「ドイツにおける国際会計基準（IAS）の導入状況」『JICPAジャーナル』No. 496，1996年，14-19頁．

索　　引

あ行

アメックス（AMEX）……………29

IBIS ……………………………71
EU 指令の現代化 …………14, 132, 184
「EU 第 4 号指令の改革に対する提案」
　……………………………15, 133, 184
「EU 第 4 号および 7 号指令の修正指令
　提案」 ……………………15, 184
「EU 第 7 号指令の改革に対する提案」
　……………………………15, 184
一定業種の企業に関する補完規定 …114
一般規範 ……………………105, 110
一般的な銀行リスク保証 …………117
一般的評価諸原則 ……………………106
一般に認められた会計原則（US-
　GAAP） ……………7, 24, 62, 85, 130,
　142, 159, 168, 181

売上原価法 ……………………………113
運動貸借対照表 ………………………75

欧州委員会「会計戦略：構想」…………8
　――「会計戦略：将来計画」…13, 184
　――「金融市場：大綱」……………11
　――「金融市場：行動計画」…………11
欧州-基準設定機関 …………………169
欧州の IAS ……………………………16

か行

会計諮問フォーラム（AAF）…………8
会計指令（EU 第 4 号指令）…4, 110, 115
会計指令法 ……………………5, 179
会計審議会 ………………9, 146, 160
会計人 ……………………147, 160
会計人の独立性 ……………………149
会計の国際的調和化 ……………………3
会計のヨーロッパ化 ……………130
開示指令 ………………………………4
会社契約 …………………………51, 56
開放条項 ……………………………140
確定決算主義 ………………………121
課税機能 ……………………………133
課税の公平性 ………………………126
株式会社 ……………………28, 101
株式合資会社 ………………28, 101
株式の分布 …………………52, 57
株主総会 ……………………………114
監査人指令（EU 第 8 号指令）…………4
監査役会 ………………101, 114, 151
完全商人 ……………………97, 123
関連企業 ……………………………113

企業の言語 ……………………………28
企業の存続年数 ……………………51, 56
企業報告書 …………………………53
企業領域統制・透明化法 ………9, 145
基準性原則 ……17, 89, 121, 158, 174, 181
規制緩和 ……………………………157

規制された市場 …………………58, 87
規制市場 ………………………40, 53
規制自由市場 …………………48, 78
義務的商人………………………97, 122
記名株 …………………………52, 57
逆基準性 ……………………………128
共同企業 ……………………………113
銀行会計指令 …………………4, 115
銀行会計指令法 ………………5, 115

偶発損失引当金 ……………………173
グローバル・プレーヤー 2, 7, 32, 44, 144

経済監査士 ……………………140, 143
経済監査士協会（IdW）………150, 162
経済的統一体 ………………………113
形式的基準性 …………………127, 128
形式的商人………………………97, 122
現先取引 ……………………………117

合資会社 ……………………………100
公式市場 …………………40, 50, 73
公正価値 ………………………16, 185
公認仲立人 …………………………53
合名会社 ……………………………100
国際会計基準（IAS）………1, 24, 61, 85,
　130, 139, 142, 158, 181
国際会計基準委員会（IASC）
　…………………………1, 147, 159, 163
国際証券取引所連盟（FIBV）………32
国際的に認められた会計原則
　……………1, 25, 85, 139, 142, 159, 180
国際標準 ………………………………1
個人企業………………………28, 100
雇用および投資のためのアクションプログラム ……………………………138
コンツェルン親企業…8, 86, 113, 139, 141

さ行

最高価値原則 ………………………106
財務会計基準審議会（FASB）…147, 163
時限立法 ……………………………144
実現原則 ……………………………106
実質的基準性 ………………………126
私的会計委員会 ………………9, 146, 160
支配力構想 …………………………113
四半期報告書……………………61, 64
資本調達容易化法………9, 25, 45, 84, 138
資本会社 …………………28, 99, 141
資本会社および無限責任社員・指令法
　………………………………79, 172
資本会社に関する補完規定 …………108
資本市場指向的年度決算書 …………164
資本市場貸借対照表 ………………167
資本流動計算書………………60, 146, 171
資本連結 ……………………………113
社団……………………………………99
自由市場 …………………………40, 54
自由市場に対するガイドライン………54
自由仲立人 ………………………53, 55
商業登記所 …………………………97
状況報告書 ………………60, 77, 109
証券監督者国際機構（IOSCO）…12, 159
証券取引委員会（SEC）…………7, 24
上場 …………………………49, 63, 157
小商人…………………………98, 123
商人の基本法 ……………118, 137, 186
商人の法………………………………96
商法上の正規の簿記の諸原則の基準性
　……………………………………126
情報提供機能 …………………133, 164
商法典第三篇「商業帳簿」…………104
所得算定機能 ………………………164

新規市場 …………………26, 40, 55, 86
新規市場規則 ………………56, 73, 180
真実かつ公正なる写像 …………83, 110
慎重性原則……………………………89, 106
人的会社 ………………………………78, 98
人的商事会社 …………………………101
信用機関に関する補完規定 ………115

すべての商人に関する規定 …………105

正規性一致の原則 ……………………126
正規のコンツェルン会計の諸原則（GoK）……………………………113
正規の簿記の諸原則（GoB）
　　　　……………76, 97, 105, 110, 126
税務原則 ………………………121, 130
世界連結決算書 ………………………112
セグメント報告 ………………………146

総括原価法 ……………………………113
相互承認原則 …………………………71
創立書 ……………………………51, 56
組織化された市場 …………49, 63, 79, 87
租税軽減法 ……………………………173
租税通則法（AO）…………………123
損益計算書……………………60, 75, 99, 109

た 行

貸借対照表 ……………………60, 75, 109
第二次金融市場促進法 ………………6
第三次金融市場促進法 ………………157
DAX ……………………………………26, 71

秩序性推定 ……………………………150
中間報告書 ……………………………6, 53, 79
中規模会社指令 ………………………4
調整計算書……………………………84, 143

帳簿記入義務……………………………96, 122
通貨換算 …………………………………117
低価原則 …………………………………107
定款 ……………………………………51, 56
適時情報開示 ……………………6, 53, 55
ドイツ会計基準（DRS）89, 161, 170, 183
ドイツ会計基準委員会（DRSC）
　　………………9, 132, 148, 151, 160, 183
　──会計基準設定審議会（DSR）
　　………………………………………15, 161
　──管理委員会 ………………………163
　──作業グループ ……………………161
　──諮問委員会 ………………………162
　──社員総会 …………………………113
　──理事会 ……………………………163
ドイツ株式協会（DAI）………………29
ドイツ財務分析・投資コンサルタント協会（DVFA）……………………………162
ドイツ取引所株式会社（DBAG）
　　………………………………55, 59, 62, 71
統一的指揮 ……………………………113
登記済協同組合 ………………………99
登記済協同組合に関する補完規定 …114
登記済社団 ……………………………161
特別法は一般法を廃す ………………118
トライアングル体制……………………96
取締役会 ……………………101, 113, 151
取引所規則 ……………………………54
取引所広告指定紙 ………………76, 81
取引所上場認可命令 ………6, 51, 71, 149
取引所法 …………………………………6, 71

な 行

ナスダック（NASDAQ）……29, 41, 85

二元的連結決算書・・・・・・・・・・・・・・・・・24
ニューヨーク証券取引所 ・・・・・・・・24, 29
任意的商人・・・・・・・・・・・・・・・・・・・・98, 122

年度決算書作成義務・・・・・・・・・・98, 122
年度決算書の等価性・・・・・・・・・・・・・5, 23
年度決算書の比較可能性・・・・・・・・・5, 23

は行

配当可能利益 ・・・・・・・・・・・・・・・・167, 181
配当制限 ・・・・・・・・・・・・・・・・・・・・・・・・182
配当測定機能 ・・・・・・・・・・・・・・・・・・・133
派生的税務貸借対照表 ・・・・・・・・・・・123
発行目論見書・・・・・・・・・・・・・・・・・・・・・58
パラダイム転換 ・・・・・・・・・・・・・・・・・182
販売目論見書指令・・・・・・・・・・・・・・5, 86

必然的商人・・・・・・・・・・・・・・・・・・97, 122
比例連結 ・・・・・・・・・・・・・・・・・・・・・・・113

不均等原則 ・・・・・・・・・・・・・・・・・・・・・106
附属説明書 ・・・・・・・・・・・・・60, 75, 109
普通株 ・・・・・・・・・・・・・・・・・・・・・・52, 57
不文の正規の簿記の諸原則 ・・・・106, 118

包括利益構想 ・・・・・・・・・・・・・・・・・・・166
法典化された正規の簿記の諸原則
・・・・・・・・・・・・・・・・・・・・・・・・・106, 118
保険会計指令 ・・・・・・・・・・・・・・・・4, 117
保険会計指令法 ・・・・・・・・・・・・・・5, 117
保険企業に関する補完規定 ・・・・・・・117
保険技術上の引当金 ・・・・・・・・・・・・・117

ま行

無記名株 ・・・・・・・・・・・・・・・・・・・・52, 57

免責状況報告書 ・・・・・・・・・・・・・・・・・140
免責条項 ・・・・・・・・・・・・・・・・・・・・・・・144
免責連結決算書・・・・・・・・・・84, 140, 171

目論見書 ・・・・・・・・・・・・・・・・・・6, 51, 73
持分法 ・・・・・・・・・・・・・・・・・・・・・・・・・113

や行

有価証券サービス指令・・・・・・・・・・・・・58
有価証券取引法 ・・・・・・42, 62, 79, 86, 172
有価証券の発行金額 ・・・・・・・・・・52, 57
有限責任会社・・・・・・・・・・・・・・・・28, 101
有限責任会社および無限責任社員・合資
  会社・・・・・・・・・・・・・・・・・・・・・100, 172
有限責任会社および無限責任社員・合資
  会社指令 ・・・・・・・・・・・・・・・・・・・・・・4
優先株・・・・・・・・・・・・・・・・・・・・・・・・・・52

ら行

理性的な商人の判断 ・・・・・・・・・・・・・106

連結決算書・・・・・・・・・・24, 64, 75, 112, 140
連結決算書指令（EU 第 7 号指令）
  ・・・・・・・・・・・・・・・・・・4, 84, 115, 140
連結決算書免責法規命令・・・・・・・・・・・84
連結状況報告書・・・・・・・・・・・・・・64, 140
連結損益計算書 ・・・・・・・・・・・・・・・・・112
連結貸借対照表 ・・・・・・・・・・・・・・・・・112
連結附属説明書 ・・・・・・・・・・・・・・・・・112
連邦経済省 ・・・・・・・・・・・・・・・・・・・・・160
連邦公報 ・・・・・・・・・・・・・・・・・・・・76, 81
連邦裁判所大法廷決定 ・・・・・・・・・・・127
連邦財務省 ・・・・・・・・・・・・・・・・・・・・・160
連邦法務省・・・・・・・・・・・・・・84, 147, 159

あ と が き

　本書は，科学研究費補助金に基づく研究成果報告書『会計基準設定プロセスに対する国際的資本市場の影響に関する研究』（1999年3月）をベースに，この数年，書きためた論文のうちのいくつかを加え，再構成して纏め上げた筆者のささやかな研究成果である。

　もともと，本書の構想は前著『ドイツ会計規準の探究』（森山書店，1998年）の執筆中，さらに辿れば，その前の著書『現代会計の構図』（森山書店，1993年）を刊行したあと，潜在的に描いていたといってよい。それは簡単にいうと，資本市場を指向した会計の国際化の動向のなかで，なにゆえ，ドイツでは，わが国における証券取引法会計に相当する会計領域がクローズアップされてこなかったのか，という素朴な疑問に基づいている。ドイツの会計国際化は，1970年代後半以降，EU（以前のEC）における資本市場統合を目指して会社法制調和化の一環としておこなわれてきた。したがって，資本市場，その主要領域である証券市場の統合のインフラ整備のための不可欠の施策としてドイツの会計国際化も位置づけられてきた。しかし，ドイツで国際化した資本市場（証券市場）における開示規制がより現実的な課題としてクローズアップされてきたのは1990年代に入ってからではなかろうか。たしかに，1980年代，EUでは会社法諸指令と並行して資本市場関連諸指令の加盟各国の国内法化がおこなわれ，それを通じてドイツをはじめ加盟各国における資本市場（証券市場）の開示規制の調和化が図られてきた。しかし，この開示規制の調和化問題が国際市場適応の課題として現実味を帯びて浮かび上がってきたのは，EU加盟国が民営化計画を進め，企業の資金供給をアメリカ証券市場とくにニューヨーク証券取引所に求めるようになった1990年代においてである。ドイツの場合も，1990年代に入ってDaimler-Benz株式会社，Deutsche Telekom株式会社をは

じめとするグローバル・プレーヤーがニューヨーク証券取引所に上場申請したのを契機に，投資家の情報要請に適合し得ないドイツ商法会計法が問題とされ，資本市場指向の会計および開示規制へ向けての会計改革問題が活発に論議されるようになる。従来，株式会社形態の企業が少なく，企業の資本調達も銀行支配のなかで間接金融に大きく依存し，資本市場（証券市場）がアメリカに比較して未発達であったドイツでも，国際資本市場を介した資本流通に目を転じた制度改革が求められるようになる。そこでの課題は保守主義的会計思考を中心に据えた商法会計規制をどのように国際化した資本市場に適合するのかということであった。そして，こうした課題をより闡明にさせたのは1998年の会計改革によって成立した「資本調達容易化法」と「企業領域統制・透明化法」の立法経過であった。この二つの法律の立法目的は証券市場の上場会社に対する会社法（商法典，株式法等）における監視規制の強化と規制緩和（ドイツ法の免責条項）による会計開示規制の充実化にあったが，同時にその目的は，1994年に創設された有価証券取引法や改正取引所法等における証券市場開示規制とどう連繋させるのかということでもあった。また，EUの国際資本市場に対応したより深化した証券市場統合の戦略構想はそうしたドイツの会計改革を促進した前提であったといえよう。

　筆者はこうしたドイツにおける証券取引開示規制に関わる会計国際化の一連の動向にかねてより注目していたが，その検討に具体的に着手したのは文部科学省の科学研究費補助金の交付（1997～1998年度）を得て以降である。その間の筆者の研究成果は京都で毎月開催される企業会計制度研究会において随時，報告してきたところである。企業会計制度研究会においてその際に賜った貴重なご批判とご示唆は本書のなかに少なからず反映されている。制度比較の視点から様々なコメントをいただいた加藤盛弘先生（同志社大学）をはじめとするアメリカ会計を研究対象としている諸先生方，ならびに，研究会のなかでの，ドイツ共同研究を通じて諸々，ご意見を得ている佐藤博明（静岡大学），川口八洲男（大阪産業大学），木下勝一（新潟大学），稲見亨（西南学院大学）の諸先生には，上記の意味も含めて，日頃の温かいご指導に対して衷心よりお礼申し

上げる。なお，まえがきにも述べたように，本書において，この間，何度となく改正された法規制（条文）については細部にわたって充分，フォローしきれていない。必要と思われる改正部分については原稿執筆の最終段階で修正を加え，あるいは，補注を用いて補ってはいるが，不備な点も多いかもしれない。また，思わぬ過誤も犯しているかもしれない。それらについては，読者諸兄姉のご叱責を得て，つぎに残された課題として取り組むことにしたい。

　ところで，前著の公刊からそれほど時を経ないうちに拙いながら本書を上梓できたのは，大学多忙化のなかで思いがけず文部科学省の内地研究員として昨年10ヶ月間にわたる研究専念の時間を得たことに依るところが大きい。研修受入れ先の明治大学において，ご指導と諸々の便宜をはかってくださった鈴木義夫先生ならびに内地研究の機会を与えていただいた静岡大学人文学部経済学科の皆さんにも改めて感謝申し上げなければならない。また，1997年，1999年および2000年のドイツ滞在のおりに，本書の課題に関して貴重なご助言と資料の提供を賜った Jörg　Baetge 先生（ミュンスター大学）ならびに Wolfgang Freericks 先生（ヴュルツブルグ大学）のご高配にも心より感謝申し上げる。目下，ドイツ会計基準委員会（DRSC）の中心メンバーとして活躍しておられる Jörg Baetge 先生からいただいたご教示はドイツのなまの状況を知るうえで，大変参考になった。

　末尾ながら，本書の出版に際して，ご尽力くださった森山書店の菅田直文社長および編集部の方々に厚くお礼申し上げる。菅田社長には処女作以来，筆者の我がままな申し出をいつも快くお受け入れいただき感謝にたえない。また，編集の立場から折に触れて有意義なご助言をいただいている土屋貞敏氏，そして，本書の校正に際して細やかなご配慮をいただいた白鳥里和さんにもお礼申し上げたい。

佐　藤　誠　二

著者略歴

1953年　宇都宮市に生まれる
1984年　明治大学大学院商学研究科博士課程単位取得
同　年　鹿児島経済大学経済学部講師
1986年　静岡大学人文学部助教授
1991年〜92年　ヴュルツブルグ大学（ドイツ）経済学部，
2000年　ミュンスター大学（ドイツ）経済学部にて客員研究員
現　在　静岡大学人文学部教授

主要著書

『現代会計の構図』（1993年，森山書店）
『ドイツ会計規準の探究』（1998年，森山書店）
『ドイツ会計の新展開』（共著，1999年，森山書店）
その他

著者との協定
により検印を
省略致します

会計国際化と資本市場統合

2001年10月25日　初版第1刷発行

著　者　Ⓒ　佐藤　誠二　　〒426-0077　藤枝市駿河台2丁目12番5号

発行者　菅田　直文

発行所　有限会社　森山書店　東京都千代田区神田錦町1-10林ビル（〒101-0054）
TEL 03-3293-7061　FAX 03-3293-7063　振替口座00180-9-32919

落丁・乱丁本はお取りかえ致します　印刷・シナノ　製本・鈴木製本

ISBN 4-8394-1945-0